1001 ASTUCES
JARDIN ET POTAGER

Le potager en carrés 9

Semis, soin et entretien 37

Associer les plantes 61

Faciliter les travaux du jardin 85

Combattre les ennemis du jardin 109

Un potager naturel 133

Récupérer, bricoler et aménager 155

Les fruits du verger 181

Herbes et aromates 203

Créer, entretenir des massifs de fleurs 213

Serre, balcon et terrasse 237

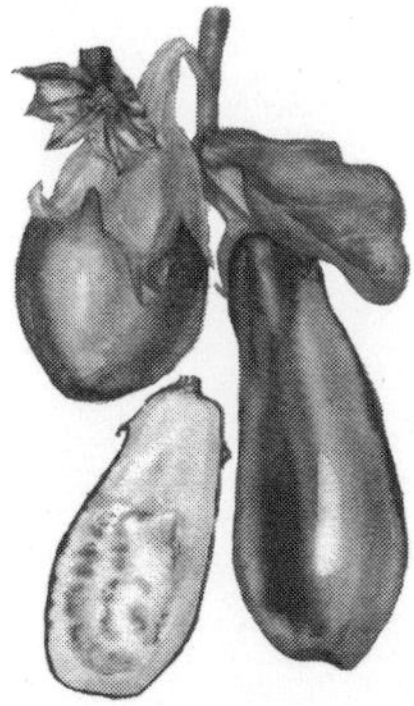

Des astuces essentielles pour un jardin vivant

Le jardin est certainement le meilleur endroit pour réveiller nos sens : le goût, la vue, l'odorat et le toucher. Il permet aussi de faire œuvre de création en jouant sur les formes et les couleurs.

Si l'on a la chance d'en posséder un, il serait vraiment dommage de ne pas profiter des trucs et astuces de nos aïeux pour en profiter au mieux.

Souvent économiques, toujours pratiques, les 1001 astuces qui suivent vous invitent à récupérer et bricoler ce qui peut paraître inutile et offrir une seconde vie aux objets, à créer de magnifiques massifs en un rien de temps, à traiter les indésirables du jardin tout en accueillant les insectes et animaux alliés, à associer les plantes pour qu'elles se protègent mutuellement ou encore à produire vos propres récoltes de fruits et de légumes, pour les proposer bientôt à votre table…

Un livre astucieux qui va vite devenir indispensable pour vous !

Le potager en carrés

De petits jardins en carrés

Le potager en carrés est un jardinet de six à neuf petits carrés qui ressemble beaucoup à un « mouchoir de poche ». Peu encombrant, vous pouvez en installer plusieurs, selon vos besoins… et la surface de jardin que vous souhaitez allouer à votre potager. L'intérêt visuel est aussi de lui donner un air d'autrefois par la complémentarité des légumes et des fleurs. Cette composition obéit à des règles précises mais simples, afin que le jardin donne le meilleur de lui-même. Pour cela, une rotation des plants et des jachères seront nécessaires.

Pourquoi un mini-potager ?

Un jardinet de petits carrés répond à une règle simple : cultiver des légumes par rapport aux besoins réels. Dans un potager classique, il n'est pas rare de distribuer autour de soi. Ici, tout est pensé pour une consommation raisonnée qui joue avec les espaces plantés, les carrés libres et la rotation des cultures pour ne pas épuiser la terre. Il est aussi un pourvoyeur de verdure qui se consomme rapidement.

Les avantages du jardin en carrés

Contrairement à un jardin classique, vous n'aurez besoin que de quelques heures pour la culture, du désherbage et de l'arrosage. Fini les longues heures à passer le motoculteur ou à bêcher, un coup de binette ou de serfouette à dents suffit pour l'entretenir car la terre n'est pas tassée. Le jardin est moins bas que le sol et vous n'aurez plus à semer de longs sillons. Les herbes folles seront moins nombreuses puisqu'elles auront moins de place. Gain de temps, gain d'arrosage.

La construction du jardinet

Pour fabriquer un jardin en carrés, vous avez plusieurs solutions, la plus courante étant le coffrage non traité (évitez les poutres de chemin de fer pour vos légumes). Des pieux sont plantés à 15 cm des coins, à l'extérieur, et des cornières retiennent les planches. Les bordures minérales sont plus chères (briques, pavés…), plus durables dans le temps, mais aussi intransportables.

Les bordures végétales sont réalisées avec de l'osier, des bambous ou des branches de châtaigniers.

Les bonnes dimensions

Ce petit jardinet peu prétentieux est en fait une mine de richesses dans un espace réduit. Pour bien le démarrer, vous devrez créer le coffrage d'une hauteur moyenne de 30 à 50 cm, un peu plus si vous disposez de beaucoup de terre. La base indicative est 1,2 mètre de côté mais au-dessus d'une ligne qui va de Nantes à Strasbourg, augmentez très légèrement cette cote, les légumes ont besoin de plus d'espace. Pour un jardin en carrés sur une terrasse, six cases suffisent.

Le choix de la surface

Le potager en carrés à la française préconise une subdivision en 9 carrés de 40 centimètres de côté. Aux États-Unis, la norme est plutôt de 16 carrés de 30 centimètres. Faites votre choix en n'oubliant pas que le travail dans les petits carrés est quasi identique avec une productivité moindre. Les carrés de 40 centimètres sont plutôt utilisés dans le Nord de la France, pour favoriser la luminosité entre les plants, alors qu'au Sud il est préférable de faire de l'ombre à certaines cultures.

La conception initiale

Un potager est divisé en neuf carrés et, pour délimiter ces cases de plantations, vous insérerez des chevilles de bois (tourillons) sur le champ des planches du coffrage à 30 cm de chaque coin. La cheville s'enfonce au marteau, dans un trou cylindrique dont le diamètre est égal à la dimension de la cheville à la moitié de sa longueur. Tendez ensuite des cordelettes entre ces chevilles pour délimiter les cases qui serviront à semer, planter ou repiquer vos variétés de légumes ou de fleurs.

Le jardinet du balcon

Un modèle à quatre ou six cases est le mieux adapté pour le balcon. Chaque légume ayant besoin de clarté, n'hésitez pas à surélever votre culture pour offrir du soleil aux plants. Le fond sera réalisé avec du contre-plaqué marine ou un volet de fenêtre. Fixez le cadre de bois classique relié par des cornières. Il sera ainsi démontable l'hiver venu. Déposez sur le fond et le côté un tissu pour empêcher la terre de s'écouler et remplissez votre jardinet avec un terreau aux quatre cinquièmes de sa hauteur.

Quels légumes ?

Vous devez prévoir quels sont les légumes que vous comptez planter, sachant que chaque légume nécessite un espace de 90 cm^3, espace renouvelable pour tous les jardinets. Les légumes indispensables : betterave, carotte, ciboulette, chou de Chine, chou rave, concombre, courgette, épinard, haricot vert, laitue, mesclun, mâche, persil, poireau, poirée, mange-tout, radis, radis d'hiver, tomate, cerfeuil.

Combien de légumes par carré ?

– Ail : neuf bulbes suffisent dans une case.
– Aubergine, chou, concombre, courgette, melon, poirée, poivron, tomate : un plant qui sera situé au milieu du carré ou en bordure.
– Chicorée, chou de Chine, pois gourmands : quatre plants aux quatre coins de la case.
– Betterave, céleri-branche, épinard, fève, haricot, persil, laitue, navet : cinq plants dont quatre dans les coins.
– Carotte, échalote, oignon, poireau, radis : neuf plants en trois rangées égales.
– Cresson, mâche : 16 plants.

J'organise mon jardinet en janvier

– Forcer les endives.
– Récolter : les choux pommés, choux asiatiques et chicorée.
– Amender le terrain et protéger les cases vides.
– Semer sous abri (serre, couche chaude ou tunnel) : les carottes, navets, laitues, roquette, choux primeurs, cresson alénois.
– Planter : l'ail et l'oignon, les échalotes et les petits pois.
– Protéger avec de la tourbe les bulbes qui commencent à percer.
– Préparer les carrés de fleurs à planter par un bêchage léger, apporter un apport d'engrais de fond et de compost.

J'organise mon jardinet en février

– Forcer les endives.
– Semer sous abri (serre, couche chaude ou tunnel) : les aubergines, poivrons, carottes, navets, laitues de printemps, choux primeurs, radis courts, roquettes, fèves.
– Planter : l'ail rose, échalotes, épinards de printemps et petits pois.
– Planter par temps doux les rosiers à racines nues et les bulbes de lys.
– Aérer la terre des massifs de vivaces et les nettoyer.
– Préparer les carrés pour les plantes aromatiques.
– Nettoyer les cases libres pour les semis de printemps.

J'organise mon jardinet en mars

– Semer : les céleris-branches, poireaux, oignons, roquettes, laitues de printemps, radis courts, fèves.
– Semer sous abri : les tomates, courgettes, aubergines, poivrons, carottes, navets, laitues, oignons, choux primeurs, poireaux et basilic.
– Diviser les fraisiers de trois ans.
– Planter et semer les variétés précoces comme les petits pois et les épinards de printemps.
– Nettoyer les cases, protéger le sol avec des écorces de pin pour qu'il reste humide et prévenir les mauvaises herbes.

J'organise mon jardinet en avril

– Semer dans les cases prévues : les épinards de printemps, radis 18 jours, laitues d'été, céleris-branches et raves, poireaux et petits pois.
– Semer sous abri : les tomates, courges, courgettes, aubergines et poivrons.
– Semer dans les cases destinées aux fleurs, les vivaces, les annuelles et les pois de senteur.
– Planter les bulbes à floraisons d'été et d'automne ainsi que les dahlias et les azalées.
– Prévoir les escaliers, échelles et autres supports pour les légumes grimpants.

J'organise mon jardinet en mai

– Semer dans les cases disponibles : les laitues d'été, haricots verts, secs et demi secs, radis 18 jours, roquette, courgettes et concombres, les épinards de printemps, carottes.
– Semer en pépinière : les choux d'hiver, panais, persil, tubéreux et courges.
– Garder sous abri : les aubergines, concombres, piments et melons.
– Pailler les fraisiers.
– Planter les pieds de tomates précoces, courges, courgettes, fenouil et premières aubergines.
– Biner, sarcler, désherber, arroser.

J'organise mon jardinet en juin

– Semer dans les cases disponibles : les carottes, betteraves d'hiver, haricots verts, courgettes et concombres.
– Planter et repiquer : les poireaux, choux d'hiver, les courges et les chicorées.
– Butter : les pois, haricots.

– Pincer : les tomates, cornichons, concombres, melons.
– Pailler avec les déchets de tonte par temps sec.
– Surveiller les doryphores et les limaces.
– Apporter des engrais et aérer la terre.
– Planter des fleurs dans les cases libres : cyclamen, crocus et colchiques.

J'organise mon jardinet en juillet

– Semer dans les cases disponibles : les haricots verts, radis, mâches, les dernières courgettes et concombres.
– Semer dans un jardinet des légumes pour l'hiver comme les navets.
– Arroser tous les jours, le soir, et abondamment deux fois par semaine.
– Griffer la terre lorsqu'elle est dure pour l'aérer et favoriser la pénétration de l'eau.
– Pincer les aubergines, butter les haricots.
– Planter : les choux rouges, poireaux, choux d'hiver.
– Récolter et laisser des cases vides pour les jachères.

J'organise mon jardinet en août

– Planter des pieds de fraisiers dans les allées.
– Semer : les épinards d'automne et d'hiver, mâche, haricots verts, roquette, cresson alénois, radis courts et longs, radis noirs, navets d'hiver et engrais verts.
– Apporter de l'engrais aux légumes feuilles : salades, poireaux…
– Pincer et ébourgeonner les tomates, melons et potirons.
– Butter les haricots.
– Diviser les pieds de ciboulette et d'oseille.
– Récolter : ail, échalotes, oignons, haricots, tomates, concombres et salades.

J'organise mon jardinet en septembre

– Planter des pieds de fraisiers dans les allées.
– Semer : les épinards d'automne et d'hiver, mâches, haricots verts, roquette, cresson alénois, radis courts et longs, radis noirs, céleris raves.
– Semer en pépinière : persil et cerfeuil.
– Pincer et ébourgeonner les tomates, melons et potirons.
– Amender la terre des cases libérées.
– Repiquer : les dernières chicorées, scaroles, frisées et choux de printemps.
– Planter : les bulbes de printemps dans un nouveau substrat de terreau et de sable.

J'organise mon jardinet en octobre

– Récolter : les brocolis, choux-fleurs, courges, betteraves, navets, radis, céleris et feuilles de bettes.
– Semer : les épinards d'automne et d'hiver, mâche et engrais verts, persil et cerfeuil.
– Amender tous les carrés libres et protéger avec un paillis ou une bâche noire pour supprimer la pousse des mauvaises herbes au printemps.
– Diminuer les doses d'engrais dans les carrés de fleurs et ôter les pieds fanés.
– Nettoyer et ranger les outils sauf quand l'été indien est encore présent.

J'organise mon jardinet en novembre

– Récolter : les choux de Bruxelles, choux pommés d'hiver, courges, carottes, céleris raves, navets, betteraves.
– Butter les poireaux d'hiver, tailler les rosiers.
– Semer les épinards.
– Planter l'ail blanc et le violet, des échalotes grises dans les cases disponibles.
– Planter les fraisiers dans les allées, les bulbes de fleurs en bordure de carrés.
– Terminer la mise en place de protections contre le froid : paillage, voilage…
– Nettoyer la serre, prévoir les tunnels pour le printemps.

J'organise mon jardinet en décembre

– Continuer le bêchage avant que la terre ne gèle. Griffer en surface et émietter les mottes.
– Récolter : les poireaux, la mâche, les choux, les épinards.
– Protéger des grands froids avec des cloches de verre, des tunnels, des paillages : les carottes, artichauts, laitues, cerfeuils.

– Nettoyer la serre et les outils du jardin.
– Installer les tunnels pour le printemps.
– Préparer de nouvelles planches en pépinière.
– Vérifier, réparer et traiter le bon état des planches de vos jardinets.

Un jardinet complémentaire

Sur le principe américain, voici deux jardinets complémentaires à faire tourner dans le sens des aiguilles d'une montre.
– Première rangée : trois pieds de tomates.
– Seconde rangée : un pied de tomates, une case d'œillets d'Inde, une case de piments d'Espelette.

– Troisième rangée : une case de courgettes, deux cases d'herbes aromatiques.
Second carré
– Première rangée : trois cases d'épinards.
– Seconde rangée : fleurs, brocolis, petits pois.
– Troisième rangée : un pied de tomates, deux cases de radis.

La culture des laitues

Semez directement en place ou repiquez-les après avoir fait vos semis dans des caissettes profondes de 10 cm. Semez sans recouvrir les graines et posez une feuille de papier journal mouillée pour protéger les graines des oiseaux. Repiquez lorsque les graines ont quatre à six feuilles. Au mois de mai, semez directement en place et ne conservez que cinq plants disposés comme sur la face d'un dé : quatre aux coins et un au centre. Parasite : les larves du hanneton à ôter manuellement.

Beaucoup de tendresse

Contrairement au potager classique, qui génère des récoltes simultanées, le jardin en carrés permet de déguster les légumes lorsqu'ils sont encore jeunes et n'empiètent pas sur la place du légume voisin. Les salades seront cueillies lorsqu'elles auront la grosseur d'un bol ; les radis se dégustent petits, bien frais ; les carottes grosses comme un doigt, lorsqu'elles sont encore sucrées ; les navets se récoltent jeunes ; les choux bien goûteux ; les haricots verts encore fins.

L'harmonie au jardin

Les jardins classiques ont parfois la laideur rectiligne des rangs de soldats prêts à partir au feu. Ces petits potagers, disséminés dans le jardin, apporteront une note de gaîté. Celui des herbes aromatiques près de la terrasse, celui des salades vers la cuisine, celui des légumes en espaliers pour cacher un vieux mur… Jouez avec les formes et les couleurs en associant des chemins de fleurs sur la pelouse et qui mèneront aux jardinets. Faites-vous plaisir, imaginez !

La culture des chicorées

Cette salade se cultive toute l'année. La chicorée de printemps se sème en mini tunnel en février et mars jusqu'à la fin des gelées. Celle d'été se sème d'avril à juin en place, quatre plants par carré. Celle d'automne se sème de mai à juillet, quatre plants par carré. Celle d'hiver se sème en pépinière d'août en octobre, six pieds par carré protégé. Laissez cinq pieds au centre des carrés et semez des radis dans les cases voisines. Blanchissez la scarole en plaçant une assiette retournée au cœur.

La culture de l'aubergine

L'aubergine se sème en godets entre janvier et mars. Elle se met en terre lorsque le plant a cinq feuilles et se récolte de mai à août. Pincez l'extrémité de la tige lorsqu'elle atteint 40 cm de haut pour faire grossir les fruits. La distance des plants est de 50 cm à raison d'un plant pour deux cases. Elle aura sa place en bordure de carré et elle sera palissée pour gagner de la place. Ce légume fruit pousse lentement, semez au pied des radis ou repiquez des salades. Maladies : craint les doryphores.

La culture du chou brocoli et du chou-fleur

Chou brocoli et chou-fleur se cultivent de la même manière, ils n'apprécient pas la chaleur. Semez des choux brocolis au printemps sous châssis et de mai à juin en pépinière. Lorsqu'ils atteignent 10 cm de hauteur, déplantez puis pralinez avant de les repiquer au jardin en carrés. Un plant par carré placé en bordure est recommandé, pour qu'il puisse se diriger vers l'allée et prendre ses aises. Maladies : l'altise. Cette larve n'aime pas l'humidité, pratiquez des arrosages bi-quotidiens.

La culture de la bette

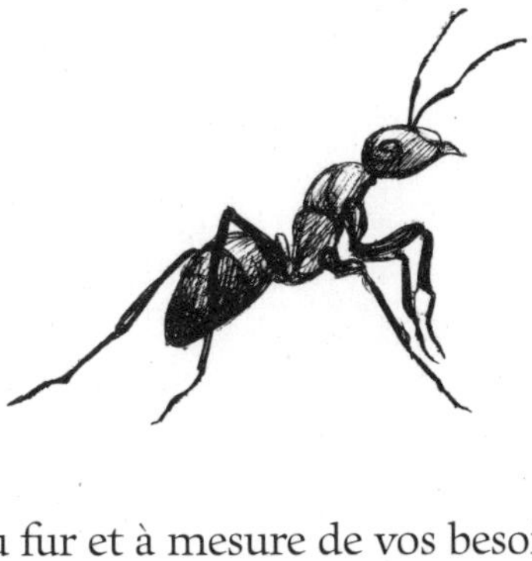

La bette, de la même famille que la betterave, se cultive pour ses racines et ses feuilles savoureuses. Très productive, bien protégée en hiver, elle redémarrera au printemps. Semez en place dès le mois d'avril pour une récolte de juin à août. Vous devrez éclaircir en ne laissant qu'un seul pied au centre d'une case. Elle aura sa place en bordure ou dans un carré car les feuilles se récoltent au fur et à mesure de vos besoins et laisse ainsi de la place aux autres légumes. Maladies : craint les fourmis.

Surtout ne pas improviser

La disposition esthétique des carrés au jardin vaut la peine de réfléchir à leur implantation. Ne vous précipitez pas et prenez le temps de rêver à l'harmonie des lieux lorsque les jardinets seront en pleine verdure et fleuris. En effet, inutile de déménager les potagers tous les ans. Prévoyez également où se trouvera le tas de compost, l'exposition, le vent du nord, les plantations en hauteur, le bassin, la création de massifs de fleurs qui devront être à plus de 1 mètre du potager.

La culture des céleris

Le céleri-branche est cultivé pour ses feuilles. Le céleri-rave est cultivé pour sa racine et il préfère les sols légers et friables. Semez en terrine le céleri-branche de mi-avril à mai, repiquez en pleine terre lorsque le plant à cinq feuilles. Semez sur couche chaude le céleri-rave et repiquez lorsque le plan à deux feuilles, puis une seconde fois à cinq feuilles. Laissez cinq pieds au centre et semez des radis dans les cases voisines. Maladies : les céleris craignent le temps chaud et humide.

La culture des cucurbitacées

Voici des légumes courants qu'il ne faut pas faire succéder au jardin en carrés car ils épuisent vite le sol et l'adjonction de compost au printemps est nécessaire. Ces légumes ont aussi tendance à occuper beaucoup de place, il vaut mieux les cultiver ailleurs, en prairie, sur un massif. Leur végétation étant exubérante, ils égayeront les pelouses et leurs fruits attireront les regards. Ce sont le concombre, le melon, la courge, la courgette, le potiron, le potimarron, la chayote et la pastèque.

La culture des fèves

Vous pourrez semer des fèves dès les premiers beaux jours. Dans un carré, placez les semences dans les cases qui sont situées au nord, elles protégeront les légumes qui seront plantés à leurs pieds : radis, laitues et poireaux. Les graines sont enterrées à 5 cm. Semez environ cinq à sept fèves par case. Après la récolte, vous installerez les laitues d'été, les potirons ou les courgettes. Maladie : le mildiou et la rouille. Coupez les feuilles atteintes et traitez à la bouillie bordelaise.

La culture de l'épinard

Les semis de l'épinard se font sur place au printemps en enterrant les graines à 1 cm de profondeur. La récolte se fait six mois après. Dans un carré, prévoyez cinq plants par case et de préférence sur les bords ou dans les coins. La culture de l'épinard est aussi délicate que ce légume est plein de vitamines. Il sera suivi des tomates, aubergines, poivrons. Maladie et parasite : pour prévenir l'anthracnose ou pourriture des racines, pulvérisez régulièrement des décoctions de prêle.

La culture du chou de Bruxelles

Le chou de Bruxelles se sème en mars-avril sous tunnel et se repique de mai à juin dans une terre riche en compost bien décomposée. Lorsqu'ils ont deux feuilles, déterrez-les puis pralinez-les avant de les repiquer au jardin en carrés. Quatre plants par carré sont suffisants, vous récolterez les pommes au fur et à mesure de la fructification. Le goût est meilleur lorsque le pied a gelé ! Maladies : la hernie du chou est causée par un champignon. Vaporisez de l'huile essentielle de romarin.

La culture des brassicacées

Les brassicacées (crucifères) comptent 176 genres et 1 200 espèces de plantes herbacées annuelles ou vivaces. Elles comprennent des plantes potagères, médicinales et oléagineuses : chou, chou de Bruxelles, chou-fleur, chou brocoli, chou-rave, radis, navet, roquette, rutabaga, moutarde, colza. Peu conseillées au jardin en carrés car elles occupent beaucoup de place, elles doivent plantées sur un ou deux pieds en bordure, elles se développeront ensuite vers l'allée.

À éviter

Certains légumes ne sont pas adaptés au potager en carrés : l'artichaut, l'asperge, le cardon, le céleri rave, le chou de Bruxelles, le cornichon, la courgette, le fraisier, l'oignon, les petits pois, le potiron, la pomme de terre, la rhubarbe, le rutabaga, les salsifis et la tétragone. Pour une raison simple : l'espace ! Il faut vingt pieds de fraisiers pour avoir une récolte raisonnable ; pommes de terre et courgettes monopolisent trop de surface. Trouvez un autre endroit pour ces légumes.

La culture des poivrons

Comme la tomate ou l'aubergine, le poivron une fois adulte a besoin de place pour pousser. Plantez en mai dans un sol bien ameubli qui conservera la chaleur du jour pendant la nuit. Au début du printemps, facilitez la reprise par un voile de forçage. Les premiers fruits apparaissent vers juin et la récolte se poursuit jusqu'à fin août. Il sera remplacé par de la mâche ou des laitues d'hiver.
Parasite : la punaise verte. Traitez à la roténone (au détriment des insectes utiles présents).

La culture des radis

Il s'agit certainement du légume le plus facile à cultiver, en respectant quelques règles simples.

- La terre doit être souple, aérée.
- Enterrez les graines à 1 cm dans la terre. Si c'est un radis rond, posez-le simplement !
- Arrosez tous les jours et éclaircissez pour ne garder que neuf radis ronds, douze radis longs, cinq radis noirs.
- Il suit les navets ou le cresson, jamais les choux.
- Après son passage, repiquez des laitues.

Parasite : l'altise. Ne semez pas quand il fait très chaud.

La culture des ombellifères

Les apiacées (ombellifères) suivantes proviennent de la même famille botanique. Il s'agit de plantes qui ne se cultivent pas toujours facilement, les semis étant fragiles. Ils ont des ennemis identiques comme les pucerons des racines, les escargots, les limaces. Les plus courants : l'ache, l'angélique, l'anis vert, l'œnanthe, la berce, la carotte, la ciguë, la coriandre, le buplèvre, le céleri à côtes, le céleri rave, le cerfeuil, le cumin, le fenouil, le panais, le persil, le thym.

La culture des fabacées

Ils adorent synthétiser l'azote de l'air pour le transformer en engrais naturel et pour cela, ils s'associent avec des bactéries qui seront mal supportées par d'autres légumes. Les fabacées représentent environ 700 genres et 17 000 espèces et n'ont pas de parasites virulents permanents. Pour ne pas appauvrir la terre de vos jardinets, vous ne ferez pas succéder les plantes suivantes dans la même parcelle : la fève, le haricot, le petit pois, le pois chiche, le soja, l'arachide.

La culture des navets

Un peu d'eau tous les jours, sans excès, et le navet se plaira dans votre jardin en carrés. En mars/avril ou en août/septembre, enterrez les graines dans des trous profonds de 1 cm. Recouvrez et, dès que le plan possède quatre feuilles, éclaircissez pour ne garder que cinq plants dans la case. Les navets de printemps seront suivis par les melons et les navets d'hiver par le céleri-rave. Maladie : le mildiou. Coupez les feuilles atteintes et traitez à la bouillie bordelaise.

La culture des haricots verts

Le haricot vert se sème dès le mois d'avril et vous pourrez poursuivre les semis, dans le Nord et la région parisienne, jusqu'en août. Semez dans des trous de 1 cm de profondeur à raison de cinq plants par case, deux graines par trou. Vous supprimerez un pied si toutes les graines ont germé. Il suit les laitues ou les radis et précède les choux ou les poireaux. Maladie et parasite : l'anthracnose. Pulvérisez de la prêle ou de la bouillie bordelaise avant la formation des gousses.

La culture des melons

Il n'est pas certain que le melon soit a priori destiné au jardin en carrés, il prend trop de place… sauf si vous le palissez en hauteur. Semez les graines dans des godets avec du compost très riche, sinon utilisez de la terre et du fumier décomposé. Repiquez un plant par carré dès que les plantes auront quatre feuilles. Par la suite, taillez les ramifications obtenues au-dessus de la troisième feuille. Parasite : contre le coléoptère rouge du melon, pulvérisez des extraits de Neem.

L'emplacement des plantes aromatiques

Après avoir défini les mauvaises successions, quels sont les bons emplacements, notamment pour les aromatiques ? Voici un schéma type :
– Premier jardin : ail, anis, bourrache, cerfeuil, ciboulette, estragon, hysope, marjolaine, sauge.
– Second jardin : aneth, camomille, ciboule, échalote, fenouil, lavande, mélisse, persil, serpolet.
– Dernier jardin : aspérule, oseille, romarin, sarriette, basilic, carvi, verveine, menthe, aneth.
Ces carrés ne recevront pas d'aromatiques l'année suivante.

De la graine de jardiniers

La germination plus prompte des carrés internes permet d'obtenir des résultats immédiats et une consommation plus rapide que dans un jardin classique. Ce qui est important dans l'apprentissage des enfants, qui visualiseront au jour le jour l'avancée des cultures et… des récoltes. Mieux encore, vous allez créer « de la graine de jardiniers » et ils sauront à leur tour, plus tard, transmettre ce savoir. Ne vous limitez pas aux radis et aux haricots, semez et repiquez sans limites.

Les mauvaises successions

Les cultures qui sont assimilées à la même catégorie alimentaire ne seront pas cultivées dans le même carré. C'est le cas pour les légumes feuilles : basilic, céleri branche, cerfeuil, chicorée, chou de Chine, chou pommé, ciboulette, cresson, épinard, laitue, mâche, persil, poireau, poirée, roquette. Les légumes fruits : aubergine, chou brocoli, concombre, courgette, melon, poivron, tomate. Les légumes racines ou à bulbe : betterave, carotte, navet, radis, ail, échalote, oignon.

De larges allées

Pour débuter votre potager, commencez par quatre jardinets. Chacun mesurant 1,20 mètre, vous laisserez une largeur de 1,20 mètre nécessaire aux allées car les légumes auront tendance à utiliser l'espace libre et vous pourrez circuler avec la brouette sans blesser les légumes. Dès que vous aurez utilisé l'espace cultivable de vos jardinets, ajoutez quatre nouveaux carrés en respectant toujours cet espace entre eux. Si vous avez de la place, disséminez-en d'autres en évitant les angles droits.

Offrez du soleil

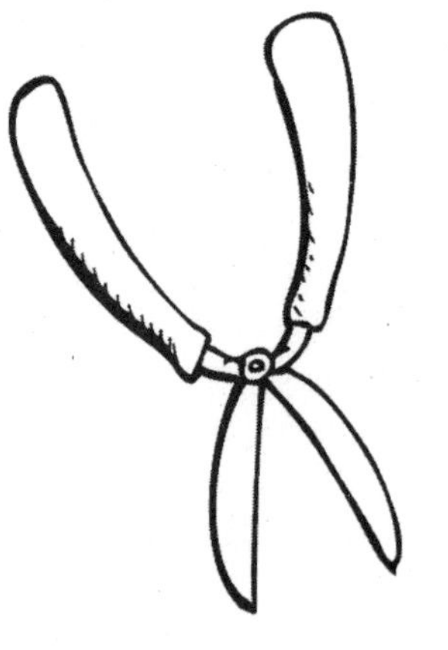

La gestion de la lumière est l'un des atouts majeurs de la culture du potager en carrés et il faut vérifier sans cesse que chaque légume ne déborde pas chez le voisin. Nouez ensemble les feuilles qui s'étalent, coupez à la base les feuilles de plants de tomates ou des choux pour que les plantes voisines bénéficient aussi du soleil. Arrachez dès que nécessaire les légumes expansifs qui ne donnent plus de récoltes rentables comme les haricots verts.

Les problèmes de succession

De nombreuses cultures ne doivent pas se succéder ou vivre ensemble. C'est le cas de nombreuses variétés comme les apiacées ou les cucurbitacées.

C'est la diversité qui engendre la qualité et la croissance, sans pour cela déséquilibrer le sol. Les légumes qui puisent dans la terre leurs éléments nutritifs sont souvent atteints des mêmes maladies et invitent les mêmes nuisibles. Il est donc impératif de ne pas faire succéder les mêmes familles dans les mêmes carrés.

Pour le plaisir !

Certains légumes peuvent s'ajouter à la liste de ceux admis par le potager en carrés, ceci suivant votre gourmandise ou votre désir de vous démarquez de ce que les autres font. Pour les gourmands : aubergine, céleri, chou brocoli, chou pommé, fève, laitue romaine, maïs sucré, melon, navet, poivron, roquette, chicorée. Pour le fun : arroche, chou frisé, fenouil, gombo, mizuna, pastèque, physalis, piment, tomatillo. Le jardin en carrés vous permettra de cultiver ces plants goûteux tout en consommant moins d'eau.

Mémento des rotations

Les règles à se souvenir :

– Ne pas semer des légumes ayant les mêmes besoins nutritifs.
– Ne pas replanter au même endroit un légume de la même famille.
– Enrichir le carré de compost végétal et organique à chaque rotation.
– Avoir toujours un potager en jachère, bien protégé en hiver.
– Étiqueter les plantations et tenir un carnet de rotations.
– Varier la composition des carrés par des aromatiques, des légumes et des fleurs.
– Associer des plantes compagnes qui se protègent mutuellement.

Petits outils pour voir en grand

En dehors de la binette ou de la houe, oubliez les outils traditionnels du jardin classique. Au jardin en carrés, tout est miniaturisé ! Les jardineries vous proposent des petits outils à main destinés initialement pour les potées et les massifs. Ils feront parfaitement l'affaire. La griffe pour biner et aérer, la petite binette pour ôter les mauvaises herbes et gratter la terre en profondeur, le mini râteau pour étaler le compost, la petite pelle pour extraire doucement les légumes racines.

Aérer les parcelles potagères

Un terrain de verdure est aussi source de jeux. Les enfants aiment courir, jouer au ballon. Il vous faut donc tenir compte de cet envahissement sympathique, mais ponctuel, qui créera un trouble visuel et sonore. Prévoyez un coin pour ces jeux indispensables : une balançoire, une pataugeoire à quelques distances de vos cultures. Les côtés accessibles seront protégés par des barrières naturelles de buissons ou de claies habillées de haricots d'Espagne, par exemple.

La culture de la courgette

Cette plante adore la chaleur et un pied donne assez de légumes pour trois personnes. Variez les formes, mais pour le jardin en carrés, prévoyez une variété coureuse à faire grimper sur une palissade. Semez une graine dans un godet en avril, au chaud. Dès mai, s'ils ne manquent pas d'eau, les fruits grossissent vite, ils sont meilleurs lorsqu'ils mesurent 20 cm, ils n'ont alors pas de pépins. Un seul pied par carré suffit. Maladie : si l'oïdium tache le feuillage, coupez les feuilles atteintes.

Prévoir la jachère

Quel que soit le nombre de jardinets en carrés que vous cultiverez, soyez prévoyant en n'utilisant pas l'un des jardinets afin de le mettre en jachère et ceci tous les ans. Ainsi les petits potagers auront le temps de se « requinquer » ! L'apport de compost est nécessaire et le repos de la terre indispensable. L'hiver, semez des engrais verts ou bien recouvrez totalement les cases par une bâche plastique noire qui protégera le sol des intempéries et empêchera les mauvaises herbes de pousser.

Quand repiquer ?

Grâce au voile de forçage, vous bénéficierez de légumes plus tôt que dans un jardin classique, mais contrairement au semis, le repiquage est traumatisant pour les pantes. Évitez à tout prix la déshydratation du plant en bassinant la motte ou le godet. Une journée sans soleil, avec une pluie légère, est le temps idéal pour repiquer les plants. Sinon, attendez la fin de journée et arrosez abondamment. La nuit, le plant reprendra de la vigueur avant d'affronter les premiers rayons du soleil.

La culture de la carotte

La carotte est une plante bisannuelle à semer

directement en place dans un sol léger et sableux. Pour une terre légère et friable, semez des carottes à racines longues ; pour une terre plus ferme, semez une variété à racines courtes. Semez en place dès le mois de mars jusqu'en juillet pour les carottes d'hiver. Laissez un plant tous les 10 cm, soit neuf pieds par case et arrosez au purin d'ortie. Maladie : elle craint la mouche de la carotte. Vous arroserez avec une décoction de lavande.

La culture du poireau

Certains légumes sont longs à lever, c'est le cas du poireau qu'il vaut mieux acheter en mottes de 25 en jardinerie pour les repiquer. Échelonnez vos repiquages d'avril à juillet. En été, paillez avec du compost mûr et arrosez au purin d'ortie. Au jardin en carrés, neuf plants par case sont recommandés. Ils seront suivis par des laitues, des carottes ou du cresson. Parasite : pour éviter la mouche mineuse du poireau, tendez un voile anti-insectes à maille de 0,5 mm.

Habiller les carrés de fleurs

Chaque jardinet de neuf carrés internes doit répondre aux besoins de culture liés à la variété. Les plantes hautes sur un côté, les plantes moyennes au centre, les plantes basses en bordure. Les fleurs doivent aussi s'intégrer dans ce schéma pour faciliter l'accès aux légumes internes. Le côté qui est équipé d'un support vertical n'a nul besoin de fleurs ou d'herbes aromatiques. N'hésitez pas à semer serré pour créer un effet de masse. Coupez souvent les fleurs pour égayer la maison.

La culture du persil

La pousse du persil est lente, il est plus facile de replanter directement des plants ; sinon, avec de la patience, semez une douzaine de graines dans un godet de substrat humide en février à repiquer plus tard pour une récolte en juin ou un semis en août pour une récolte de printemps. Échelonnez les semis, il est préférable d'avoir plusieurs cases en rotation. Placez cinq plants par case, même au milieu du carré. Maladie : lorsque la rouille apparaît, coupez les tiges malades.

Prévoir pour ne pas épuiser

Vos potagers vont suivant la saison, être occupés par des légumes différents. Un ou plusieurs carrés seront conservés en activité pour les légumes d'hiver, d'autres seront mis en jachère en attendant le printemps. Vous devrez donc anticiper les rotations en évaluant au mieux vos besoins. Une règle absolue dans le roulement des cultures : ne pas faire se succéder des légumes de la même famille botanique comme la ciboulette et les poireaux, la terre s'épuiserait vite et les maladies s'installeraient.

Semer une seule graine

Un pied de tomates, placé au centre des carrés, suffit par jardinet. De même pour l'aubergine, la courgette, le chou brocoli, le melon, la poirée, le poivron et le piment. Les cornichons et les concombres s'élèvent sur une des faces de la parcelle grâce au treillage. Ce schéma de culture sera à renouveler au moins dans quatre jardinets pour suffire aux besoins de la maison. Des plants en caissette seront semés pour remplacer les cases qui deviendront disponibles (laitues, radis…).

La culture des solanacées

Les solanacées (aubergine, tomate, piment, poivron, tabac, groseille du Cap) représentent plus de 2600 espèces et sont présentes presque partout en Europe. Certaines variétés ont une végétation qui peut durer plus de cinq mois, il est donc prudent de prévoir l'immobilisation de l'espace dans vos projets. Ces plants sont souvent les proies favorites des doryphores et nécessitent une vigilance permanente contre eux et contre certaines maladies comme le mildiou.

Parasites et maladies

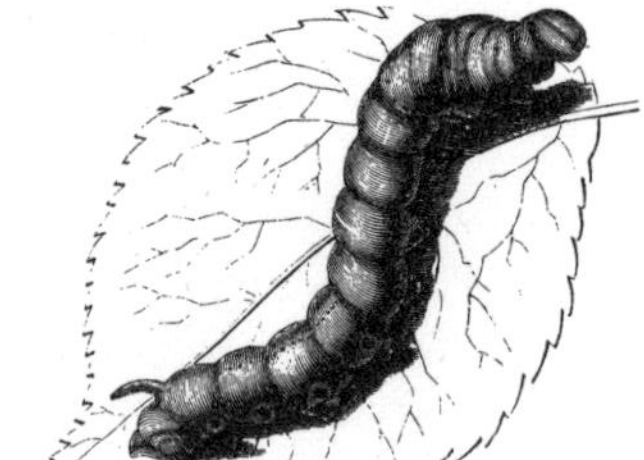

La puce de terre n'est pas à craindre dans un jardin en carrés puisque les arrosages sont réguliers et mesurés. Lorsque l'oïdium ou « le blanc » attaque les cucurbitacées, pulvérisez du soufre et lavez à grande eau avant de consommer. Les chenilles sont absentes sinon noyez-les. Limaces et escargots sont détruits chaque jour puis ils finissent par disparaître. Les doryphores sont plus subtils car ils se cachent sous les feuilles. Ramassez-les, surtout ne les écrasez pas mais brûlez-les.

La culture des tomates

Fierté des jardiniers, les tomates est un légume-fruit indispensable au jardin.

Le nombre de variétés permet de proposer des formes et des couleurs différentes Elle occupera une case du jardin en carrés. Elle suit la laitue et précède les radis. Maladie : la nécrose apicale (ou cul noir) est due soit à une mauvaise assimilation du calcium, soit à une irrégularité d'arrosage, ou par un système racinaire à faible développement par un sol compact, ou encore une terre trop acide.

Les semis

Contrairement au jardin classique, dans la culture du jardin en carrés, toutes les graines de chaque semis doivent être productives. Ceci nécessite de la précision, du doigté, de la patience car chaque graine est semée une par une. Pour les toutes petites graines, mélangez-les avec un gravier léger et saupoudrez à la salière. Faites des mini trous avec un crayon et rebouchez en tassant légèrement. Arrosez avec précaution. Il est préférable de repiquer des plants élevés dans la serre.

La culture d'ail

L'ail blanc d'automne se plante en octobre et en novembre pour une récolte en juin et juillet. L'ail rose se plante en décembre, janvier et février et se récolte en juillet et en août. Le protéger avec des feuilles de fougères les plantations. La distance des plants est de 10 cm à raison de neuf gousses par case. Il pousse en hauteur, ne gêne pas ses voisins. Récoltez en juin lorsqu'il est encore vert. Après sa récolte, vous pouvez semer des carottes, des haricots verts ou de la salade.

La culture du chou de Chine

Le chou de Chine « pak-choï » ou « pé tsaï » a une forme allongée qui est bénéfique au potager en carrés car il ne prend pas la lumière. Il se sème comme les autres variétés, soit en caissette en mai, soit directement en place de juin à août. Les pieds repiqués sont plus résistants mais pensez à protéger les plantules des rayons du soleil. Quatre plants par carré sont suffisants. La récolte a lieu à partir de septembre. Maladies : pour protéger le chou de Chine, plantez du romarin à ses côtés.

La culture de la betterave

La betterave aime les sols tendres, elle se cultive pour sa racine. Par temps sec, le sol doit être maintenu humide mais sans excès. Semez en place dès le mois d'avril jusqu'en juin ou repiquez en lune descendante pour une récolte trois mois plus tard. Laissez un plant tous les 15 cm, soit cinq pieds par case. Elle aura sa place au centre d'un carré, riche en compost à moitié décomposé qui favorisera le développement de la racine au détriment des feuilles. Maladies : craint les fourmis.

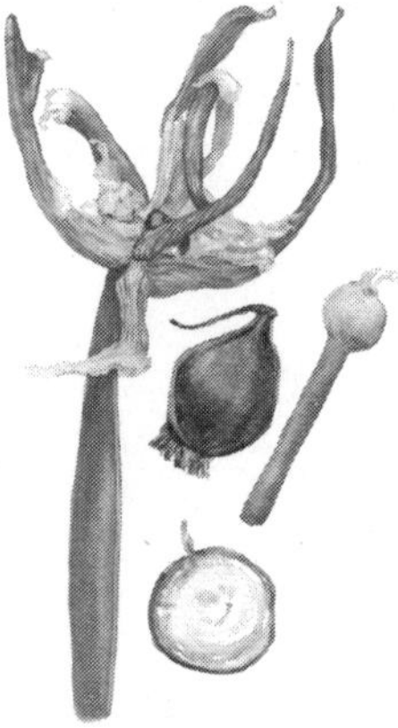

La culture des oignons

Au jardin en carrés, vous sèmerez les graines des oignons. Utilisez ces petits bulbes pour les replanter sans les enfoncer trop profondément dans la terre. Les oignons ne font pas beaucoup d'ombre et ils peuvent se repiquer à côté d'autres légumes comme les betteraves ou les radis. Au potager en carrés, vous devrez suivre leur culture par des laitues d'automne ou de la mâche.

Les tuteurs du nord

Dans un potager en carrés, les parcelles situées au nord seront réservées aux légumes grimpants. Ils bénéficieront d'une excellente lumière et protégeront les autres plantations des vents froids. Prévoyez pour ces cultures des structures verticales solides résistantes aux intempéries et au poids des récoltes. Les bricoleurs fabriqueront des cadres en liteaux de 2 mètres de haut avec des branches ou des fers à bétons. Les treillages préfabriqués sont pour ceux qui manquent de temps.

La culture des chénopodiacées

Ces légumes sont très gourmands en matières organiques et en azote. Il est donc nécessaire d'ajouter du compost avant leur culture. Après la récolte, vous devrez les semer dans un autre jardinet potager pour obtenir de nouveaux beaux légumes. Les chénopodiacées cultivées sont résistantes au sel dans les potagers en bordure de mer. Les plus connues sont sans doute les diverses variétés de bettes et betteraves, l'épinard, l'arroche des jardins, l'ansérine, l'épinard sauvage ou le quinoa.

La culture du concombre

Un seul plant donne pour deux personnes… il est plus simple d'acheter des plants en jardinerie. Dans le Sud, le premier plant sercultivé en mai ; dans le

Nord, prévoyez un tunnel de protection. Un second peut être installé fin juin. Le concombre prend de la place, pincez au-dessus de la cinquième feuille pour provoquer d'autres ramées. Vous le cultiverez sur une armature en forme de tipi, un seul pied par carré. Parasite : l'araignée rouge n'aime pas l'eau, humidifiez souvent le légume.

Un plan pour neuf légumes

Pour ne pas appauvrir la terre par des légumes de la même famille, voici un schéma type de rotation qui dispose de neuf cases de 40 cm et que vous ferez tourner dans le sens des aiguilles d'une montre.
– Première rangée : radis, ail, carottes.
– Seconde rangée : échalotes, betteraves, poireaux.
– Troisième rangée : haricots, haricots, cornichons.
Second carré
– Première rangée : roquettes, radis, menthe.
– Seconde rangée : carottes, mâche, laitues.
– Troisième rangée : fleurs, navets, brocolis.

Jardiner à l'économie

Le coût financier d'un jardin en carrés est réduit dès la première année. Bien sûr, vous devrez amortir le coût des montants, mais vous pouvez utiliser des branches de châtaigniers, des bambous, des poutres non traitées que vous aurez récupérés. Le prix des semences est lui aussi divisé par dix ou par vingt. Des associations de jardiniers permettent les échanges. Un jardinet de ce type, tous légumes confondus, vous reviendra à moins de dix euros par an. Et l'arrosage est lui aussi modéré.

Semer 20 à 25 graines

Vous sèmerez les graines dans une case du jardinet et prévoirez des plans à repiquer dans des barquettes car c'est plus simple et plus pratique. L'espacement des graines sera différent suivant l'épanouissement des légumes à la récolte. Pour les petits, comme la mâche, la roquette, les radis et le cresson, 25 graines réparties sur cinq rangées suffisent. D'autres légumes ne nécessitent que 20 graines sur quatre rangées comme l'épinard ou le mesclun.

La culture du chou pommé

Les choux pommés (frisé dit cabus, ou lisse dit de Milan) peuvent être cultivés toute l'année. Il suffit de quatre ou cinq plants de ce légume au jardin en carrés, il est inutile de le semer, échangez des plants avec votre plus proche voisin… Il prend beaucoup de place, aussi vous cultiverez un seul plant par jardinet ou installerez les pieds dans les coins. Repiquez le plan en mars pour une récolte d'été, en juin pour l'automne. Maladies : évitez de planter à proximité des légumes racines.

Économiser l'eau d'arrosage

Le soleil est à la fois un allié et un ennemi. L'été est une période exubérante pour les légumes, mais le sol se dessèche rapidement. Pour pallier cet inconvénient majeur, le paillage est certainement la meilleure solution pour diminuer cette évaporation. Répandez en surface des pieds majeurs un douillet édredon de fumier décomposé, l'herbe de la pelouse… Les vers de terre termineront la décomposition et les arrosages libéreront les éléments nutritifs, la couche conservera l'humidité.

Des cultures variées

D'autres légumes peuvent s'intercaler dans les carrés de vos jardinets. Ils viendront occuper les espaces libres dans les rotations et ils ne présentent pas de risques de maladies ou de parasites perpétuels. C'est le cas pour le basilic, la mâche et le maïs sucré. Vous pouvez aussi utiliser ces carrés pour des plantes compagnes qui attireront les insectes nuisibles et protégeront ainsi les autres légumes : la moutarde attire le papillon blanc des choux, les capucines attirent les pucerons.

Nourrir le jardin

L'avantage du potager en carrés est de fournir rapidement de beaux légumes, mais cela épuise la terre, car la culture est intensive. Ceci nécessite de nourrir les cases en permanence et de manière régulière. Le marc de café sera l'un de vos alliés ainsi que la cendre de bois (non traité). Lorsque vous changez de culture, ajoutez une poignée de

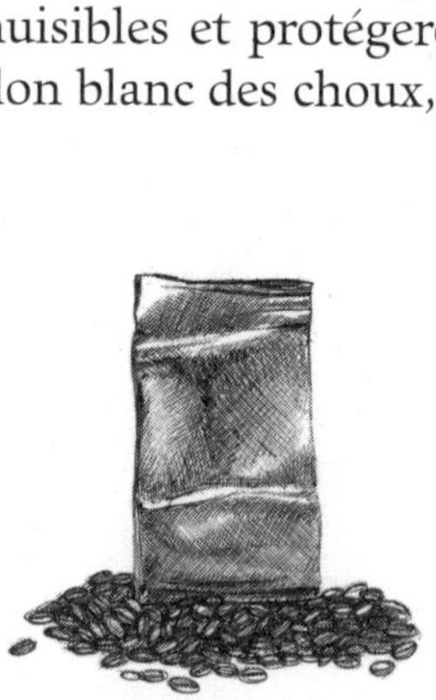

corne broyée et une pelletée de compost, arrosez tous les quinze jours avec du purin d'ortie, paillez avec des fougères en été.

Décanter l'eau d'arrosage

Si l'idéal est d'arroser avec l'eau de pluie, son stockage est difficile. Donc l'eau du robinet palliera son insuffisance. N'arrosez pas immédiatement avec l'eau domestique ; laissez reposer plusieurs heures dans un fût, un bidon, une « barbotte », avant d'arroser les pieds de légumes pour que le chlore s'évapore. Une bombonne de 20 litres, placée sous une bassine, vous permettra de laver les légumes avant de les offrir à la maîtresse de maison. L'eau sera récupérée et réutilisable.

Jardiner sans se lasser

Sa taille lui permet de s'implanter dans tous les espaces, mais le jardin en carrés a un autre intérêt : le temps nécessaire à son entretien. Il faut compter 15 heures par semaine pour un jardin classique. Un jardin en carrés ne réclame qu'une demie heure par jour pour planter, arroser, nettoyer, recueillir les fruits de votre travail, ceci sans se lasser de travaux pénibles et répétitifs. Vous jardinerez à l'économie de gestes et vous serez moins harassé au moment de la récolte !

L'esprit américain

Si vous avez décidé d'utiliser le schéma du jardinet en carrés « américain », vous disposerez de 25 cases de 30 cm. Le jardinet type est, pour exemple, le suivant :
– la dernière rangée : carottes et œillets d'Inde.
– les deux cases de gauche : quatre pieds de haricots ou deux pieds de concombres sur un treillage.
– les deux cases de droite par des carottes.
– au centre, le pied de tomates ou l'aubergine ou le poivron.
– la première face est occupée sur deux rangs par des salades à couper.

La culture de l'échalote

À l'automne, le bulbe de « l'échalote grise » s'installe au jardin en l'enfonçant dans la terre et en le laissant dépasser de 2 cm. L'échalote « cuisse de poulet » se plante plutôt en février ou mars et les récoltes varient de juin à septembre. Au jardin en carrés, prévoyez neuf semences par case qui ne seront pas utilisées ensuite par les oignons, l'ail ou les poireaux. Sarclez souvent pour supprimer les mauvaises herbes. Maladie : l'échalote n'aime pas l'eau, évitez de les arroser.

La culture de la poirée

Appelée également bette, elle sera repiquée vers la fin du printemps. Dans le Midi, elle se conserve en place pendant l'hiver à condition de la protéger par plusieurs épaisseurs de papier journal enroulées autour des feuilles. Placez-la en bordure, sinon elle occupera tout un carré et coupez les feuilles au fur et à mesure des besoins. En fin de culture, amendez la terre avec du compost mûr. Maladie : le mildiou. Coupez les feuilles atteintes et traitez à la bouillie bordelaise.

Le repiquage en vedette

Un semis qui ne « prend pas » est une perte de temps et d'espace. Il sera plus simple de repiquer des plants vous assurant la récolte de beaux légumes. C'est le cas des tomates, des aubergines, des poivrons que vous pourrez ensemencer vous-même. D'autres lés'achèteront en jardinerie. Reste à trouver le bon moment pour le faire car au jardin en carrés vous gagnerez trois semaines en disposant des voiles de forçage sur les plants fraîchement repiqués.

La conservation des graines

Au jardin en carrés, l'utilisation des graines est limitée et il vous restera de nombreuses graines non utilisées. Si vous ne pouvez pas les échanger avec un autre jardinier, laissez-les dans leur sachet d'origine, pliez la pochette en deux ou trois et agrafez hermétiquement. Placez vos sachets dans une boîte en polystyrène qui sera remisée dans le cabanon ou le garage. Vous pouvez également utiliser une glacière pour le pique-nique que vous libérerez le printemps venu.

La culture des astéracées

Peu exigeantes avec la terre qu'elles occupent, elles ont une durée de vie relativement courte (cinq à six semaines) et sont des légumes tout à fait adaptés à ces petits jardins. Certaines se coupent et repoussent naturellement mais il vaut mieux éviter de les faire se succéder dans le même endroit : ce sont les achillées, les laitues (pommées, batavias, romaines, des murailles...) et les chicorées (scarole, frisée...), l'endive, l'armoise, la scorsonère des prés et de nombreuses fleurs dont les asters.

Chouchoutez les semis

Les jeunes semis sont fragiles et les agressions sont nombreuses comme le vent, le soleil et la pluie. Pensez à les protéger en étalant des feuilles de papier journal humide s'il fait trop chaud ou un tissu type serpillière tendu par tous les temps. Par contre, ôtez cette protection dès l'apparition des premières plantules sinon les limaces et escargots seront à la fête. Pour contrer les chats qui adorent cette terre fraîche et fine, posez des branches ou un filet.

Repérer les variétés

Rien ne ressemble plus à un semis qu'un autre semis. Sa description et des schémas sur un carnet de travaux sont indispensables. Plantez également une étiquette sur la case en indiquant le nom du légume et la date du semis. Les fléchettes en plastique s'écrivent au crayon gras et seront réutilisables. Si vous êtes un artiste, la pyrogravure sur des abaisse-langue ou des bâtons d'esquimaux sera parfaitement adaptée à votre talent. Un vernis de protection n'est pas superflu.

Parasites et malfaisants

Les larves des hannetons ont un appétit terrible ; vous devez les supprimer sans pitié. Contre les pucerons de la fève et du haricot, pulvérisez du purin d'ortie et écrasez les feuilles entre vos doigts. Le taupin préfère le gazon ; vérifiez les tontes qui servent au paillis. Le ver de gris est la larve de la noctuelle qui détruit en une nuit un carré de salades. Offrez-lui une tuile pour la nuit où il viendra se réfugier et vous n'aurez plus qu'à le « cueillir » au matin.

Adieu les parasites

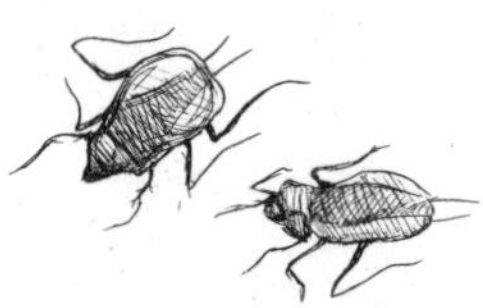

Au jardin en carrés, les ravageurs et autres parasites n'ont pas le temps de s'installer puisque vous serez aux petits soins de vos jardinets. Pour certaines cases à cultures de longue durée, quelques maladies dues aux champignons microscopiques seront à craindre, mais les légumes qui y sont sensibles ne sont pas légions. La rotation rapide des légumes est votre meilleur atout car elle déroute les bestioles indésirables qui n'auront pas le temps de s'installer.

Semer 4 à 16 graines

Vous envisagez une ou plusieurs cases pour la culture de pieds gourmands ? Prévoyez une case de cinq graines pour les navets, l'ail, le céleri branche, le basilic, la chicorée. Une case pour neuf graines pour les poireaux, le cerfeuil, le persil. Enfin, prévoyez 16 graines par case pour les radis, la roquette, la carotte, l'ail, l'échalote et l'oignon blanc. Avec un grand pied au centre, installez aux angles le poivron et les laitues, l'aubergine le cerfeuil.

La culture des pois mangetout

Pour éviter qu'ils « prennent la maladie », vous sèmerez dès le mois de février sous tunnel ou avec un voile de forçage jusqu'à fin avril. Semez dans des godets et repiquez 15 jours plus tard. Vous les placerez en bordure en palissade pour les faire grimper en hauteur. Ce sont les tomates, les melons ou des fleurs grimpantes qui suivront dans la case de culture. Paillez pour conserver le sol humide.

La culture des alliacées

Ces légumes occuperont près de six mois le carré de vos jardinets. Il est donc nécessaire de prévoir un espace mobilisé pendant de longs mois. Ils se ressemblent tous, avec de longues feuilles nervurées et sont atteints par les mêmes maladies et les mêmes ravageurs. Les alliacées ont de nombreuses vertus comme prévenir le développement de certaines maladies chroniques. Les plus courants sont : l'ail, l'échalote, l'oignon, le poireau, la ciboulette.

Les rotations de cultures

Schéma de culture d'un jardin d'un carré sur six ans :
– La première année : culture de légumes racines comme les carottes.
– La deuxième année : culture d'un engrais vert, puis de légumes graines comme les haricots.
– La troisième année : culture de légumes feuilles comme les épinards.
– La quatrième année : culture de légumes fruits comme les courges.
– La cinquième année : culture de légumes gourmands comme les tomates.
– La sixième année : le jardinet sera mis en jachère et amendé avec du compost et du fumier.

Le potager en carrés en mars

Occupation du sol pour un jardinet de neuf carrés :
– Première ligne : estragon + laitue à couper + radis 18 jours + estragon.

– Seconde ligne : fleurs + fève + fleurs + basilic.
– Troisième ligne : cresson + laitue romaine + cerfeuil + ciboulette.
– Quatrième ligne : persil + oignon blanc + batavia + carotte.
Semis sous abri : légumes racines, feuilles, fleurs et fruits frileux.
Semis en pleine terre : aromatiques, bulbes, légumes racines.
Plantation : légumes fleurs et artichauts.

La rotation de mai

Occupation du sol pour un jardinet de neuf carrés :
– Première ligne : coriandre + haricots à rame + cerfeuil + ciboulette.
– Seconde ligne : estragon + laitues d'été + poivrons + poireaux.
– Troisième ligne : persil + oignons blancs + laitues d'été + carottes.
– Quatrième ligne : trois pieds de concombre + basilic.
Semis sous abri : légumes fruits frileux.
Semis en pleine terre : légumes racines, feuilles, fleurs, graines et fruits.
Plantation : légumes racines, feuilles et fleurs.

La rotation de juillet

Occupation du sol pour un jardinet de neuf carrés :
– Première ligne : coriandre + capucines + cerfeuil + ciboulette.
– Seconde ligne : estragon + radis 18 jours + poivrons + poireaux.
– Troisième ligne : persil + radis 18 jours + épinards + carottes.
– Quatrième ligne : trois pieds de concombre + basilic.
Semis sous abri : rangement et nettoyage de la serre.
Semis en pleine terre : légumes racines, feuilles, graines et fruits.
Plantation : légumes feuilles et fleurs.

La rotation de septembre

Occupation du sol pour un jardinet de neuf carrés :
– Première ligne : coriandre + chrysanthèmes + cerfeuil + ciboulette.
– Seconde ligne : estragon + repos + repos + poireaux.
– Troisième ligne : persil + estragon + épinards sur deux carrés.
– Quatrième ligne : chicorées + laitues d'hiver + repos + basilic.
Semis sous abri : rangement et nettoyage de la serre.
Semis en pleine terre : légumes racines et feuilles.
Plantation : légumes feuilles et aromatiques.

Semis, soin et entretien

Quelques astuces de jardiniers confirmés

Votre potager ou vos massifs de fleurs ne seront que plus beaux si vous adaptez les plants qui correspondent à vos envies et au climat de votre région. Mais puisque les plants coûtent chers, vous réaliserez vos semis vous-même. Trois méthodes pour le faire, mais une multitude de soucis à venir si vous n'avez pas prévu un certain nombre d'impondérables… prévisibles ! Nous vous livrons quelques astuces de jardiniers confirmés pour ne pas tomber dans les pièges de la facilité.

Graine germée à consommer

L'extraordinaire énergie qu'une graine mise en germination dissimule permet l'apparition d'un germe en quelques jours. Il est donc inutile d'attendre trop longtemps pour savoir si votre semis sera réussi ou pas. La germination doit être visible rapidement et vous pouvez commencer la consommation de ces graines germées :

– La roquette lève en 5 jours.
– Le blé complet lève en 3 ou 5 jours.
– La moutarde en 3 jours.
– Le cresson alénois en 4 jours.
– Le soja en 10 jours.
– La ciboulette en 12 jours.

Affûtage au papier-émeri

Une coupe mal exécutée sur une tige et c'est parfois malheureusement la fin de la plante ou de la fleur. Il est donc primordial de posséder un sécateur (ou des ciseaux) bien affûté. Pour cela, ayez toujours une feuille de papier-émeri dans votre caisse à outils et après chaque usage, vous en couperez une bandelette. De cette manière, vous aurez en permanence de bons outils coupants et tranchants. Nettoyez régulièrement vos outils avec un chiffon imbibé d'eau de Javel ou passez-les à la flamme, pour éviter de transmettre les maladies d'une plante à l'autre. Un peu de graisse sur le ressort du sécateur est également nécessaire pour éviter qu'il ne rouille. Si le sécateur nécessite un entretien plus important, seule la lame s'affûte au papier de verre par des mouvements circulaires, en frottant légèrement, sans poncer et si la contre-lame est émoussée, aiguisez délicatement le mordant pour lui rendre son efficacité.

Poivrer ses semis

Les jeunes pousses et les graines de vos semis font l'objet de la convoitise des oiseaux ? Saupoudrez de poivre de Cayenne les rangées et nos amis ailés iront ailleurs chercher de quoi se nourrir. Pourquoi ne pas prévoir une boîte de graines de tournesol sur une branche pour qu'ils ne s'éloignent pas trop, vous pourriez avoir besoin d'eux un prochain jour ?

Taillez seringats et orangers

Début juin, taillez les arbustes à floraison printanière comme les céanothes, les forsythias, les spirées, les groseilliers à fleurs, les genêts et les seringats.

Plantation de dernière minute

En août, il est encore temps de faire quelques semis de fleurs : mufliers, pâquerettes pomponnettes et les dernières roses trémières. Elles ne demandent aucune exigence de sol mais sont sensibles à la rouille.

Un ruban de graines

Le calcul de l'espacement des graines pose parfois quelques soucis. Il existe dans le commerce des graines en ruban que vous étalerez au fond du sillon. Ceci permet un travail plus rapide tout en prévoyant l'intervalle nécessaire à l'épanouissement de vos plants. Ces graines sont de bonne qualité mais le choix des variétés n'est pas aussi vaste que les graines vendues en sachets. Dans les deux cas, humidifiez le fond du sillon, déposez les graines avant de refermer et d'arroser à nouveau.

L'heure de planter vos arbres

Début novembre, faites des plantations d'arbres et d'arbustes. C'est la bonne période, s'il ne gèle pas. Attendez et placez-les en jauge si besoin en attendant que les températures remontent.

Fortifiez les lombrics

Pour que vos lombrics assimilent plus rapidement les pourritures et vous offrent un fabuleux compost, mettez dans les déchets verts du marc de café. Ceci les rend plus vifs et leur donne une peau plus dure, plus résistante. Voilà de quoi obtenir une belle colonie de vers au service d'un super terreau fertilisant.

Fil de cuivre pour la tomate

Coupez du fil de cuivre électrique de 3 cm, biseautez aux extrémités et transpercez les pieds de vos tomates, en le laissant dépasser un peu de chaque côté. Ceci protège les tomates de certaines maladies, mais d'autres soins naturels complémentaires sont néanmoins indispensables.

Quand les carottes vont mal

La carotte se plaît dans des sols tendres, non argileux et dépourvus de toute pierre. Lorsque toutes ces conditions ne sont pas réunies, sachez trouver des solutions pour qu'elles s'épanouissent au mieux... Si les racines sont fourchues, retirez au maximum les cailloux dans votre potager (profondeur propre et utile : 40 centimètres). Si les racines sont trop petites, le semis est trop dense. Un espace de 7 à 8 cm est nécessaire entre elles pour qu'elles poussent correctement en toute liberté.

Eau de cuisson pour désherber

Des chemins de gravier bien nets, des dalles sans herbes folles entre elles… Pour entretenir ces allées, déversez régulièrement l'eau bouillante (salée) de cuisson des pommes de terre ou des petits pois et les mauvaises herbes disparaîtront.

Un bassin au jardin

Si vous avez un bassin, alimentez vos poissons de jardin quand la température atteint les 10 °C (début, mi-mars environ). Retirez les feuilles mortes du bassin avant leur décomposition, ainsi que les roseaux et les joncs secs.

Si gourmand, le céleri-rave

Pour obtenir de beaux céleris-raves, cultivez-les dans une tranchée riche en jeune compost. Avantage non négligeable, cette tranchée poreuse récupérera très facilement l'eau de pluie ou celle de votre arrosage pour nourrir… ces gros gourmands ! Pour améliorer la récolte du céleri-rave, vous couperez proprement 2 cm de son extrémité lors de la plantation avec un couteau bien affûté, il produira ainsi une racine bien plus grosse.

Le vert des conifères

En janvier, commencez par planter des arbres à feuillage décoratif, en dehors des périodes de gel. Plantez des conifères en sujet isolé ou en haie libre.

Gardez les mains propres

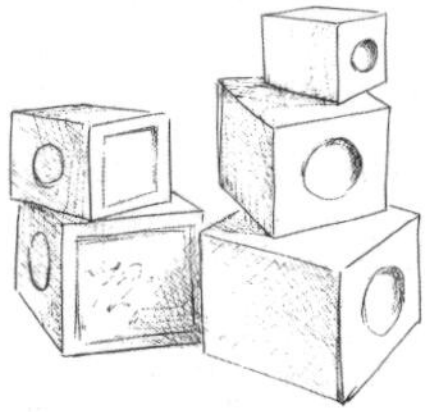

Avant de gratter la terre, griffez un savon de Marseille avec vos ongles. La terre ne pourra pas s'y loger et il vous suffira de vous laver les mains pour faire disparaître le savon. Oubliez aussi les désagréments de la savonnette qui glisse dans l'évier du jardin : placez-la dans un bas que vous attacherez au robinet. Une fois les mains mouillées, il vous sera très facile de vous savonner avec les deux mains libres. Si vous avez encore des taches sur les ongles, mettez à tiédir une cuillère à soupe d'huile d'amande douce, ½ citron et 25 cl d'eau. Laissez tremper vos doigts pendant 15 min et rincez. Pour retrouver de belles mains, frictionnez-les avec des feuilles de rhubarbe. Pas trop, c'est un peu acide à long terme. Après le désherbage, pour retrouver la douceur de la paume de vos mains, frictionnez-vous avec de la bave d'escargot. Répugnant… peut-être ; efficace… certainement !

Alléger un sol

En décembre, si la terre n'est toujours pas gelée, travaillez vos parcelles. Retournez, bêchez, amendez, faites des apports de sable, de tourbe pour alléger et drainer l'ensemble.

Creusez à l'avance

Au début du mois de novembre, préparez des trous de plantation pour vos arbres à racines nues, 15 jours à l'avance. Pensez à praliner les racines dans un mélange de boue liquide ou de pralin prêt à l'emploi.

Récupération des copeaux de branches

Au moment de tailler les haies, placez sur le sol un grand tissu. Lorsque vous aurez terminé votre coupe, vous ramasserez plus facilement ces déchets verts pour les broyer et obtenir un excellent paillage, que vous placerez au pied de vos tomates, melons et courgettes et ceci, pour un coût totalement nul.

La taille des haies

À la mi-juillet, taillez vos haies (thuyas, lauriers, troènes…) afin de permettre une bonne cicatrisation des plaies avant l'hiver. Attendez le mois de septembre pour tailler les buis, qui poussent vite en fin d'été.

La pluie, la rosée et la binette

Si le temps est maussade et que des nuages menacent pendant la nuit, placez un seau à vendange au milieu de votre potager. Si au matin, il y a plus d'un centimètre d'eau au fond du seau, vous pouvez vous éviter la corvée de l'arrosage ce jour-là. Par contre, n'hésitez pas à donner un petit coup de binette en surface le soir, une fois que le terrain est ressuyé, pour que la pluie ou la rosée du lendemain infiltre la terre et nourrissent vos plantations.

Attention aux arbustes toxiques

Un certain nombre d'arbustes ou de plantes est déconseillé dans les espaces de jeux destinés aux enfants. Bien entendu, tous les arbustes épineux sont à écarter, comme le cognassier du Japon ou l'épine-vinette, mais d'autres le sont tout autant alors que de prime abord, ils semblent beaux, accueillants et sans danger, comme le laurier-rose. Renseignez-vous auprès de votre horticulteur avant d'en faire l'acquisition.

Chaulez votre sol

L'ameublissement d'un sol argileux pour améliorer sa texture nécessite un entretien méticuleux et l'apport de matières organiques. Pour modifier son action physique, effectuez le chaulage qui permet de relier entre eux les éléments de la terre et ainsi le sol devient plus facile à travailler. À l'automne et au printemps, épandez 400 grammes de chaux sur le sol au mètre carré, puis après deux années réduisez à 100 grammes. Après le chaulage, attendez quatre semaines avant de déposer du fumier.

Blanc d'Espagne contre les brûlures du soleil

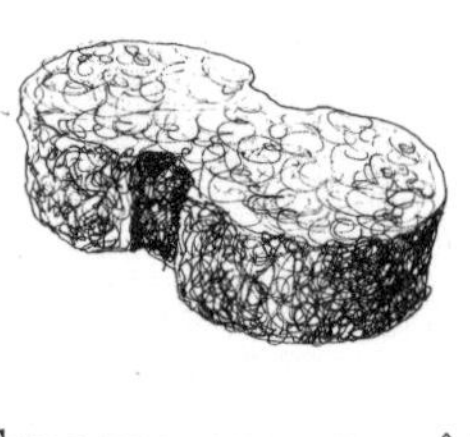

Dans les serres à vitrage, la chaleur du soleil est bienvenue, mais lorsque l'astre du jour devient trop brûlant, il devient urgent de limiter les rayons du soleil pour protéger vos semis. À l'intérieur de la serre, étalez au pinceau du blanc d'Espagne que vous ôterez le moment voulu à l'éponge. Il existe aussi du blanc à ombrer, qui résiste à la pluie pendant plusieurs mois et qui se pulvérise à l'extérieur.

Le buttage

Pour renforcer les racines des jeunes haricots, vous butterez les rangs trois semaines après le semis. Ceci consiste à ramener un peu de terre aux pieds des plants en créant une petite butte. Cette opération a un triple intérêt puisqu'elle protège les pieds du froid en fin d'hiver si cela est le cas, elle favorise l'enracinement par la multiplication de nouvelles racines, la terre prise pour créer la butte laisse place à une sorte de petite tranchée qui recueillera l'eau pour nourrir les racines.

Divisez les perce-neige

Les premiers jours de février, divisez les touffes de perce-neige. Aidez-vous d'une bêche pour soulever les mottes et cassez-en deux morceaux. Plantez en groupe pour un meilleur effet visuel et tapissant.

Faites germer les futurs semis

À la mi-février, faites tremper les grosses graines de fleurs, pour faciliter la germination. Placez-les dans des caissettes en recouvrant de très peu de terre. Vaporisez-les et maintenez-les humides jusqu'à la levée.

Couchez les bulbes de fritillaire

Certains bulbes, comme ceux de la fritillaire, possèdent une cavité sur le haut de l'oignon, trace de la tige florale de l'année passée. Pour éviter que l'eau ne fasse pourrir le bulbe, plutôt que de le planter à plat, couchez-le, l'eau ne remplira pas le trou qu'il présente au sommet.

Du sable pour les bulbes

À la mi-octobre, retirez les bulbes des dahlias et des cannas. Placez-les dans des cagettes remplies de sable, saupoudrez d'un fongicide et conservez dans une cave.

Couchez les bulbes de fritillaire

Certains bulbes, comme ceux de la fritillaire, possèdent une cavité sur le haut de l'oignon, trace de la tige florale de l'année passée. Pour éviter que l'eau ne fasse pourrir le bulbe, plutôt que de le planter à plat, couchez-le, l'eau ne remplira pas le trou qu'il présente au sommet.

Du sable pour les bulbes

À la mi-octobre, retirez les bulbes des dahlias et des cannas. Placez-les dans des cagettes remplies de sable, saupoudrez d'un fongicide et conservez dans une cave.

Le terreautage au noir

Au printemps, il est préférable de recouvrir les semis avec une couche de terreau de 1 mm à 4 cm d'épaisseur selon le calibre des semences. Cette couleur sombre réchauffera la terre plus rapidement et les plantules sortiront très facilement dans cette couverture meuble. Sélectionnez judicieusement votre terreau, ils sont nombreux sur le marché. Un bon terreau doit favoriser un bon ancrage des racines et laisser le sol respirer.

Conservation des oignons de tulipes

Vos oignons de tulipes demandent quelques soins pour refleurir l'année suivante. Sachez néanmoins que vos tulipes seront moins belles et moins colorées au fil des années et qu'il vous faudra les remplacer. En attendant ce « troc » obligé, attendez que la floraison soit terminée avant de couper à 5 cm du sol la tige porteuse. Arrachez les bulbes en été et faites-les tremper environ 20 minutes dans une eau tiède pour les désinfecter. Faites-les sécher et rangez-les au sec et dans le noir.

Tuteurez les pois

De nombreuses variétés de pois grimpants ne peuvent se passer de tuteurs ou de rames. Avant même de semer les haricots, plantez des branches droites de noisetiers ou des cannes de bambous, légèrement inclinées pour attacher les parties hautes entre elles, puis vous ajouterez des branches ramifiées à la base pour favoriser l'épanouissement du plant. Si cela vous semble fastidieux, utilisez des filets plastifiés prévus à cet effet que vous jetterez après la récolte (triage sélectif).

Rafraîchissez les lavandes

Mi-septembre est le bon moment pour tailler vos lavandes à la cisaille. Reformez des boules chaque année. Les vieilles lavandes font du bois si vous les avez négligées quelques années.

Premières tomates

Au mois de mars, semez dans une terrine que vous garderez à la cuisine, bien exposée à la luminosité de la fenêtre, mais au chaud, la tomate Marmande. Placez une vitre sur le dessus et entretenez la lumière et l'humidité (ni trop, ni trop peu). Dès que les plantules ont quatre à cinq feuilles, repiquez en godets en enterrant jusqu'aux premières feuilles. Placez sous châssis froid jusqu'en avril et vers le 15 mai, vous planterez au jardin. Premières tomates début juillet !

Des carottes goûteuses

Si vos carottes manquent de saveur, c'est qu'il s'agit d'une variété semée trop tôt. Attendez le mois de juin et son beau soleil pour les semis. Pour patienter, occupez-vous de la terre en la retournant régulièrement.

Blanchissez les cardons

En décembre, blanchissez les cardons arrachés en octobre, emmaillotez-les sans trop serrer les liens. Relevez les feuilles pour les attacher en fagot et entourez l'ensemble de carton ondulé ou de film noir de paillage.

Sachets de thé et poissons rouges

Riche en sels minéraux, l'eau sale du bocal de vos poissons est excellente pour arroser les plantes en pot ou baigner les godets de vos jeunes semis. Les sachets de thé sont également bons pour nourrir les jeunes plants, à raison d'un vieux sachet de thé que vous laisserez baigner toute une nuit dans 2 l d'eau. Des sachets de thé peuvent également être déposés au fond de vos pots de fleurs, lors de la plantation des oignons (iris, tulipes) ou des graines d'herbes aromatiques dans la mini serre. Même procédé pour vos jacinthes aquatiques, un sachet pour 1 l d'eau que vous renouvellerez pour compenser l'évaporation naturelle.

Du sable dans les graines de radis

Certaines graines sont vraiment minuscules, comme celles des laitues ou des radis. Il est difficile de faire un semis clair qui évite ensuite de supprimer de jeunes pousses. Pour que ce semis soit efficace, mélangez à vos semences du sable à gros grains qui s'éparpilleront. Un petit semoir à ouverture réglable vous permet également de contrôler le débit des graines ; les flacons d'épices ou de grains de poivre sont parfaits pour cette seconde utilisation. Le recyclage a du bon !

Le surfaçage

La terre des pots devient rapidement infertile et compacte au bout d'un certain temps. Il est urgent de la changer ! Ne changez pas toute la terre du pot, mais au contraire grattez la surface et ôtez la terre sur quelques centimètres seulement. Remplacez-la par un terreau très riche qui diffusera ses oligo-éléments à la végétation et aux fleurs à chaque fois que vous arroserez la plante. Si la surface présente des racines serrées, coupez les plus fines, conservez les plus robustes.

Plantez les piquets avant les bulbes

Pour éviter de blesser les bulbes avec un piquet indiquant la variété de vos fleurs, plantez-le dans le sol avant de placer les oignons ; qu'il s'agisse d'un tuteur (dahlias ou glaïeuls) ou d'un piquet pour les petits bulbes (narcisses, montbredias). Au jardin, un bulbe se plante dans un trou de 3 à 4 fois sa hauteur et pour que le plaisir des yeux se prolonge, associez les anémones et les glaïeuls en les plantant à 2 ou 3 semaines d'intervalle. Réservez les trous pour ne pas déterrer ceux déjà en sol. En pot, étagez les bulbes de même espèce pour qu'ils s'épanouissent tous en même temps, à différentes hauteurs, en les espaçant, et avec une épaisseur de terre de 4 à 5 cm. Il sera aussi plus facile de les récupérer pour l'année suivante, après un bon ressuyage et une conservation dans un sac de toile de jute ou une caissette de tourbe sèche, de sable ou de sciure naturelle.

Le laurier aime avoir les pieds au chaud

Cette plante préfère les climats doux. Pour prévenir une météo capricieuse, protégez les pieds de vos lauriers avec des journaux, des cartons, de la sciure de bois tendre, de la paille. Pour éviter qu'ils dépérissent, ne coupez pas de branches quand il gèle et utilisez toujours un sécateur très bien affûté. En brisant les rameaux à la main, vous favoriseriez la pourriture provoquée par de minuscules insectes. Si votre laurier est dans un pot, rentrez-le au garage ou au cellier, mais donnez-lui de la lumière.

Les piquants s'ôtent au papier adhésif

Le rempotage des cactées est une opération délicate qui demande du doigté ! Justement, pour éviter que vos doigts conservent un souvenir douloureux de ces manipulations, coupez puis superposez des bandes de papier journal. Ces bandelettes serviront à enserrer la plante pour la déplacer. S'il subsiste des piquants au bout des doigts, appliquez une bande de ruban adhésif et retirez-les lentement. Pour les plus récalcitrants, trempez vos doigts dans de l'eau de Dakin, puis ôtez-les ensuite avec une pince à épiler.

Plante d'ombre

Le soleil n'est pas un allié permanent pour certaines fleurs. Ainsi, le fuchsia aime l'ombre et s'associe souvent avec les bégonias et les impatiens. Plantez dans des pots de terre cuite, au début du mois d'avril, des boutures obtenues après l'hiver. Lors du rempotage, faites un pincement au-dessous de la feuille terminale pour favoriser l'enracinement et la ramification. Vous pourrez les mettre en terre, à l'ombre, dès la première semaine du mois de mai, en même temps que les bulbes de glaïeuls.

Le cerfeuil se sème tout seul

Le cerfeuil aime les sols bien drainés et exposés à l'abri du vent du Nord et du soleil trop fort. Semez-le au pied d'un mur et à l'ombre des haricots ou des tomates, dans une terre amendée de sable et de tourbe. Laissez-le monter en graines, il se ressèmera tout seul l'année suivante.

Arrosage à température

Dès le début de vos plantations de légumes, évitez les coups de « chaud et froid » par des arrosages inappropriés. Il est préférable d'utiliser l'eau d'une citerne extérieure (celle de la récupération des eaux de pluie par exemple) qui sera à température ambiante. Les eaux du sous-sol sont beaucoup trop froides pour les jeunes plants qui ne supporteront pas ces eaux fraîches et qui brûlent les jeunes feuilles. Ceci est notamment repérable par des taches blanches sur les feuilles des tomates… Dans ce cas, il est absolument nécessaire de traiter à la bouillie bordelaise pour ne pas perdre tout le pied.

Douce pelouse

Fin mars, occupez-vous de votre pelouse. Scarifiez-la en retirant la mousse, aérez-la. Vous pouvez en semer si la température est voisine de 12 °C au minimum, sinon elle ne lèvera pas.

Les sols sableux

Adaptez vos plantations aux caractéristiques du terrain. Certaines plantes et arbustes se plaisent dans le sable : l'acacia, les plantes des genres Berberis, Hakea et Agonis, le cotonéaster, l'armoise, l'hélianthème, l'arbre à chapelet, le cèdre, le châtaignier commun, l'érable à giguère, le dattier des Canaries, l'eucalyptus, le genévrier, le micocoulier d'Europe, le pin maritime, le genêt d'Espagne, la lavande, le rosier pimprenelle, le romarin, le yucca…

Cheveux et sel contre les limaces

Il n'y a rien de plus rageant que de voir ses semis dévastés par les limaces. Pour lutter efficacement, disposez autour de vos godets ou de vos lignes de semis, des coupes de cheveux. Ceci provoque chez nos gastéropodes une très forte irritation et ils doivent secréter longtemps pour se débarrasser de ces « poils ». Au final, les limaces se déshydratent totalement. Une autre astuce consiste à saupoudrer les abords des cagettes de vos semis avec du gros sel de cuisine. Le résultat est le même, attention toutefois à ne pas saupoudrer vos plants, le sel est un puissant désherbant. Vous pouvez également entourer vos plants de petits morceaux de coquilles d'œufs. Évitez le bol de bière, car elles adorent cela et les gastéropodes du voisin viendront aussi chez vous !

Sublimez vos rosiers

C'est vers la fin du mois de mai qu'a lieu l'éclosion des rosiers. Supprimez les fleurs fanées régulièrement pour favoriser la floraison des remontants jusqu'aux gelées. Éliminez aussi les gourmands qui poussent au niveau de la greffe.

Les semences ont la peau dure

De nombreuses graines ont la peau dure et le temps de germination en est directement repoussée. Pour les aider à germer, scarifiez avec la pointe du couteau leur épaisse peau protectrice. Lorsque la graine est longue, il est facile de couper un minuscule morceau de peau. Si la graine est ronde, cela est plus facile avec un petit morceau de papier de verre, l'humidité pénétrera par ce point faible. Vous pouvez aussi faire tremper les graines 24 à 48 heures avant le semis.

Protégez vos outils contre la rouille

Pour nettoyer les outils à trancher, comme la bêche ou la binette, mettez du sable fin dans un seau et plantez-les dedans après vos travaux de jardinage. Frottez les lames de la serpette ou du sécateur avec un chiffon imbibé d'huile d'olive, pour prévenir la rouille. Essuyez proprement avant de vous en servir la prochaine fois.

Mélangez vos semis pour faire de l'ombre

Pour gagner de la place dans les rangées de légumes, vous pouvez ensemencer sur la même ligne deux légumes différents, qui se cultivent à la même période, mais qui ne poussent pas à la même vitesse, comme les radis et les salades. Ceci nécessite néanmoins de bien différencier les jeunes pousses, pour éclaircir correctement les rangs. Cela est plus simple avec les radis et les carottes car le feuillage est différent et la récolte des radis favorisera la culture espacée des carottes, dans une bonne terre ameublie et nettoyée. Vous pouvez aussi semer des radis 18 jours entre des plants de salade déjà en place. Pour économiser du temps, de l'espace et de l'eau, l'ombre des uns protégera du soleil ardent les semis des autres. La réciprocité est totale.

Protéger les rosiers du froid

Lorsque le froid de novembre s'intensifie, buttez les rosiers autour de leur point de greffe. Protégez d'une couche de feuilles mortes les pieds des arbres plantés à l'automne. Arrosez s'il fait sec.

Labourez, le gel fera le reste

Inutile de casser les mottes que vous aurez faites à la bêche, lors des labours d'automne. La pluie et la neige les gonfleront et le gel les fera éclater pendant l'hiver. Dès le printemps venu, un bon coup de griffe puis de râteau suffira à préparer la terre et à accueillir vos jeunes légumes.

La taille des rosiers

La fin du mois de février est une bonne saison pour la taille de vos rosiers. Rabattez fort les sujets anciens. Supprimez le bois mort au centre pour l'aérer et ne gardez que cinq branches principales. Taillez à trois yeux, en équilibrant l'ensemble.

Parure de lis

En août, la saison est favorable pour planter des lis de la Madone. Placez-les en situation ensoleillée. Protégez du vent et offrez-leur un sol sans calcaire ni excès d'humidité. Enfoncez les bulbes à 20 cm de profondeur.

Dernière tonte avant l'hiver

Tondez une dernière fois votre pelouse fin octobre. Laissez un peu de hauteur pour passer un hiver sans craindre les gelées et la neige. Évitez de marcher dessus dans ces cas-là.

Conserver ses semences

S'il vous reste des semences, conservez-les pour l'année prochaine. La première méthode consiste à les placer dans une enveloppe en papier et à les mettre au frais et dans le noir. Si vous craignez que l'humidité n'altère vos graines, placez-les dans un flacon de verre à capuchon caoutchouté (disponible en pharmacies) et placez dans son fond un petit sachet réalisé en papier absorbant, dans lequel vous mettrez une cuillerée de lait en poudre. Fermez le sachet, replacez le bouchon et mettez en bas du réfrigérateur. Le lait en poudre fixera l'humidité en attendant le printemps.

Taillez les framboisiers

À partir du mois d'octobre, taillez les cannes des framboisiers s'ils ne donnent plus de fruits. Coupez à ras et éliminez le bois mort. Si les framboisiers sont anciens, envisagez, dès l'automne, de renouveler quelques pieds.

Mettez les légumes-racines sous la paille

En l'absence de cave ou de cellier pour la conservation de vos carottes, radis noirs ou navets, laissez-les en place dans le potager. Coupez les fanes dès que le gel est annoncé et protégez vos plants d'un grillage que vous recouvrirez de paille. Vous pourrez ensuite, au gré de vos besoins, déterrer à l'aide d'une fourche-bêche les légumes, en replaçant aussitôt cette protection efficace.

De précieuses graines

Début septembre, récupérez les graines de vos fleurs pour l'année prochaine : œillets d'Inde, soucis, roses trémières, lupins... Conservez dans des enveloppes, pensez bien à les étiqueter.

Un engrais bon marché

Si vos plantes vertes ont besoin de minéraux, vous pouvez utiliser l'eau de cuisson des œufs ou des pâtes. Voilà une bonne manière de récupérer l'eau et de créer un engrais bon marché, plutôt que de jeter cela dans l'évier, inutilement.

De l'engrais pour les plantes

Profitez de la fin du mois de novembre pour faire des apports de compost et de fumure à vos massifs ou plates-bandes nettoyées. Nourrissez d'engrais organique vos rhododendrons et azalées.

Nouvelles teintes au jardin

Profitez du mois de janvier pour planter des arbustes à floraison décorative (lilas, forsythias) et ceux à terre de bruyère comme les rhododendrons ou les hortensias, azalées et magnolias. Ils fleuriront tous dès le printemps.

Protégez les rosiers du froid

En janvier, buttez et paillez les greffes des rosiers tout juste plantés ou les sujets de l'année précédente, en cas de froid intense.

Semez clair

Certaines petites graines sont difficiles à semer. Trop serrées, elles ne donnent que des plants rachitiques et il faut supprimer beaucoup de germes pour avoir une planche acceptable. Perte de temps et de semences. Pour semer clair à la volée, utilisez une salière en évitant de revenir sur la partie déjà semée. Pour un semis en ligne, pliez une carte de visite en deux et tapotez la petite gouttière pour doser correctement la pluie de graines dans la tranchée.

Engrais d'épinards

Piège d'azote, l'épinard est un formidable engrais vert. Laissez les épinards en place semés à la fin de l'été et au printemps, coupez à ras. Enfouissez les feuilles en retournant légèrement la terre, l'azote restera en surface même sous l'action des pluies. Semez ensuite des légumes-feuilles, comme les salades, qui profiteront de cet engrais 100 % naturel.

Les boutures d'arbustes

En juillet, la période est favorable pour bouturer tous les arbustes à fleurs et à feuillage intéressants : les fuchsias, hibiscus, la lavande, le pieris, le seringat, les groseilliers à fleurs. Ces boutures sont, à cette saison, herbacées ou semi-ligneuses.

Taillez les arbustes avant le printemps

Fin février, taillez votre glycine. Taillez les arbustes à floraison estivale, ne touchez pas ceux qui fleuriront au printemps (forsythia, cognassier), vous n'auriez aucune fleur.

Arroser avant l'orage

Les vieux jardiniers vous le diront, s'il y a de l'orage dans l'air, il est grand temps d'arroser les laitues ! Ceci peut paraître curieux, mais il se dit chez les anciens que l'électricité ambiante les soirs d'orage favorise la montée en graines des salades et le fait d'arroser anéantirait ce phénomène qui voudrait transformer l'oxygène en ozone. Donc en cas d'orage, pas de salades... il faut arroser !

Des vivaces pour le printemps

À la fin du mois d'octobre, taillez et rabattez les vivaces défleuries. Divisez celles que vous souhaitez multiplier dans votre jardin. Transplantez-les immédiatement pour une bonne reprise.

Des semis sous la fenêtre

Pour réaliser des semis précoces de légumes et d'herbes aromatiques, récupérez une fenêtre que vous placerez le long d'un mur, pour les protéger du vent du Nord. Pendant la nuit, le mur rendra la chaleur accumulée

pendant le jour. Traitez le bois de la fenêtre avec du sulfate de cuivre et inclinez-la pour que l'eau s'écoule facilement. Châssis et huisserie ne vieilliront pas trop vite.

Des algues comme engrais naturel

Des fumiers divers composent de nombreux engrais naturels, comme « l'or brun » additionné d'algues pour 20 % de son mélange. Les avantages de cet engrais sont nombreux puisqu'il contient de l'azote, de la potasse, du calcium et du phosphore. Riche en oligo-éléments (zinc, fer...), il est donc recommandé de l'utiliser toute l'année, quelle que soit la culture envisagée. Habitants du bord de mer, vous avez là un engrais vraiment exceptionnel ! Les jardiniers des campagnes trouveront ce produit en jardineries.

Tapissez de feuilles mortes

Mi-octobre, ramassez les feuilles mortes sur la pelouse et sous les arbres. Brûlez-les si elles sont malades ou étalez-les dans des massifs à protéger du froid. Faites un mulch de 10 cm d'épaisseur.

Plantez des arbustes

En mars, faites vos plantations d'arbustes à floraison estivale. Pensez aussi aux feuillages ou aux bois colorés très graphiques (Cornus) pour l'hiver. Ils égayeront votre jardin.

Pour un gazon vigoureux

Début octobre, semez du gazon sur une terre encore chaude. La levée se fera facilement et il sera enraciné pour une bonne reprise dès le printemps prochain.

Aiguilles de pin pour les fraisiers

Lorsque le soleil est bien haut dans le ciel, les fraisiers font grise mine. La chaleur n'est pas un facteur qui favorise le taux d'humidité nécessaire à la production des fruits et un paillage des pieds avec des aiguilles de conifère est recommandé. Non seulement elles favorisent la pousse des fruits en conservant l'humidité nécessaire, mais elles empêchent également la pousse des mauvaises herbes, nourrissent les fraisiers en leur donnant une saveur améliorée et éloignent les escargots. Les vieux jardiniers disent que les feuilles de chêne auraient les mêmes vertus.

De l'humidité pour les plantes d'intérieur

En décembre, soignez vos plantes d'intérieur, comme les azalées, amaryllis, jacinthes sur eau, les pots de cyclamens ou les poinsettias. Veillez à maintenir une légère humidité et à retirer les fleurs fanées.

Élaguer les branches en trop

Fin novembre, en pleine période de repos de la végétation, élaguez vos arbres. La sève redescend. Cicatrisez les coupes importantes avec du goudron de Norvège ou un mastic pour plaies.

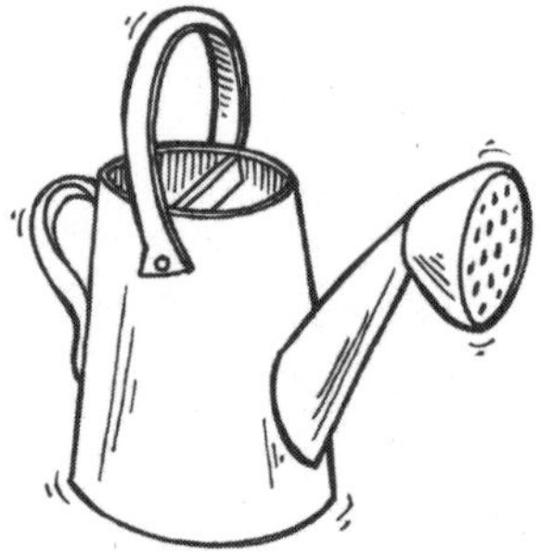

Arroser les semis

Après avoir semé, il faut arroser abondamment avec une pluie fine à la pomme d'arrosoir ou avec une faible pression si vous arrosez au pistolet. Lorsque les semis se font en période estivale et très sèche, pour prévoir les légumes d'automne, il est préférable d'arroser la planche la veille après avoir griffé le sol, pour pouvoir semer dans un sol frais et accueillant. Sachez aussi arroser aux bonnes heures pour éviter le refroidissement nocturne. N'arrosez jamais les feuilles mais les pieds.

L'art de planter les rosiers

Plantez des rosiers à racines nues dès le tout début de janvier. Taillez les radicelles abîmées, pralinez les racines avant d'installer le sujet dans le trou, pour une meilleure reprise. Arrosez-les si le temps est sec, mais en milieu de journée uniquement.

Le marcottage du chèvrefeuille

Début mai, le chèvrefeuille se marcotte facilement. Placez sous terre une branche en la maintenant. De nouvelles racines seront émises, il ne restera plus qu'à les séparer de la plante mère.

Taillez certains arbustes

Début décembre, taillez les arbustes à floraison estivale, mais laissez ceux à floraison printanière (forsythia, cognassier). Les tailler en décembre supprimerait toutes les fleurs à la saison prochaine.

Utilisations de l'arrosoir

Suivant la hauteur d'aspersion de votre arrosoir et la position de sa pomme, vous pouvez modifier l'arrosage. Ces gestes sont simples et efficaces et permettent de ne pas altérer les pousses de vos jeunes semis. En position pomme vers le bas, la pluie est fine mais forte. En position pomme vers le haut, la pluie est plus fine et moins puissante. En éloignant la hauteur d'arrosage du sol, vous augmentez la surface arrosée mais la pluie est plus drue. Comme il est parfois nécessaire d'arroser en fine pluie, pour ne pas submerger les plantes un peu délicates, faites fondre de la bougie sur la pomme d'arrosoir pour boucher une partie des trous. Si vous avez bouché trop de trous, rétablissez les ouvertures avec une petite aiguille à tricoter ou une alêne de cordonnier.

Lit d'échalotes sur grillage maillé

Construisez un cadre de bois et placez un grillage tendu entre les chevrons. Une fois ce cadre surélevé, mis à l'abri de la pluie, vous y déposerez vos échalotes ; l'air circulera librement et les plants sécheront rapidement.
En utilisant un grillage à grosses mailles, glissez les tiges dans les alvéoles et laissez la tête bloquer le plant, la queue vers le bas. 2 ou 3 semaines après, tirez sur la tige, la tête se séparera facilement, signe que les plants sont parfaitement secs. Les petits bulbes seront mis de côté pour être repiqués l'année suivante, plutôt que d'être consommés. Cette astuce est également valable pour les oignons et l'ail.

Arrosage sans gaspillage !

L'eau pour arroser les plantes et les légumes n'a pas toujours été au bout du tuyau ! Autrefois, la corvée des arrosoirs était limitée à sa plus simple expression et on arrosait uniquement le soir, pour éviter l'évaporation intempestive provoquée par les rayons du soleil. Pour les légumes-feuilles en rangs (épinards et salades), on créait une petite rigole légèrement inclinée, d'une profondeur de 5 à 7 cm, afin que l'eau s'écoule lentement. Pour les courgettes, tomates, aubergines, on enterrait au pied du plant un pot d'argile percé à sa base et qu'on remplissait d'eau. La

source bienfaisante s'écoulait suivant les besoins de la terre pendant la nuit. Suivant les régions, dès les beaux jours, s'il ne pleut pas, les besoins journaliers des légumes en eau sont les suivants :
- en rigole, 6 l pour 1 m^2, soit environ 10 à 12 m linéaires pour les plants de légumes.
- en pot enterré, ¾ l par pied pour les plants de fruits.

Trois manières de semer

Avant de semer, vous devez préparer le sol. Ensuite, les semis se feront soit en ligne, soit en godets, soit à la volée. En ligne, vous tracerez des sillons de 3 à 4 cm de profondeur avant de déposer les graines. En poquets, vous ferez des trous espacés de 20 à 40 cm suivant la dimension des plantes avant de déposer les graines. À la volée, griffez le sol, jetez les graines, dégriffez une nouvelle fois avant d'aplatir du dos du râteau et tasser avec une planche qui supportera votre poids.

Le froid tue l'estragon

Certaines plantes condimentaires ne supportent pas d'avoir froid au pied ! C'est le cas de l'estragon. À la fin de l'automne, coupez les tiges à ras du sol et protégez les racines pendant l'hiver en mettant des feuilles sèches ou un paillis de mulching de tontes de pelouse par-dessus.

Arrosage… avant ou après le semis ?

Il est tentant d'arroser les semis une fois que les graines sont en place. Mais ceci a un inconvénient majeur qui est celui de déplacer les graines et de créer des petits tas de semences. Comme le résultat n'est pas celui escompté, il est préférable de mouiller abondamment la rangée où vous allez déposer vos graines, avant de les recouvrir d'un léger voile de terre. Vaporisez la terre les huit premiers jours et vous arroserez ensuite légèrement à l'arrosoir, en plaçant la pomme à l'envers et très près du sol.

Du renouveau dans les massifs

Début mai, semez des annuelles non frileuses pour combler les vides des massifs. Repiquez vos semis commencés à l'intérieur en début d'année. Attendez encore quelques semaines pour les annuelles frileuses.

Les premières fleurs

Quelques fleurs sont suffisamment résistantes pour fleurir dans des conditions difficiles et faire le bonheur des jardiniers amateurs.
– Les cosmos, grande marguerite de couleurs, se sèment en avril pour une floraison de juin à octobre.
– Le haricot d'Espagne est une plante grimpante aux fleurs blanches ou bicolores, qui se sème après les gelées pour une floraison s'étalant jusqu'à l'automne.
– Les lavatères sont des espèces arbustives aimant le soleil qui fleurissent jusqu'à l'automne.

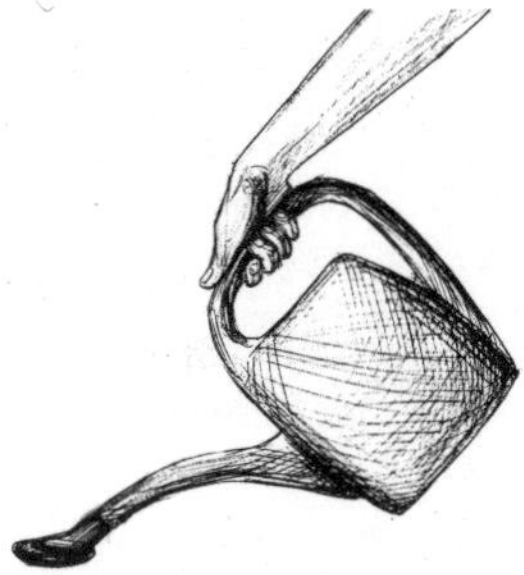

Bien arroser les jeunes plants

À la mi-mai, lorsqu'il ne fait pas encore trop chaud, vous pouvez arroser vos jeunes plants dans la journée, pour éviter l'humidité du soir et les froids nocturnes.

Des tuteurs pour longtemps

Afin d'éviter que vos pieux et vos tuteurs, supportant les légumes palissés ou les plantes grimpantes, ne pourrissent dans la terre, mettez du goudron de Norvège sur la partie enterrée pour la rendre quasiment imputrescible. Ce goudron naturel ne gêne en aucune manière les plantes, mais si vous préférez la méthode des brûlages, calcinez au cep de vigne le bas de vos pieux, ils deviendront plus résistants à l'humidité.

Les sols argileux

Certaines plantes et arbustes ne se plaisent pas dans certains types de sols. Il vous faut connaître la composition de votre sol pour ensuite adapter vos plantations aux caractéristiques du terrain. Celles qui supportent les sols argileux : l'alisier blanc, l'aronia, l'aubépine, l'aucuba, l'arbre de Judée, le bouleau, le copalme d'Amérique, le peuplier, le groseillier, le chêne, le pommier, le mahonia, le catalpa, le camélia, le cassissier à fleurs, la corète, le kerria, le cornouiller, l'aster, l'aunée, la buglosse, le chardon bleu, le chrysanthème, le senecio, la digitale, l'émérure…

Le temps des boutures

Début août, faites des boutures de rosiers et de semi-herbacées. Conservez deux feuilles, trempez-les dans l'eau, puis dans une hormone de bouturage. Enfin, vous pouvez les planter dans un terreau léger.

Sculptez vos buis

Fin septembre, faites vos topiaires de lapins, cerfs ou boules. Ifs et buis se prêtent volontiers à cet exercice. Utilisez une cisaille aiguisée et des gabarits pour tenir le cap !

Jeter les vieilles graines

Avant de semer, vérifiez si les graines sont toujours aptes à produire. Pour ce faire, déposez une dizaine de graines entre deux feuilles de papier absorbant mouillé. Roulez ce ruban de papier et mettez-le dans un sac plastique hermétique fermé près d'une source de chaleur. Vérifiez au bout de huit jours si les graines ont germé ; si moins de huit graines sur dix ont germé, jetez le sachet. Dans le cas contraire, vous pourrez semer en comptant malgré tout sur une perte de 10 à 20 %.

Favoriser la plantation

Sur une planche, après la levée, vous supprimerez un plant sur trois (salade, poireau, betterave). Pour repiquer les semis réalisés en godets, trempez le cube de terre dans l'eau pour le déliter au maximum et plantez les racines nues dans un sillon frais. Pour planter vos semis en godets dans des trous, trempez le cube de terre dans l'eau de la même manière mais laissez la terre qui entoure les racines pour favoriser un meilleur développement de celles-ci.

Les carottes aux petits soins

Lorsque vos carottes présentent des signes de difformité ou une texture peu engageante, sachez remédier à ces problèmes par des soins naturels. Si les racines sont fendues, l'arrosage a été trop abondant durant une période de sécheresse. Modérez les arrosages et protégez les plants en automne par un voile tendu sur un grillage au-dessus des fanes. Si le cœur est dur, la variété choisie n'était pas adaptée au sol ou à la saison, les arrosages ont manqué de régularité et elle a eu soif ! Protégez les semis par l'ombre de plantes plus hautes.

Bien semer les poirées

Début mai, vous sèmerez les poirées quand les gelées ne seront plus à craindre. Creusez un sillon et placez 3 graines à 35 cm. Recouvrez d'un peu de terre, la levée intervient sous une dizaine de jours.

Fauchez les engrais verts

Si vous avez planté des engrais verts à l'automne, la mi-février est la période pour les faucher. Enfouissez-les à 10 cm de profondeur. N'attendez pas leur montée en graines printanière.

Avancer la germination du persil

Le persil ne se conserve pas d'une année sur l'autre, contrairement à la ciboulette, il faut donc tous les ans ressemer des graines. Pour semer facilement des graines de persil et éviter d'éclaircir dès sa germination, mélangez-le avec du sable grossier. Si vous voulez avancer sa germination, placez les graines et le sable dans un sac au bas du réfrigérateur pendant 30 jours. La levée sera ainsi accélérée. Conservez un pied qui montera en graines, vous aurez ainsi de quoi ressemer l'année suivante !

Associer les plantes

Un jardin varié et protégé

L'expérience montre que les fleurs et les légumes se protègent mutuellement. Ils repoussent les parasites, préviennent des maladies ou fortifient les plantations voisines. La seule certitude héritée des anciens est que, plus vous aurez de variétés au jardin, plus il sera protégé. Pour que vos légumes s'épanouissent pleinement et donnent de belles récoltes, vous respecterez les rotations sur la même parcelle pour une parfaite gestion des éléments nutritifs de votre terre.

Le melon et la laitue

Le melon est apprécié du maïs, de la laitue et des haricots nains. Il sera donc facile de le faire courir au jardin. Choisissez un endroit chaud et ensoleillé, privilégiez un sol riche et profond, enrichissez si besoin en compost et respectez un espacement minimum de 80 cm à 1 m entre chaque plant… Gourmand, le melon !

Altise, puce destructrice

Les choux font l'objet d'attaque d'une petite puce de jardin : l'altise. Les jardiniers d'antan mélangeaient alors un ou deux pieds de tomate aux choux pour éloigner cette bête très friande de jeunes plants. Autre association intéressante, celle du cresson alénois et du céleri. Un autre remède consiste à faire une infusion de 250 g de feuilles d'absinthe dans 5 l d'eau que vous ferez bouillir. Laissez refroidir et arrosez les plants le soir.

Le panais et les choux

Membre à part entière de la famille des carottes, qu'il soit cru ou cuit, le panais est un légume racine qui possède une agréable saveur sucrée. Il aurait des effets bénéfiques contre certains types de cancer. Il se marie fort bien avec tous les types de choux, avec les fèves, les haricots et les oignons.

L'ail

L'ail aime la compagnie de la betterave, la carotte, le céleri, le concombre, le fraiser, le framboisier, la pomme de terre et le rosier. Il fait fuir la mouche de la carotte, la teigne du poireau et chasse l'oïdium. Il s'associe avec la camomille, l'épinard, la laitue et la tomate. Il ne peut être cultivé à proximité du chou, du haricot et des petits pois. Il sera précédé par la tomate et l'aubergine.

Le maïs et le concombre

Bien qu'ils aient des caractéristiques bien différentes, le maïs et le concombre font bon ménage au potager. Il en est de même bien entendu avec le cornichon. Dès que la terre est meuble, profonde, riche, chaude et bien arrosée, vous pourrez cultiver ces deux plantes et même utiliser les pieds de maïs pour faire courir vos cucurbitacées en hauteur. Attention, le maïs déteste les potirons…

La laitue et la betterave

Toutes les laitues apprécient le voisinage de la betterave, de la carotte, du chou cabus, des concombres, des fèves et des fraisiers. La présence des haricots, des navets et des oignons ne semble pas les déranger mais il faut éviter les cultures de l'épinard, du persil et du tournesol qui appauvrissent rapidement la terre ou attirent les insectes prédateurs.

Le poivron et le piment

Ils aiment la compagnie de l'aubergine, de la tomate, de l'ail, du céleri, de l'aubergine et des endives. Il vaut mieux éviter la proximité des haricots, des pois, de la poirée. Ils seront précédés par un légume racine comme les navets, carottes et topinambours. Ils seront suivis par des oignons, des échalotes et des poireaux. Améliorez la terre après leur passage avec des pois et des haricots. Pour éviter maladies et parasites, poivrons et piments occuperont la même parcelle tous les trois ans.

Le chou-fleur

Le chou-fleur aime la compagnie de l'aneth, la betterave, la camomille, la capucine, le céleri, les fèves, les haricots, la menthe, l'oignon, la pomme de terre, les radis, la sauge, l'ail et le melon. Il s'associe dans le même rang avec la chicorée, la frisée, la scarole, l'artichaut, l'endive et la mâche. Il ne peut être cultivé à proximité de la fraise, du fenouil et de la vigne. Il sera précédé par un légume bulbe comme l'échalote. Il sera suivi par un légume fruit comme l'aubergine.

Fusariose de la tomate

Si elle se développe aussi dans les bacs de stockage des pommes de terre, elle apparaît principalement sur les pieds de tomates. La légère décoloration de la tige doit vous alerter avant que n'apparaisse une nécrose beige ou marron clair. Si votre sol est acide, semez des fèves entre les plants.

La carotte

La carotte aime la compagnie de l'ail, de l'aneth, du cerfeuil, de la ciboulette, de l'échalote, de l'épinard, de l'oignon, du persil, des poireaux, des pois, des radis, du romarin, de la sauge et des tomates. Elle s'associe avec l'aneth, la carotte, les radis. Elle ne peut être cultivée à proximité de la betterave, de la menthe, du maïs et des pommes de terre. Elle sera précédée par un légume graine comme le haricot. Elle sera suivie par un légume fruit comme l'aubergine.

Des jardinières d'aromatiques

Certaines plantes aromatiques, grâce à leur huile essentielle, protègent efficacement les légumes du potager. Il sera plus efficace de créer des potées d'arômes dans des jardinières, afin de pouvoir les déplacer et de moduler ainsi les besoins des unes par rapport aux autres. De plus, certaines sont envahissantes, comme la menthe qu'il vaut mieux ne pas planter en pleine terre. Associez la ciboulette et les rosiers contre l'oïdium, la tanaisie éloigne les fourmis et les doryphores, le romarin protège le chou contre la piéride et la lavande permet de lutter efficacement contre les invasions de pucerons.

Les mariages heureux

Contre la mouche de la carotte, cultivez la ciboulette, les oignons et les poireaux. Pour donner de l'ombre aux semis de laitues, faites un rang à l'abri des choux. Contre la mouche du chou, cultivez les haricots, les tomates, les cosmos et les œillets d'Inde. Pour améliorer le goût de vos salades, intercalez des rangs de romarin, de sarriette et de sauge rouge. Contre l'oïdium du concombre, cultivez la sauge officinale et la capucine. Pour stimuler la croissance des oignons, cultivez des pieds de persil. Contre l'oïdium de la courgette, cultivez le basilic et le thym contre les limaces. Pour adoucir le goût des radis forts, cultivez des carottes. Contre les pucerons du melon, cultivez de l'origan. Pour la richesse en azote qu'ils apportent à la terre, cultivez les haricots et les fèves avant de semer des épinards.

Le persil et l'asperge

Le persil est une plante aromatique qui peut se semer en pots sur le bord de la fenêtre mais il apprécie également d'être semé entre les rangs de poireaux, de radis et de tomates. Ne le semez pas près des choux, des haricots, des laitues et des pois. Par contre il supportera sans problème d'avoir comme voisines les asperges. C'est l'assurance d'un développement optimum des deux plantes.

La coriandre contre les doryphores

Cette plante aromatique pousse de façon spontanée. Son odeur est puissante, parfois désagréable (vient du grec « koris » : punaise) au moment de sa fructification. C'est donc une plante qui repousse de nombreux insectes… dont les doryphores. À semer entre les pommes de terre.

Jardinière d'hellébore

L'hellébore est une plante vivace qui ne réclame pas de soins particuliers et qui résiste fort bien aux températures hivernales. Vous pouvez, en jardinière, l'associer avec les pervenches ou les cyclamens qui ont les mêmes nécessités d'orientation, d'exposition et d'arrosage. Pour conserver plus longtemps la floraison, ajoutez une infusion de camomille lors de votre entretien hebdomadaire.

Savez-vous planter les choux ?

Les choux se déclinent de plusieurs manières et leur bonne odeur parfume la maison au moment de la cuisson. Ils sont rarement d'un voisinage désagréable et ont de nombreux amis au potager : camomille, capucine, menthe, sarriette, sauge, thym, romarin, betterave et cornichon.

Le haricot vert et à rame

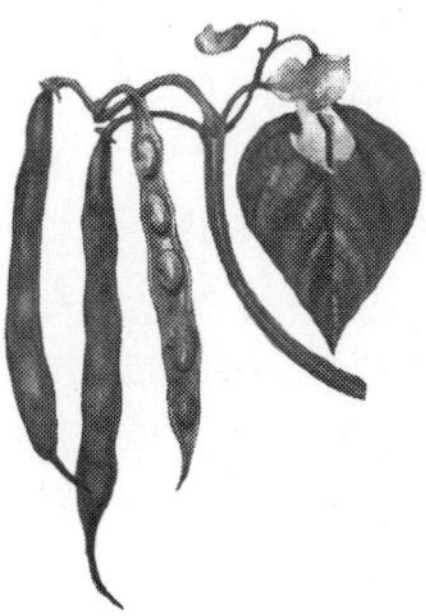

Le haricot vert préfère les sols riches en matières organiques et les sols calcaires. Il aime la compagnie du persil, des pois, des tomates, de l'aubergine, de la carotte, du céleri, des choux, des concombres, de l'épinard et des laitues. Il s'associe dans le même rang avec les melons et le maïs. Il déteste la proximité de l'ail, de la betterave, de l'échalote, du fenouil, du poireau et de l'oignon. Il sera précédé par une jachère, un engrais vert et suivi par les épinards, l'oseille et les choux.

Plantez des primevères

En octobre, plantez des vivaces. Installez du muguet dans un coin à la mi-ombre. Associez des cyclamens pour un décor hivernal de sous-bois. Ajoutez des primevères pour une floraison en début d'année.

La salade aime les pâquerettes

Il y a peu de voisins que déteste la salade. Mais le céleri et le persil en font partis car leur odeur est trop forte pour ce légume au cœur tendre. Vous pourrez l'associer avec les pois, les fraisiers, les radis et les choux-raves. Vous pourrez associer aux salades bon nombre de fleurs, comme l'anthémis, une merveilleuse vivace aux fleurs de pâquerettes et le « manteau de Notre-Dame », une plante excessivement résistante qui s'utilise en massif et en berge de plan d'eau. Une plante sans souci qui s'arrange bien des rangs de salades.

Le chou et la bourrache

La piéride, papillon blanc qui s'attaque aux choux, est un vrai fléau pour les carrés de choux. Associez à vos plantations de choux cabus, de choux de Bruxelles ou de choux-fleurs des rangées intermédiaires de bourrache. Cette dernière a la faculté de repousser ce papillon avant qu'il ne vienne pondre ses œufs. Vous pouvez également piquer des branches de thuya ou de genêt entre les plants.

L'épinard affectionne le fraisier

Les épinards sont connus pour leur haute teneur en fer et en vitamines. Faciles à cultiver et aimant la terre fraîche, vous serez vigilant envers leurs compagnons car ils détestent la proximité des pommes de terre et des betteraves. Par contre, ils adorent la compagnie des fraisiers et des poireaux.

Le céleri rave

Le céleri rave aime la compagnie de l'ail, de la betterave, des choux, du concombre, du cornichon, de la courge, de l'épinard, du poireau, des pois, des radis, de la tomate et du haricot rouge. Il ne peut être cultivé à proximité de la carotte, du maïs, du persil et de la pomme de terre. Il sera précédé par un légume bulbe comme l'oignon. Il sera suivi par un légume graine comme les fèves. Pour éviter maladies et parasites, le céleri-rave occupera la même parcelle que tous les cinq ans.

Oubliez de l'ail pour plus tard

Protégez vos plantations tout en faisant des réserves personnelles qui vous éviteront d'acheter de nouvelles semences. Lorsque vous récolterez vos têtes d'ail, oubliez-en quelques-unes et lorsque de nouvelles pousses vertes sortiront de terre, repiquez-les sans abîmer les racines pour obtenir de beaux plants faits maison.

Stop à la surpopulation

L'association des cultures doit prendre en compte les besoins de chaque plante en lumière et en eau. Vous pourrez donc planter simultanément les carottes et les navets, les épinards et les laitues, les aubergines et les courgettes. Par contre, les besoins en eau ne sont pas les mêmes entre les radis et les oignons, les haricots et le fenouil, les choux et les tomates.

Les engrais verts

Le principe des engrais verts est d'enrichir le sol en incorporant des plantes qui occuperont le sol pour qu'il ne reste pas nu et souffre moins du soleil, des vents, de la pluie ou du gel. Ce principe, né du jardinage biologique, est de ne pas retourner le sol fraîchement récolté et d'apporter les engrais et minéraux indispensables : poudre de roche, cendre de bois, phosphates, lithothamne. Ensuite le jardinier sèmera des engrais verts. L'enfouissement a lieu avant la floraison.

- la phacélie pousse très vite, produit de l'humus et étouffe les mauvaises herbes
- le trèfle incarnat fixe l'azote de l'air et produit de l'humus
- le seigle produit de l'humus et il étouffe radicalement les mauvaises herbes
- la moutarde pousse dans tous les sols, même calcaires, et meurt d'elle-même aux premiers gels

Il est aussi possible de semer des « plantes-engrais » comme la grande ortie et la consoude de Russie, qui possèdent des éléments fertilisants qu'elles puisent profondément dans le sol.

Le céleri ne supporte pas le persil

Curieux mariage que la culture du céleri qui apprécie les concombres, les courges ou les cornichons ! Il apprécie également le voisinage de l'ail, des betteraves, des épinards, des poireaux et des radis. Mais surtout, évitez de l'associer avec les carottes, le maïs, le persil et la pomme de terre.

L'oignon et ses amis

La betterave, la camomille, la carotte, le fenouil, le fraisier, la laitue, le poireau, la sarriette et la tomate sont des amis indéfectibles de l'oignon. Ils se protègent mutuellement des maladies et des prédateurs volants qui détruisent les récoltes. Évitez cependant de le cultiver à proximité des choux, des fèves, des haricots, des petits pois et des pommes de terre.

Pommes de terre et capucines

La culture de la pomme de terre est longue, fastidieuse et nécessite une surveillance constante. Les ravageurs sont majoritairement des insectes, dont l'abominable doryphore. Vous pouvez protéger « les patates » en cultivant entre les rangs des capucines, du céleri, des choux, des fèves, des haricots, des pois et du raifort. Évitez la compagnie des aubergines, des concombres, des cornichons, des courges, des framboisiers, de l'oignon, de la tomate, des potirons, des melons et des tournesols. Vérifiez les besoins en eau de chaque plante par rapport à sa voisine.

Ils coexistent avec un seul voisin

Les légumes suivants n'apprécient qu'un seul autre légume à proximité : le cerfeuil avec les carottes, la mâche avec les poireaux, le raifort avec les pommes de terre, le topinambour également, le panais avec les radis, et le tournesol avec les cornichons. Les autres mariages sont désastreux !

Exigences des légumes en compost

La connaissance des rotations des cultures et de l'association des plantes entre elles sera complétée par l'étude des besoins en compost des diverses espèces. L'ail a peu de besoin en compost alors que les aubergines en réclament énormément. Ces informations sont nécessaires pour obtenir un potager au naturel et qui concernera un autre chapitre de ce livret.

L'espacement mathématique

En utilisant le principe de l'association des légumes, vous devrez adopter un écartement entre les plantes qui soit cohérent aux besoins de l'un et de l'autre. Si l'oignon a besoin d'un espacement de 30 cm et la carotte de 40 cm, la somme des deux fait 70 cm, donc vous sèmerez les carottes à 35 cm des oignons.

La betterave

La betterave aime la compagnie du céleri, des choux, de l'oignon, des radis et de la laitue. Elle s'associe dans le même rang avec les choux-raves et les crosnes. En été, sa culture nécessite un arrosage une fois par semaine pour ne pas favoriser une floraison précoce. Elle ne peut être cultivée à proximité de l'asperge, de la carotte, du haricot, de la tomate et de la pomme de terre. Elle sera précédée par un légume graine comme le haricot. Elle sera suivie par un légume fruit comme la tomate.

Les capucines

Cette fleur attire les pucerons noirs qui délaissent les autres plantes et légumes de votre jardin. Les fleurs des capucines, associées avec des graines de coquelicot, sont excellentes en salade printanière. Elles se consomment crues et donnent un goût légèrement piquant à vos salades vertes. Les fleurs de la capucine ont un effet diurétique et antiseptique.

Les amis de la tomate

La tomate a de nombreux amis : l'aneth, l'asperge, le basilic, la carotte, le céleri, la ciboulette, la chicorée, le maïs, l'oignon, le persil et les radis. Les oignons et les poireaux sont également bienvenus, tout comme les œillets d'Inde. Par contre, il vous faudra absolument éviter la proximité du chou-rave, du concombre, des cornichons, du fenouil, de la betterave et des pommes de terre.

Le navet

Le navet apprécie un climat tempéré, doux et humide, et il aime la compagnie de la laitue, de la menthe, des pois et du romarin, de l'aneth, du céleri, de la carotte, des haricots, des tomates et des pois gourmands. Il déteste la proximité de l'ail et des poireaux. Il sera précédé par un légume-graines comme les fèves et les petits pois. Il sera suivi par des légumes-fruits comme les aubergines et les tomates. Pour éviter maladies et parasites, le navet occupera la même parcelle que tous les quatre ans.

La laitue

La laitue aime la compagnie de la betterave, des choux, du concombre, de la courge, de l'oignon, des poireaux, des pois et des radis. Elle déteste la proximité de l'épinard, du persil et du tournesol. Elle s'associe dans le même rang avec les artichauts, l'asperge, la carotte et le chou-rave, les choux de Bruxelles et le cerfeuil. Ayant besoin d'azote, les laitues gagnent à suivre les haricots verts. Vous pouvez également planter des légumes-fruits comme les aubergines et les tomates.

Un tapis de fleurs automnales

Début juin, la saison est propice pour commencer quelques plantations de bulbes à floraison automnale. Les colchiques et les crocus tapisseront vos massifs ombragés.

Le concombre

Le concombre aime la compagnie de l'aneth, des choux, du haricot, de la laitue, de l'oignon et des pois. Il s'associe dans le même rang avec la chicorée sauvage et les endives. Il ne peut être cultivé à proximité du melon, de la pomme de terre et de la tomate. Il sera précédé par un légume racine comme la carotte ou le navet. Il sera suivi par les poireaux ou un légume bulbe comme l'échalote. Pour éviter maladies et parasites, le concombre occupera la même parcelle que tous les quatre ans.

La rotation des cultures

Si l'association de certaines fleurs ou plantes est favorable à la production de beaux légumes, il n'est pas inutile de connaître quels sont ceux qui devront « déménager » sous peine d'épuiser le sol. Pour les principaux légumes, voici les bonnes périodes d'attente entre chaque culture.

- ail : 5 ans
- aubergine : 5 ans
- betterave : 3 ans
- carotte et navet : 4 ans
- céleri branche : 5 ans
- chou : 6 à 7 ans
- concombre et cornichon : 4 ans
- courgette : 3 ans
- échalote : 5 ans

- fenouil : 3 ans
- haricot : 2 ans
- herbes aromatiques : 1 an
- melon : 4 ans
- oignon : 4 ans
- poireau : 5 ans
- poivron et piment : 4 ans
- pomme de terre : 5 ans
- salade : 2 ans
- tomate : 4 ans

Lavande, ail et rosier

La lavande, dans les régions du Sud, est l'une des plantes les plus faciles à cultiver car elle a besoin de très peu de soins. Elle supporte la sécheresse, les terres difficiles… comme le rosier ! C'est pourquoi l'association de la lavande et du rosier est un bon mariage pourvu que vous n'ayez pas une cuvette calcaire qui retienne l'eau. Pourquoi de la lavande ? Ses fleurs enrobées dans un tissu se placent sous l'oreiller et aident à dormir. Pour protéger les rosiers de l'oïdium et renforcer le parfum de ses fleurs, plantez une ou deux têtes d'ail à son pied. Un autre heureux !

La rotation des cultures

Associer les plantes entre elles pour qu'elles se protègent mutuellement n'est pas suffisant si vous plantez d'une saison sur l'autre des légumes incompatibles entre eux ou qui ont des besoins identiques, donc qui auront épuisé le sol. Ne pas faire de rotations aura aussi comme inconvénient de multiplier les insectes et les maladies qui sont propres aux légumes incriminés. Exemple : ne jamais cultiver deux années de suite les choux ou les aubergines au même endroit.

Chou d'été et chou d'hiver

Vous sèmerez les choux-fleurs de printemps en septembre et ceux d'été en avril. La piéride du chou s'attaque aux feuilles et à la pomme, mais la larve de la mouche s'attaque aux racines des jeunes plants. Suivant la saison, plantez entre chaque pied des oignons, des radis ou de la sauge.

Le basilic fait bon ménage

Cet aromate est un ami pour de nombreux légumes qu'il protège du mildiou, des pucerons et des mites. Il protège les légumes-fruits comme la tomate et éloigne la mouche du chou. Vous pouvez aussi mettre quelques pieds dans vos rangées de haricots. Ils s'en porteront d'autant mieux.

L'aubergine se plaît avec l'estragon

L'aubergine peut se cultiver en pleine terre ou en pot. L'important est de lui offrir une bonne exposition au soleil. Pour faciliter sa culture, mariez-la avec des rangs d'estragon, de tomate, de persil, de haricot, de piment et de pois. Évitez la rotation avec l'oignon et la pomme de terre.

Des bulbes pour le printemps

Faites votre sélection de bulbes de printemps dès le mois de septembre, pour une plantation dès la fin du mois de septembre : crocus, narcisses, tulipes, muscaris… Utilisez un plantoir à bulbes pour être à la bonne profondeur.

Bariolez vos massifs

À la mi-avril, plantez des bulbes d'été : dahlias, cannas, glaïeuls, crocosmias. Ils fleuriront toute la saison jusqu'aux gelées.

Le brocoli préfère les aromatiques

Voici un chou qui adore être cuisiné de moult manières. Faites-le rissoler avec des herbes de Provence, un peu de chapelure, des œufs et du gruyère râpé. Pour sa culture, évitez de le mêler à des plants de fraises qu'il redoute expressément, mais offrez-lui de l'aneth, du romarin ou de la sauge.

La fraise et les poireaux

Les fraisiers aiment les sols acides, riches en humus et plutôt légers permettant à l'eau de s'infiltrer rapidement. Pour une récolte prolongée, offrez-leur une exposition à mi-ombre pour le Sud et du plein soleil dans les autres régions françaises. À côté des fraisiers, repiquez des poireaux, des oignons ou des laitues et semez des épinards, de l'oseille, des haricots nains. Par contre, évitez toutes les espèces de choux.

Le fenouil

Le fenouil préfère les sols riches en matières organiques et les sols calcaires. Il

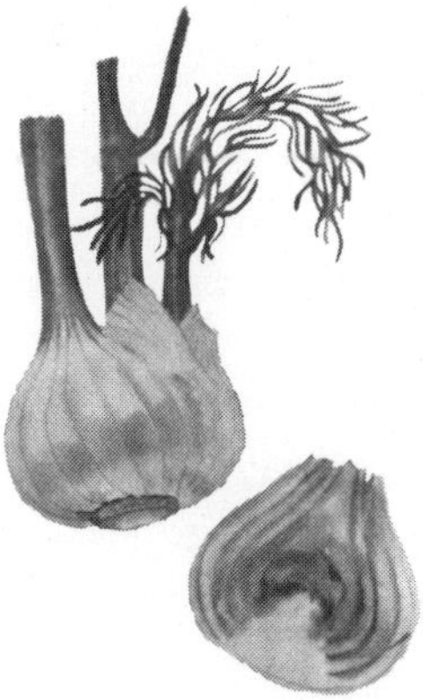

aime la compagnie de la laitue, du concombre, du cornichon, de la courge et du potiron. Il s'associe dans le même rang avec les navets. Il ne peut être cultivé à proximité du chou-fleur, du chou-rave, des pois et des tomates. Il sera précédé par les radis 18 jours ou les pois primeur. Il sera suivi par les betteraves et la
moutarde. Pour éviter les maladies, le fenouil occupera la même parcelle que tous les trois ans.

Les mauvaises associations

Certaines plantes se marient très bien et se protègent mutuellement. D'autres associations, au contraire, sont à proscrire : l'ail et les choux, les pois et les haricots, la menthe et les carottes, les fraisiers et les brocolis, les pommes de terre et les radis, les tomates et les concombres, les poireaux avec les choux et la menthe.

Courges et capucines

Les courges peuvent très vite cacher un grillage trop laid. Elles courent, grimpent en s'enroulant entre les spires de la clôture et deviennent un décor étonnant au bout de l'allée. Ajoutez une touche de couleur en semant aux pieds des plants de capucines qui éloigneront les punaises et serviront d'appâts aux pucerons, protégeant ainsi les autres plantes potagères.

L'asperge

Elle aime la compagnie de l'artichaut, du persil, de la laitue, du haricot nain et des pois. Elle s'associe avec les salades, les haricots nains et le persil. Elle ne peut être cultivée à proximité de l'ail, de la betterave et de l'oignon. Elle sera précédée par un légume branche comme le poireau. Elle sera suivie par un légume graine comme les fèves, les haricots ou les pois gourmands. L'asperge est un légume racine qui reste en place près de 15 ans et épuise fortement la terre.

Raifort et romarin

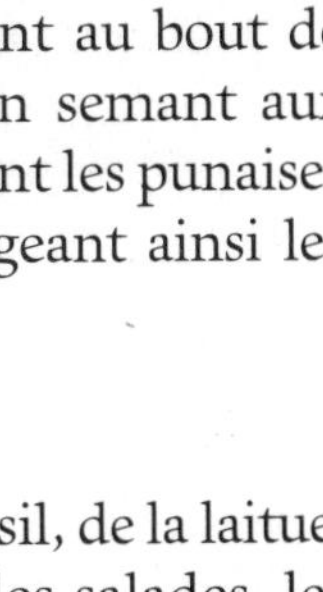

Le raifort est une vivace dont les feuilles ressemblent à celles des épinards et de l'oseille, mais c'est sa racine qui est cultivée pour sa saveur piquante. Le romarin est davantage un condiment qui permet d'assaisonner les sauces. Ces deux plantes tolèrent la proximité de la carotte, des choux, du fenouil, du persil, des petits pois, de la pomme de terre, du thym et des tomates.

Les mariages désastreux

Si la combinaison de certaines cultures est utile pour protéger les plantes et les légumes, d'autres poussent au désastre.
Vous éviterez de cultiver côte à côte :
- pomme de terre, tomate et tournesol
- haricot, petits pois, oignon et échalote
- petits pois, ciboulette, tomate
- chou et fraisier
- pomme de terre et arroche
- ail avec asperge ou chou
- carotte et betterave
- concombre avec betterave ou tomate
- oignon avec fève, haricot et pois.

Ils ont peu d'ennemis

Quelques légumes sont plus confiants dans la proximité d'autres plants, mais refusent absolument de partager leur espace avec un autre légume comme la chicorée avec le chou-fleur, le navet avec l'ail, le panais avec l'aneth, la fraise avec le chou sous toutes ses formes.

Peau de banane

Le jardinier vous dira que la rose est la reine des jardins. Pour améliorer l'éclat des pétales et tonifier le pied, enfouissez une peau de banane à la base du rosier. Une astuce à répéter également pour les rosiers d'intérieur lorsque le pot est trop petit.

La bourrache

Il s'agit d'une plante qui aime la compagnie d'autres plantes. Seule, elle s'ennuie. Plantez-la près des tomates, des choux et des fraisiers, mais aussi toute proche des glaïeuls et des iris. Plante mellifère, elle attire les insectes pollinisateurs. Elle est riche en minéraux essentiels et améliore le compost.

Anthracnose des fruitiers

Cette maladie attaque notamment le cerisier, le groseillier et les tomates. Des taches brunes apparaissent et le fruit s'assèche. Vous devrez brûler les feuilles et le reste des récoltes. Si vos laitues sont atteintes, il est prudent de semer des oignons ou des poireaux entre les rangs.

La glycine et la citrouille

Si votre glycine ne produit pas de fleurs, ceci est certainement dû au fait que votre terre est trop riche en azote et les boutons n'ont pas le temps de se former. Pour remédier à cela, au début de l'hiver, vous réduirez de moitié les jeunes pousses terminales et au printemps, vous cultiverez à son pied quelques citrouilles.

L'aubergine

L'aubergine aime la compagnie du lin, de l'estragon, du persil, du piment, des pois, du thym et de la tomate. Elle s'associe avec les salades, les piments, les radis, le persil, la phacélie, la tagète et surtout les haricots verts en chassant les altises. Elle ne peut être cultivée à proximité de l'oignon, du concombre et surtout pas des pommes de terre. Elle sera précédée par un légume racine comme la carotte et le navet. Elle sera suivie par un légume bulbe comme les oignons et les échalotes.

La mouche de la carotte

C'est vers le mois de mai et en septembre que la larve de la mouche de la carotte creuse des galeries dans la chair et gâte le légume. Pour remédier à cela de manière naturelle, vous intercalerez entre les rangs de carottes des plants d'oignons. Sa forte odeur repousse la mouche qui ira pondre ses œufs ailleurs. Si malgré cela vous apercevez quelques mouches voleter autour des rangs de « Sytan » (variété résistante et hâtive), recouvrez d'un voile horticole les plants de carottes pendant toute la culture.

Le poireau et le pâtisson

S'il aime la compagnie des fraisiers, le poireau affectionne aussi la proximité de la betterave, de la carotte, du céleri, de l'épinard, de la laitue, de l'oignon, de la pomme de terre et de la tomate, sans oublier le pâtisson, l'asperge, la betterave, le cresson, le fenouil et les fraisiers. Épargnez-lui la compagnie des choux, des haricots et des pois.

Orange et clous de girofle

Curieuse association ! Cet appareillage fruitier est tout simplement efficace contre les moustiques. Prenez une belle orange dans laquelle vous piquerez des clous de girofle que vous déposerez sur une assiette ou un ramequin décoré dans la pièce de votre choix. En plus de son efficacité contre les indésirables, elle a aussi un bel effet décoratif.

Le petit pois

Le petit pois aime la compagnie de la carotte, du céleri, des choux, du concombre, du cornichon, des fèves, de la laitue, du maïs, des navets, de la pomme de terre et des radis. Il s'associe dans le même rang avec les épinards, les haricots grains et le maïs. Il déteste la proximité de l'ail, de l'échalote, des oignons, du persil et des poireaux. Il sera précédé par un légume bulbe comme l'échalote.
Il sera suivi par des légumes-feuilles comme les épinards.

Du cerfeuil, même en hiver

Membre bénéfique de la famille des fines herbes, vous l'utiliserez pour protéger vos salades d'hiver. En octobre, semez quelques graines entre vos scaroles et placez un voile d'hivernage ou une vitre sur le potager en carré pour avoir de belles salades et du cerfeuil jusqu'en avril prochain.

Les pois détestent l'échalote

Vous pouvez sans aucun problème semer avec les pois la betterave, la carotte, l'épinard, la laitue, l'oignon, la pomme de terre, la tomate et le céleri. Ces légumes se protègent entre eux mais il vous faudra éloigner des rangées de pois l'échalote, l'ail, l'oignon, le persil et le poireau.

Les épinards fertilisent le sol

L'épinard est un excellent engrais vert et protège du froid et du vent les premiers plants du printemps. Vous pourrez donc, à l'abri des rangées d'épinards, épandre vos semences d'œillets d'Inde qui, à leur tour, protégeront les futurs pieds de tomates. L'œillet d'Inde Jolly Jester mesure environ 35 cm de hauteur et possède des petites fleurs aux couleurs vives qui attireront les papillons, pollinisateurs de votre potager.

Les œillets d'Inde

S'il est une fleur qui a des pouvoirs étendus dans les jardins, c'est l'œillet d'Inde. Il éloigne les pucerons, les altises et contrôle de nombreux insectes nuisibles ainsi que les nématodes. Grand-mère n'hésitait pas à en mettre partout dans le jardin ; ils embaumaient de leur parfum entêtant et toutes les allées étaient bordées d'œillets orange et dorés. Dans les Vosges, vous pouvez admirer des jardins et des balcons qui en sont remplis.

Porter haut concombres et cornichons

Ces cucurbitacées sont des plantes coureuses qui occupent souvent plus de 2 m^2 par plant. Vous remédierez à cette prédisposition à s'étaler en les cultivant en hauteur. Ce qui permet d'associer d'autres légumes à leurs pieds comme l'aneth, le chou, la laitue, l'oignon et le tournesol.

Les haricots et les choux

Les choux ne semblent pas être de bonne compagnie dans la plupart des potagers. L'exception qui confirme la règle concerne les haricots qui affectionnent beaucoup leur voisinage et leur apportent de l'azote. Vous pouvez aussi planter auprès des rangs de haricots quelques pieds d'aubergines, des carottes, du céleri, des concombres, de la laitue, du maïs et des navets. Évitez l'ail, l'échalote, l'oignon et le fenouil.

L'ail protège les pêchers

Si vos carrés de légumes intéressent quelques souris et autres petits rongeurs, semez de l'ail… Il éloigne également les pucerons du rosier et il évite aussi la cloque du pêcher. Associez-le avec la betterave, la carotte et le céleri, mais évitez de le planter à côté des choux, des haricots et des petits pois.

Le fenouil et le céleri

Cette ombellifère aux belles fleurs jaunes et à l'arôme subtil peut atteindre 2 m de hauteur. Le fenouil aime le soleil et un sol dont l'acidité est neutre, riche en humus et bien drainé. Il déteste l'humidité et apprécie la compagnie du céleri rave ou céleri branche. Vous éviterez de le semer à côté des choux, des haricots et des tomates.

La courge n'aime pas être seule

Cette cucurbitacée a besoin d'une température clémente mais elle est moins exigeante que les melons ou les aubergines face au froid. Pour la protéger de la virose qui s'attaque aux jeunes pieds, vous l'associerez à des capucines, du basilic, de la laitue ou des pieds de maïs.

Potiron et melon

Le terrain pour cultiver les potirons doit être léger, frais, meuble et riche en humus. Vous installerez les potirons et les melons ensemble, tout comme les courges et les giraumons qui sont de la même famille. Les laitues et le maïs seront de bons compagnons mais vous devrez éloigner les pommes de terre de la culture des potirons.

L'oignon

L'oignon aime la compagnie de la betterave, de la camomille, des carottes, du fenouil, des fraises, des laitues, des poireaux, de la sarriette et des pieds de tomates. Il s'associe dans le même rang avec les salsifis, les scorsonères et les panais. Il déteste la proximité des choux, des fèves, des haricots, des pois et des pommes de terre. Il sera précédé par un légume-fruit comme les aubergines et les tomates. Il sera suivi par des légumes-graines comme les fèves et les petits pois.

Radis roses et petits pois

À l'exception des choux, les radis ont de nombreux compagnons au potager comme l'ail, la carotte, le cresson et les haricots, la laitue et le persil, les petits pois et les tomates. Ils aiment aussi la proximité de la betterave rouge, du concombre, de la courge, de l'épinard et du fenouil. Vous les éloignerez des choux, des courges et des pommes de terre. Le radis noir bénéficie des mêmes critères associatifs.

Le poireau

Le poireau aime la compagnie de la betterave, de la carotte, du céleri, des épinards, de la laitue, de l'oignon, des pommes de terre et des tomates. Il s'associe dans le même rang avec l'ail, la chicorée, l'aubergine, l'haricot. Il déteste la proximité de tous les choux, des haricots et des pois. Il sera précédé par les fèves ou des bulbes comme l'échalote. Il sera suivi par des légumes-fruits comme les courgettes. Pour éviter les maladies, le poireau occupera la même parcelle que tous les cinq ans.

L'épinard

L'épinard aime la compagnie du céleri, des choux, des fèves, des haricots, du fraisier, du maïs, des poireaux, des petits pois, des radis et des tomates cerise. Il s'associe dans le même rang avec les pois et la tomate. Il ne peut être cultivé à proximité de la pomme de terre, du fenouil et de la betterave. Il sera précédé par un légume racine comme les radis 18 jours. Il sera suivi par des carottes, du céleri-rave, des navets, des panais, des pommes de terre et des topinambours.

La courgette

La courgette aime la compagnie du basilic, de la capucine, de la laitue, du maïs et du melon. Pour repousser les punaises, plantez à côté des radis peu arrosés et laissez monter en graines, l'odeur piquante les fera fuir. Il ne peut être cultivé à proximité de la pomme de terre et du melon. Il sera précédé par un légume racine comme les radis 18 jours. Il sera suivi par un légume bulbe comme l'échalote. Pour éviter maladies et parasites, le concombre occupera la même parcelle que tous les cinq ans.

Le navet et la laitue

Le navet apprécie les sol frais, bien drainés et riches en humus car les sols calcaires et secs le rendent fibreux. Il s'agit d'un légume qui a peu d'amis, mais aussi peu d'ennemis ! Il apprécie la compagnie de la laitue, de la menthe, des petits pois et du romarin. Par contre, le navet de printemps déteste la proximité de l'ail.

La betterave rouge crapaudine

Elle se consomme souvent crue, en vinaigrette, ou coupée en dés dans les salades. Elle ne supporte pas certains voisinages comme l'asperge, la carotte, la tomate et les haricots, mais accepte bien volontiers de se marier avec les choux, les salades, les radis et le céleri.

Le radis

Il aime la compagnie de l'aubergine, de la chicorée, de l'endive, du cresson, des laitues, de la poirée, des pois et des tomates. Il s'associe dans le même rang avec la laitue, la tomate, la carotte, l'artichaut, le cardon et le chou-rave. Il vaut mieux éviter la proximité des concombres, de l'hysope, de la courge et du maïs. Il sera précédé par la moutarde et les haricots. Il sera suivi par la mâche, les tomates, les aubergines. Vous pouvez semer les radis dans la même parcelle tous les deux ans.

Le fenouil aime la présence du potiron

Ses feuilles et ses graines sont utilisées pour leurs qualités aromatiques, mais dans le sol ses feuilles s'imbriquent en forme de bulbe. Il a peu de prédateurs et est rarement sujet aux maladies s'il voisine avec le concombre, le cornichon et le potiron.

Les mariages harmonieux

L'expérience a appris aux jardiniers, que certaines plantes protégeaient d'autres plantes de maladies ou de parasites. Voici pêle-mêle, quelques mariages de cultures les plus courants pour obtenir des mariages harmonieux.

Vous cultiverez côte à côte :

- pomme de terre et haricot
- betterave potagère, maïs et petits pois
- fraisier, salade, épinards et haricot
- haricot, concombre, carotte, poireau
- petits pois, radis noir, carotte
- chou, céleri et tomate
- radis, salade, fraisier, cerfeuil
- salade, carotte, salsifis et oignon.

Entre les rangs de tomates, semez du persil ou des œillets d'Inde. Vous repiquerez des choux-fleurs avant de semer le céleri.

La contre-plantation

Entre les plantes à cycles longs qui occupent longtemps une rangée, intercalez des plantes à cycle court. Les semis se feront en même temps, ce qui permettra aux légumes à cycle court de ne pas étouffer entre les rangs de légumes à cycle long qui, à leur tour, pourront profiter au maximum de l'espace laissé par la récolte des légumes à cycle court. Exemple : les laitues d'hiver et les fraisiers.

La mouche, ennemie de l'asperge

L'asperge se plante pour plusieurs années. Elle demande beaucoup de soins avant la récolte. En dehors d'un excès d'humidité, l'ennemi de l'asperge est la mouche. Pour l'éloigner, vous planterez entre de courts tunnels des pieds de tomates ou de sauge. Évitez l'ail, la betterave et l'oignon.

Mûres pour un arbre mort

Un arbre mort, bien exposé à l'abri du vent du nord, est un excellent support pour installer un mûrier grimpant. Ainsi votre pommier ou cerisier qui ne donnait plus de fruits aura une seconde vie avec cette plante qui s'en servira de support. Vous aurez des fruits dès la seconde année et vous palisserez les jeunes rameaux à l'horizontal pour obtenir plus de baies.

Cladosporiose des cucurbitacées

Lorsqu'un duvet olivâtre recouvre les tiges et les fruits ou que des taches recouvrent les melons, la terre de votre potager est atteinte de la « cladosse », comme l'appelle familièrement le jardinier. Le remède : la bouillie bordelaise mais aussi des pieds de basilic et quelques pieds de maïs.

Phacélie à feuilles de tanaisie

Cette plante ressemble (de loin) à un chardon bleu. Ses fleurs particulières sont très parfumées et sont fort intéressantes car leur ton bleu a le don d'éloigner les mouches. En l'associant avec des géraniums, vous serez à l'abri des mouches à damier et des moustiques, l'une aidant l'autre dans cette protection complémentaire.

Les fèves préfèrent les panais

Cette légumineuse absorbe directement l'azote de l'air et il est donc inutile d'apporter à la terre du fumier ou des engrais azotés. Néanmoins, les engrais riches en potasse, que vous enfouirez deux ou trois semaines avant le semis, seront bienvenus. Les laitues, les panais et les pommes de terre sont d'excellents voisins.

Alténariose et capucines

Si les feuilles se flétrissent et que votre fruit pourrit, peut-être vos plants sont-ils atteints de l'alténariose. Pour y remédier, arrosez vos plants aux pieds et brûlez les pieds malades car le champignon se conserve dans le sol. Préventivement, semez des capucines ou des haricots.

Le chou vert

Le chou vert aime la compagnie de la camomille, la capucine, le céleri, le concombre, la fève, la laitue, la mâche, la menthe, les pois, la sarriette, la sauge, le thym. Il s'associe dans le même rang avec le melon et le cerfeuil, Il ne peut être cultivé à proximité de l'ail, de la chicorée, de l'échalote, du fenouil, de la fraise, du poireau, des radis, des choux de Chine et de la tomate. Il sera précédé par un légume bulbe comme l'échalote. Il sera suivi par un légume graine comme le haricot vert.

Cloque du pêcher

Lorsqu'elle s'attaque aux jeunes pousses et aux feuilles qui deviennent rouges ou très pâles et se tordent, la cloque a déjà contaminé le pêcher. Pulvérisez de la bouillie bordelaise avant l'éclosion des fleurs, ou récupérez de la prêle et enfouissez-la au pied de l'arbre ou faites une décoction.

La menthe

En massif ou en potager, en couvre-sol ou en jardinière, la menthe possède des racines qui s'étalent rapidement et qui s'hybrident très facilement avec d'autres espèces. C'est pour cette raison que vous devez éviter de la cultiver près des choux, des navets, des pois, des radis et des tomates.

La carotte a peu d'ennemis

La culture de la carotte est largement facilitée par une terre meuble et sans cailloux. Pour la protéger et la faire prospérer, offrez-lui le voisinage de l'ail, du cerfeuil, de la ciboulette, de l'échalote, de la sauge, du romarin, du persil, des épinards, des oignons, des pois et des tomates.

Tabac contre thrips

Les tabacs d'ornement produisent une grande hampe qui peut parfois atteindre plus d'1,5 mètre et font un effet remarquable en contre-haie. Les feuilles larges sont vert clair, légèrement collantes et de grandes et belles fleurs blanches allongées poussent à l'extrémité de la tige. En associant ces « tabacs » aux autres plantes du jardin, vous protégerez vos récoltes de fruits et de fleurs contre les thrips, ces petits insectes ravageurs qui piquent les organes des végétaux pour se nourrir.

La rotation des légumes

Ce sont les essences dégagées par certains légumes ou herbes aromatiques qui protègent d'autres légumes. En raison de cette complémentarité, certains apprécient le sol occupé précédemment par un autre légume. Les besoins de certains légumes en nutriments sont à prendre en compte pour ne pas appauvrir le sol. Après deux cultures sur une même parcelle, il est prudent de prévoir une jachère.

Vous cultiverez successivement :

- l'ail après le concombre
- l'asperge puis le poireau
- l'estragon puis l'aubergine
- le basilic puis le chou-rave
- la bette puis l'oignon
- la betterave puis le céleri
- le brocoli après la sauge ou l'aneth
- la carotte après le romarin ou la sauge
- le chou de Bruxelles après la capucine ou le céleri
- la pomme de terre après la coriandre
- le haricot à rames après la sarriette
- la menthe puis les petits pois
- le romarin puis le navet
- le piment puis la tomate
- le persil après le radis de Chine
- le tournesol puis les concombres ou cornichons.

Faciliter les travaux du jardin

Faciliter les travaux du jardin

Dans un potager naturel, les déchets organiques retrouvent leur place, les pesticides chimiques sont proscrits et le jardin devient un bonheur partagé par toute la famille. Il est en effet primordial qu'il soit sain pour être généreux. Pour lui donner belle allure, combien d'heures le jardinier aura passé le dos courbé, quelle que soit la saison ? Pour faciliter vos travaux, utilisez les bonnes terres, choisissez les bons engrais et les bons outils. Le travail vous semblera déjà plus aisé !

À faire en janvier

Le mois de janvier est propice pour réparer les pelouses, les fertiliser et faire de nouveaux semis. Vous profiterez des jours secs pour traiter les mousses au sulfate de fer. Dans le jardin, vous taillerez les arbres à feuillage caduc et les haies à feuillage persistant, les bougainvillées et les lauriers-roses.

À faire en février

C'est le bon moment, si la terre n'est pas gelée et que les journées sont douces, pour planter les rosiers, les arbustes à petits fruits et à racines nues. Divisez les fines herbes vivaces tous les trois ans et, dans le Sud, semez en pleine terre les épinards, les fèves, les pois, les poireaux, les oignons jaunes et blancs.

À faire en mars

Dans le centre de la France vous pourrez planter les conifères et les arbustes à feuillage persistant si cela n'est pas déjà fait. Vous devrez interrompre, l'arrosage des bougainvillées au minimum deux à trois semaines pour forcer la floraison. Dans le Sud, il est temps de semer les pastèques, les melons, les courges, les citrouilles et les potirons.

À faire en avril

Dans les régions du Centre, vous sèmerez des choux cabus, des choux pommés d'automne, des choux rouges et des choux-fleurs. Au jardin d'ornement, semez les cosmos, les zinnias et les grimpantes annuelles comme les pois de senteur, capucines et ipomées. Dans le Sud, plantez les tomates, les poivrons et les aubergines.

À faire en mai

Partout en France, semez des betteraves rouges, des haricots verts, toutes les salades, des potirons, des melons, des choux-fleurs, des navets ronds et des poireaux. N'oubliez pas les aromatiques et les radis tous les 15 jours. Dans le Midi, fertilisez les plantes dites « terre de bruyère », les treilles rabattues ou affaiblies.

À faire en juin

Pensez déjà à l'an prochain en semant en pleine terre les bisannuels myosotis, ravenelle, rose trémière et digitale. Vous butterez les pommes de terre et les haricots verts. Dans le Midi, pincez les melons à deux fleurs, courges et concombres, et supprimez les gourmands des tomates. Coupez les branches sans fruits des pêchers.

À faire en juillet

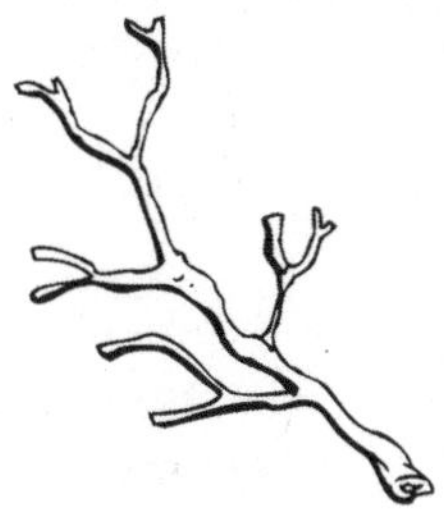

Dans le Centre et en région parisienne, taillez les fruitiers palissés. Poursuivez cette taille sur les haies de conifères et d'arbres persistants. Dans le Midi, fertilisez les fraisiers (gariguettes). Diminuez les arrosages des melons pour accroître la saveur des fruits et rabattez les vivaces ayant déjà terminé la floraison.

À faire en août

Les récoltes à peine finies, il faut penser aux légumes. Repiquez en fin de journée poireaux, choux pommés, laitues d'automne. Semez des choux chinois, des radis d'automne, des salades et plantez les succulentes dans des pots de terre. Récoltez les oignons et laissez-les sécher sur le sol deux ou trois jours avant de les rentrer.

À faire en septembre

Plantez tous les bulbes à floraison printanière. Repiquez les choux de printemps, les scaroles et les chicorées. Semez les épinards d'automne, le cerfeuil, les pois hâtifs, et les oignons blancs. Dans le Midi, supprimez quelques feuilles aux tomates, courgettes et aubergines pour permettre une maturation plus rapide des fruits.

À faire en octobre

Embellissez vos massifs de chrysanthèmes rustiques en fleurs. Au potager, vous devrez penser à blanchir les chardons, les céleris-branches, les chicorées frisées. Vous pouvez semer sous châssis des petits pois, des fèves précoces d'Aquitaine, de la mâche, des épinards, des carottes, des laitues d'hiver et des radis noirs.

À faire en novembre

Plantez l'ail blanc et rose, les oignons et les échalotes « cuisses de poulet ». Sortez les glaïeuls de terre et laissez-les sécher avant de les entreposer. Poursuivez les plantations de bulbes de printemps. Éliminez les plants de tomates et brûlez-les pour éviter toute contamination l'année prochaine sur les terres labourées.

À faire en décembre

Protégez du froid les plantes gélives et les salades ou artichauts en les recouvrant d'un tunnel. Plantez vos nouveaux arbres fruitiers à racines nues ainsi que tous les rosiers rustiques. Dans le Midi, semez sous couches chaudes le cerfeuil, la bourrache, le cresson, la chicorée, les épinards, la mâche et les radis.

La souche qui disparaît au fil du temps

Lorsque vous avez une souche au milieu de votre jardin, si vous êtes contre les acides et autres produits chimiques, percez un trou dans la souche et placez-y une gousse d'ail. Camouflez l'endroit avec une bâche, recouvrez de terre et ressemez du gazon. Dans deux ou trois ans, la souche aura totalement disparu.

Création d'une pelouse

Délimitez le périmètre de la future pelouse à la fourche-bêche. Pour les arrondis, dessinez avec le tuyau d'arrosage. Ratissez et épandez un mélange de sable et de terreau. Nivelez et passez le rouleau pour tasser la terre. Mélangez les semences avec du sable et répartissez à la volée. Recouvrez le semis en griffant légèrement le sol puis passez une nouvelle fois le rouleau. Arrosez et éloignez les oiseaux en installant des bandelettes de papier aluminium dans les arbres et les arbustes proches.

Râteau et mal de dos

Le jardinier amateur a, au début de son apprentissage, une position peu efficace dans le maniement du râteau. Ce râteau doit être tenu le plus verticalement possible, donc inutile de se courber et de casser le dos pour être efficace. Il faut se souvenir également que les dents du râteau ne doivent pas pénétrer profondément dans la terre, mais au contraire effleurer la surface, les dents bien parallèles au sol, pour niveler correctement le carré et ôter les mauvaises herbes qui auront été coupées ou arrachées avant d'être laissées sécher au soleil.

Fleur d'hiver

Les hellébores ou roses de Noël fleurissent dès le mois de décembre. En fin d'année, faites des bouquets pour votre maison. Utilisez des gants pour vous protéger les mains des feuilles coupantes.

Plantez des engrais verts

Début septembre, pensez à semer des engrais verts, de la moutarde par exemple, sur vos parcelles libres. Attention, cette dernière est gélive. Vous éviterez des apports de compost dans ces parcelles. Fauchez avant la montée en graines.

Assouplir et ranger les tuyaux d'arrosage

Si vos tuyaux de plastique sont raides et que vous avez des difficultés pour placer les raccords et les embouts, plongez-les dans une bassine d'eau chaude. Pour les enrouler et gagner de la place, utilisez une jante de voiture que vous aurez fixée au mur du cabanon ou du garage.

Les engrais naturels azotés

Si le trèfle incarnat est l'engrais vert préféré des jardiniers qui pratiquent le jardinage sans engrais chimiques, d'autres plantes fourragères sont aussi riches en azote comme le trèfle violet, le pois fourrage, la moutarde, le radis fourrage, le lupin blanc ou encore la féverole. La phacélie est un remarquable engrais vert grâce à sa croissance rapide et sa forte production de matière organique. Elle se distingue aussi par son usage décoratif exubérant et mellifère lorsqu'on la laisse fleurir.

Amender un terrain calcaire

La terre est blanche, bien drainée et le sol se réchauffe vite au printemps. Il convient parfaitement aux semis précoces, mais le sol est sec en été et boueux dès qu'il pleut. Vous bêcherez profondément avant l'hiver en apportant des engrais complets et donnerez un peu d'acidité à la terre avec de la tourbe et du soufre.

Les outils pour cultiver

La bêche à main mesure environ 40 cm pour travailler les jardins de curés. Sur le même principe, la binette à main facilite les petits travaux pour les jardinières et les potées du balcon. Un petit râteau miniature sera indispensable pour égaliser la terre. Le plantoir permet de préparer les trous pour les graines et les plants. Le transplantoir ressemble à une petite truelle incurvée et allongée. Elle sert à mélanger les engrais à la terre ou à faire des trous pour repiquer et replanter.

Bouturer le laurier

Afin de réaliser des boutures de laurier-rose, coupez, autour du 15 juin, une branche de 15 cm de long, puis la partie supérieure des feuilles, de moitié. Placez dans un récipient rempli d'eau et attendez.

Des melons dans la vigne

Pas si saugrenue que cela l'idée de nos anciens qui occupaient au maximum la place disponible, proche de la maison, pour améliorer le menu de tous les jours. Si vous possédez une vigne grimpante, plantez au mois de mai quelques godets de melon et laissez-les courir en hauteur, le long des sarments. Dès les premiers fruits, attachez-les avec des morceaux de bas en Nylon pour soulager le treillage. Les melons seront dégustés en premier, puis les grappes de raisin. Vous pouvez aussi utiliser cette astuce avec des concombres.

Pas de place, ni de temps perdu.

L'absence d'apport de compost

Au potager, pour s'épanouir, certains légumes ont des besoins plus ou moins importants en compost. Certains pas du tout comme : l'ail, le chou de Bruxelles, la fève, l'échalote, les haricots, la mâche, le navet, l'oignon, les pois et tous les radis.

Ecorces de pin au talus

La tondeuse ne peut passer partout… Les talus sont des lieux difficiles à entretenir ; le « coupe-fil » vous demande trop de temps à consacrer à cette bande herbacée parfois inaccessible. Recouvrez le sol d'écorces et d'aiguilles de pin, l'ombre et l'acidité empêcheront la pousse des mauvaises herbes.

Les outils pour ameublir le sol

La terre est difficile à travailler et nécessite de bons outils. La bêche est faite pour retourner la terre et la pelle pour creuser et déplacer de la terre. La fourche à bêcher est pratique pour nettoyer les sols pierreux, déplanter les légumes et enfouir les fertilisants. La houe est l'ancien nom de la binette et sert à aérer superficiellement la terre et favoriser l'infiltration de l'eau. La pioche ou piochon sert à ameublir la terre dans les surfaces étroites et à creuser des sillons.

L'utilisation du compost

Matière organique obtenue par la décomposition des déchets végétaux, le compost participe activement à la bonne santé des plantes. Il s'incorpore dans la terre au moment des labours de printemps ou se dépose au pied des jeunes plants. La transformation des déchets est le travail obscur des champignons, bactéries, lombrics, cloportes, mille-pattes et autres insectes. Ôtez les larves de hannetons. Créez dans un coin de votre jardin un silo de compost et utilisez-le lorsqu'il est bien mûr.

La cicatrisation des rosiers

Pour les tailles tardives de vos rosiers, vous trouverez dans le commerce de la cire rouge. Vous pouvez obtenir une solution similaire en chauffant de la bougie, même d'une couleur différente. Cette cire chaude sera déposée sur les entailles et évitera que la blessure devienne une porte d'entrée aux parasites.

Les engrais et les fertilisants

Un potager bien maîtrisé ne nécessite pas forcément l'apport massif d'engrais. Cette nourriture est surtout destinée aux plantes qui ont besoin de sels minéraux en grande quantité. Un entretien permanent du jardin par le bêchage, le griffage, le désherbage et l'arrosage et l'amendement de fumiers réguliers devraient suffire aux besoins des légumes du potager et les limiter au strict minimum. Si vraiment certains légumes ont des carences, choisissez votre engrais avec discernement.

Désherber le jardin en binant

Après avoir coupé et/ou sarclé, vous binerez superficiellement la parcelle de vos futures cultures. En cassant la croûte de la surface vous déracinerez les jeunes pousses d'adventives. Évitez de faire ceci au motoculteur, si le sol est envahi de vivaces, comme le chiendent, vous favoriseriez leur multiplication.

Ne jetez plus l'eau du bain !

Pourquoi se priver de cette ressource en eau, en la laissant partir inutilement dans les conduits des eaux usées ? Nos aïeux n'avaient pas le « tout-à-l'égout » et l'eau n'était pas gaspillée inutilement. Vous pouvez, à leur image, limiter les pertes des eaux notamment celles du bain. Pour cela, vous créerez une conduite d'évacuation parallèle qui alimentera en eau des massifs d'iris, de roseaux, un bassin avec des poissons et des grenouilles. Les plantes, grâce aux racines, procurent de l'oxygène aux micro-organismes qui sont dans les différents filtres menant aux massifs et au bassin. Il s'agit d'une technique modernisée de la fosse septique d'autrefois et qui est de plus en plus en vogue, mais ceci demande malgré tout une dérogation auprès du maire de la commune, avant que cela devienne dans quelques années, un système d'épuration obligatoire à la campagne.

Quels déchets pour faire du compost

Les déchets de la cuisine sont très utiles au compost : épluchures de légumes et fruits (sauf agrumes), les coquilles d'œufs, le papier absorbant, le marc de café, les fanes des pommes de terre, le carton ondulé. Ne jamais incorporer au compost du pain et autres pâtisseries.

Amender un terrain tourbeux

La terre humifère est noire et laisse pénétrer l'eau. Vous noterez la présence d'orties, de renoncules, de muguet, de bruyère et de fougères. Le sol convient aux semis précoces. Vous devrez drainer et apporter des engrais riches en potasse et en phosphore. Vous ajouterez de la chaux au printemps.

La fougère prend le thé

Votre fougère a des signes d'épuisement ? Pour lui donner un petit coup de fouet, offrez-lui du thé ! Préparez 25 cl d'eau pour 2 sachets de thé, infusez, laissez refroidir et pulvérisez sur les feuilles.

La durée de vie des paillages

Suivant l'épaisseur et la nature du paillis, le paillage sera plus ou moins efficace dans le temps : les écorces de pins et les copeaux de bois sont les plus durables ;

viennent ensuite les écorces de feuillus, les paillettes de lin, les coques de cacao, de tournesol, de sarrasin et les paillettes de chanvre. Les tontes de gazon sont les moins durables.

L'anémone des fleuristes

La bonne époque de plantation pour l'anémone des fleuristes se situe entre octobre et novembre. Avant de les planter et pour faciliter l'entrée en végétation des tubercules secs, il est conseillé de les faire tremper pendant 24 heures dans un peu d'eau. Vous les planterez à 6 cm de profondeur et à 15 cm de distance. Pour ne pas risquer de les abîmer pendant l'hiver, repérez les plantations en plaçant régulièrement des piquets de 15 cm recouverts d'un torchis en feuille d'aluminium ou d'une boîte de cachets posée à l'envers.

Recueillir la terre des taupinières

Si vous connaissez un terrain vague où les taupes prolifèrent, ramassez les petits monticules de terre. Une fois tamisée, au printemps, cette terre sera mélangée au terreau pour les semis en godets ou en caissettes. Vous utiliserez aussi cette terre pour recouvrir d'une fine couche les graines semées en place.

Les outils pour les petites surfaces

La griffe et le cultivateur sont destinés au hersage pour ôter les racines et les cailloux à moins de 10 cm de profondeur. Le sarcloir à griffes retire les mauvaises herbes. L'émietteur est muni de nombreuses dents et permet un griffage superficiel et rapide afin de briser les petites mottes avant les semis. Les nouveaux modèles sont dotés de disques dentelés rotatifs. La serfouette possède une pointe et une panne ou des crochets. Le râteau américain possède des dents très rapprochées.

Désherber le jardin

L'arrachage des mauvaises herbes est une corvée qui se renouvelle tous les ans. Il serait tentant d'utiliser des herbicides, mais il est préférable de couper ou d'arracher les adventives et de vous armer de patience. Plusieurs moyens s'offrent à vous pour réaliser cette tâche ingrate : la coupe, le sarclage et le binage.

La moutarde blanche

De la famille des crucifères, cette plante à floraison rapide étouffe les mauvaises herbes. Idéale pour supprimer le trèfle banal et le pourpier, elle améliore sensiblement la structure du sol et ses racines aèrent les terres calcaires ou argileuses. En hiver, elle évite le lessivage des parcelles des jardins non cultivés. Semée en automne, elle piège les nitrates. Cet engrais vert est un excellent désinfectant qui s'utilise après des plantations ayant subi le mildiou ou l'oïdium.

Un bon sol

Fin mars, commencez à biner, griffer, décompacter les mottes de terre de vos massifs. Ils vont bientôt recevoir de nouvelles fleurs. Faites des contours nets. Éliminez les mauvaises herbes dès leur apparition. Le travail sera moins pénible.

Roses trémières

Vous ne possédez pas de tuteurs pour vos haricots ? Vous trouvez que les filets et autres supports ne sont pas très jolis en bordure de potager ? Utilisez des roses trémières comme support. Les longues tiges permettront aux haricots de grimper vers le soleil et les fleurs multicolores égayeront votre jardin ou la bordure limitant les allées et la pelouse. Voilà comment joindre l'utile à l'agréable !

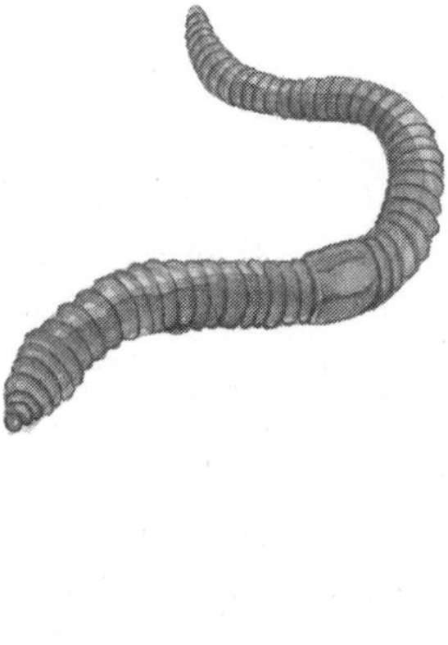

Les engrais naturels du jardin naturel

De nombreux jardiniers apportent des engrais verts à leur jardin en cultivant des plantes qui fixent l'azote dans la terre comme le haricot. Sa culture est longue, aussi le trèfle incarnat est-il préféré, notamment en culture d'hiver. Cette légumineuse améliore la structure du sol par son système radiculaire peu actif dans les 15 premiers centimètres du sol. Son couvert végétal stimule l'action des vers de terre et il se tond un mois après le semis, enrichissant la terre par enfouissage.

Soufrer

Juste avant le repos des bulbes dans un endroit frais et dans le noir, placez-les dans un sac en papier. Saupoudrez de fleur de soufre et remuez énergiquement. Ceci les protégera des maladies et des moisissures.

Broyage de coquilles d'huître

Une acidité excessive du sol est un mauvais présage pour les plants qui refusent de négocier avec ce paramètre. Pour modifier cette acidité, pilez des coquilles d'huître et laissez reposer dans l'arrosoir toute la nuit. Au matin, filtrez et arrosez. Les coquilles d'huître broyées peuvent aussi être déposées au fond du trou de vos futures plantations pour en faciliter le drainage.

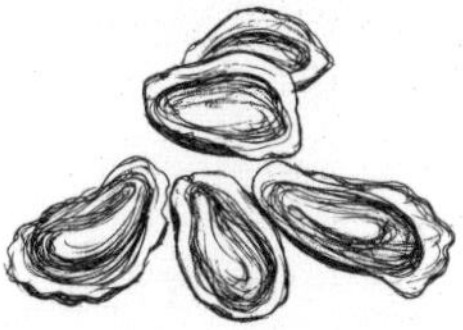

L'aide des petits oiseaux

Été comme hiver, facilitez-vous la vie au jardin en accueillant les petits oiseaux qui vous débarrasseront des insectes, limaces et escargots… Pour l'hiver, laissez monter en graines un certain nombre de plantes qui offriront de la nourriture et des abris à nos amis ailés.

Quand faut-il supprimer les mauvaises herbes ?

Vous désherberez le rumex lorsqu'il est le plus fragile, au printemps ou au début de l'été. Cette plante, aussi appelée patience sauvage, fournit 80 000 graines par pied et peut survivre 80 ans au jardin. Le chiendent s'arrache en été lorsque le temps est chaud et sec. Les ronces s'arrachent à la Saint-Jean.

Désherber le jardin par le noir

Un morceau de terrain est vraiment trop difficile à désherber ? Placez sur le sol une bâche ou des cartons pour occulter la lumière du soleil. Il faudra être patient car certaines plantes comme le chiendent arrivent à survivre plus d'un an dans l'obscurité ; malgré tout, le travail de sarclage et de binage sera facilité.

Semez la phacélie

En juin, semez de la phacélie dans des espaces vides. Cette jolie fleur violette est en plus un engrais vert qui enrichira la terre après fauchage et les auxiliaires butineront ses fleurs.

Une couche de compost pour légumes précoces

Lorsque vous aurez créé un tas de compost, ajoutez 10 cm de feuilles mortes humides pour éviter un coup de feu, puis, après quinze jours, ajoutez 20 cm de terre tamisée et semez des radis, des carottes et des laitues. Vous récupérez les légumes plus tôt que les autres jardiniers.

La terre et les potées

La terre utilisée pour les rosiers convient à la plantation des arbustes et des conifères. Au fond du trou, enrichissez de produits drainants (graviers, billes d'argile et granulés d'engrais) et ajoutez la terre à rosiers. Pour les végétaux acides comme le rhododendron et l'azalée, utilisez de la terre de bruyère. Mettez les vivaces dans un terreau universel, les bulbes quant à eux acceptent toutes les terres bien drainées. Ajoutez de la tourbe ou de la perlite pour éviter de surcharger les plantations.

Les feuilles mortes du bassin

Rien de plus pénible que d'ôter les feuilles mortes qui flottent à la surface du bassin d'ornement. Elles glissent, collent et retombent à l'eau dès que vous soulevez une plaque de feuilles détrempées. Pour vous faciliter le labeur, découpez une bande de grillage fin (grillage à clapier) de 70 cm sur 30 cm. Relevez les bords sur 10 cm pour faire un large U et glissez les mailles dans les dents d'une fourche-bêche. Passez sous les feuilles et soulevez lentement en laissant l'eau s'écouler, c'est plus simple et surtout moins exaspérant !

Guérilu, grelinette et compagnie

Les guérilu, grelinette, actibêche ou biofourche sont des outils qui permettent de bêcher le jardin sans retourner la terre par enfoncement de dents dans le sol. Son aération par le poids exercé sur les bras de l'outil suffit. Ces outils sont utilisés pour aérer le sol en respectant la vie microbienne de la terre.

Amender un terrain sableux

Les sols sableux se reconnaissent par la présence de joncs, de genêts et de troènes. Ils laissent facilement pénétrer l'eau et se réchauffent vite au printemps. Pauvres en éléments fertilisants, ils se dessèchent rapidement.

Vous apporterez des matières organiques et épandrez sur le sol de la chaux afin de produire l'humus.

Laissez faire le gel

Si votre sol a été abîmé par des traces répétées de pas ou de véhicules, à l'automne, bêcher en profondeur cette surface endommagée. Brisez grossièrement les mottes et laissez le gel de l'hiver émietter la terre. Au printemps, le travail sera bien plus facile et n'hésitez pas à ajouter un peu de tourbe ou de terreau (suivant la nature de votre sol) dès que le temps sera moins humide.

Du fumier pour chauffer les semis

Les déchets verts et les fumiers fabriquent de la chaleur pendant leur décomposition. Vous pouvez utiliser cette couche pour accélérer les cultures précoces en déposant des godets sur le dessus en n'oubliant pas de placer une protection pour protéger vos plants des pluies abondantes.

Des bordures de santoline

Si les massifs de fleurs de votre jardin sont régulièrement victimes d'attaques de pucerons ou de fourmis ailées, plantez de la santoline. De plus, cette plante est parfaite pour créer des bordures rectilignes ou des courbes et ses senteurs de romarin méditerranéen embaumeront l'espace aux moindres frôlements de la robe ou du pantalon. Un vrai bonheur ! Il est préférable de mettre en place les pieds de santoline au mois d'octobre, dans un sol bien drainé et sous un climat doux.

Pour que le potager donne davantage

Pour que votre potager donne de beaux légumes, il faut respecter trois grands principes : amender, nourrir et appliquer la rotation des plantes. Amender permet de modifier la texture de la terre par l'apport de matériaux complémentaires comme la tourbe, le compost, le sable... Fertiliser permet d'apporter aux plantes une nourriture insuffisante dans la terre par l'apport d'engrais comme le fumier, la corne broyée, le sang desséché... La rotation des cultures évite l'appauvrissement du sol.

Bouturer le buis

Pour bouturer vos buis, prélevez de nouvelles pousses de 10 cm à la mi-juin. Effeuillez, trempez l'extrémité dans une hormone de bouturage et plantez dans des godets. Repiquez le tout au printemps.

Le compostage

Les bons déchets : les épluchures de légumes (sauf les agrumes), le marc de café, les sachets d'infusion, la sciure, le papier non imprimé, les bouquets fanés, les cendres, la paille, le foin, les tontes séchées, l'écorce fine, les feuilles (sauf celles du noyer qui est un insecticide), les branchages. Ne vont pas au compost : la viande et le poisson, les coquilles d'œuf, les coquilles de fruits de mer, les huîtres, les noyaux, le pain et les pâtisseries, les poireaux entiers et les oignons.

La rotation des engrais verts ?

Dès que la récolte des légumes de juin, juillet et août est terminée, vous sèmerez en septembre un engrais vert comme le seigle fourrager ou la moutarde blanche. Laissez pousser en octobre, novembre et décembre. En janvier, coupez et broyez les plantules avec une binette. Enfouissez en février et semez votre prochaine culture en mars, avril et juin…

Le paillage

Pour protéger vos plantes, le paillage possède de très nombreuses vertus : il empêche la pousse des mauvaises herbes en supprimant la lumière et l'eau. Il nourrit en matières organiques le sol en se décomposant lentement. Il retient l'humidité nécessaire à la croissance des jeunes plants. Il agglomère les micro-organismes et protège les plantes du gel. Posez un paillis de 5 cm fait avec de la paille de blé, de l'écorce de pin, des cosses des fèves de cacao et des paillettes de lin.

Griffage et ratissage

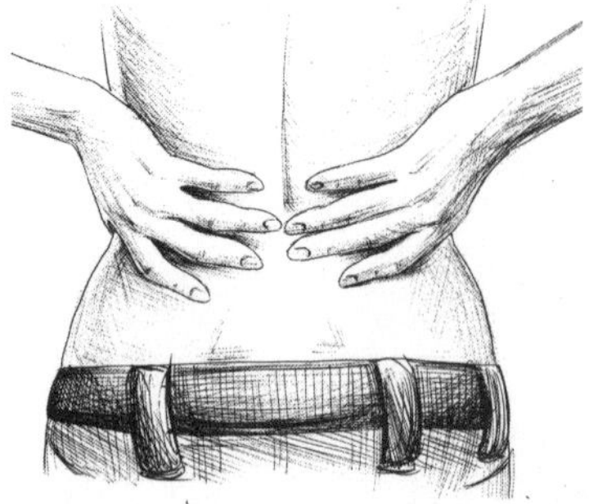

Après le bêchage d'hiver, celui du printemps est simplifié, plus léger, et il termine « la casse » des mottes. C'est le moment d'incorporer des engrais ou des matières organiques. Griffez la terre en tous sens puis ratissez pour niveler et ôter les petites pierres. Le râteau doit caresser la terre… ce n'est pas une pioche ! Par contre, les dents devront être parallèles à la terre, comme avec un balai. Gardez le dos droit pour ne pas être perclus de courbatures le soir venu !

Une échelle stable

Pour éviter que votre échelle ne s'enfonce dans la terre meuble, vous percerez dans une bûche, deux trous du diamètre des pieds. Placez les pieds de l'échelle dans ces trous et ils ne s'enfonceront plus dans les sols détrempés. Vous pouvez aussi utiliser un tube rigide en PVC.

Les amis naturels

Pour confectionner votre fumier, vous recyclez les déchets de la cuisine et les feuilles mortes, mais d'autres matériaux peuvent aussi s'intégrer, comme le marc de café que vous mélangerez à de vieux papiers finement hachés, en intercouches pour un sol argileux. Les copeaux de bois (mulch de branchages) sont également recyclables mais le temps de transformation est au minimum d'un an (ne pas dépasser un volume supérieur à 10 % du volume total du compost). Il est aussi possible d'incorporer certains déchets directement dans un sol argileux, comme la cendre de bois. Les aiguilles de pin seront utilisées lorsque la terre est lourde, mais l'acidité de ces épines nécessite un amendement complémentaire de fumier de mouton ou un amendement calcaire de 10 %, au moment de la mise en silos. Sur votre tas de fumier, intercalez des feuilles de carton alvéolé, les vers adorent s'y réfugier pour… digérer !

Recycler les fumiers

Vous pouvez réaliser un excellent fumier en mélangeant deux à trois sortes de fumiers différents, de volaille, de mouton et de cheval et en ajoutant 20 % de goémon. Ce dernier engrais naturel est riche en azote, en phosphore, en calcium, en potasse et en sels minéraux. L'avantage de ce fumier fertilisant est qu'il peut s'utiliser toute l'année, contrairement aux autres qui s'enfouissent à l'automne.

Désherber le jardin en coupant

La coupe est une étape préalable à l'arrachage des mauvaises herbes comme les ronces. Elle ne supprime pas la plante envahissante, mais elle favorise son déclin en supprimant les feuilles et les branches aériennes. Cette première coupe se fait avec une faucille, une cisaille ou un sécateur.

Le canna n'aime pas le froid

Certaines variétés peuvent atteindre 1,50 mètre mais des formes naines ne dépassent pas 60 centimètres. Leur point commun est la peur du froid, surtout lors de leur installation au jardin. Aidez-les en mettant les rhizomes en végétation dès le mois de mars dans un pot riche en terreau. Placez-les au chaud près de la fenêtre et arrosez-les régulièrement jusqu'à ce que la température du sol au jardin ne descende plus en dessous de 15 °C. Après cette première plantation, le canna s'habituera aux changements de saison.

Prévenir du gel

Si cet hiver vous craignez que certaines plantes en pot prennent le gel, dépotez la motte et entourez-la d'un sac plastique avant de la remettre dans son pot. Cette protection évitera que la terre prenne froid par contact direct avec la terre cuite. C'est simple, mais il fallait y penser !

L'utilisation des engrais

Vous trouverez des engrais plus ou moins utiles dans les jardineries. Les engrais organiques sont des engrais lents, riches en sels minéraux, qui sont constitués de corne broyée, de sang desséché, de guano. Les engrais minéraux sont issus du sol : l'azote améliore le feuillage, le phosphore renforce l'enracinement et la potasse développe les fruits. Les engrais organo-minéraux associent les trois précédents. Les engrais de synthèse sont souvent associés aux insecticides et aux désherbants.

L'apport moyen de compost

D'autres légumes ont besoin d'un apport moyen de compost pour donner de beaux légumes comme : l'asperge, la bette, la betterave, les carottes, les chicorées, la laitue, le panais, les pissenlits, les salsifis, le scorsonère.

Le paillage apporte des fertilisants

Le paillage est l'allié du jardinier lorsqu'il couvre le sol. Il évite la pousse des mauvaises herbes et conserve l'humidité nécessaire tout en résistant au vent et au soleil. Il apporte aussi des fertilisants en se décomposant. Un bon paillis dure plus de quatre ans.

Des cosmos encore plus beaux

Pour améliorer la beauté des cosmos ou leur donner un petit coup de fouet, il suffit de leur apporter une fois par semaine un engrais à tomates.

En plantant à leur pied des œillets de poète ou des eschscholtzias, qui feront de l'ombre à la base des plants, vous éviterez le dessèchement du sol.

L'apport indispensable de composts mûrs

D'autres légumes réclament des apports importants de composts mûrs comme : l'artichaut, l'aubergine, le céleri rave, les choux, le concombre, le cornichon, les différentes variétés de courges et de potirons, l'épinard, le fenouil, les fraisiers, le maïs, le melon, les poireaux, le poivron, la pomme de terre, les tomates.

Accueillir la faune sauvage

L'hiver est le bon moment pour réaménager le jardin et accueillir la faune. Plantez une haie diversifiée et des arbustes à baies (callicarpas, houx, chèvrefeuilles). Laissez des emplacements le long des murs pour une végétation spontanée ; attirez les auxiliaires en disposant des fagots de branches, des tas de bois et de pierres pour les hérissons, les musaraignes et les lézards.

Protégez vos rosiers

Avant que n'arrive l'hiver, protégez vos plantes les plus fragiles à un moindre coût. Utilisez de grands sacs plastiques transparents que vous bourrerez de feuilles mortes et sèches, ou de copeaux de bois. Il vous suffira ensuite d'encapuchonner vos rosiers pour les protéger du froid en refermant le sac à sa base pour ne pas qu'il s'envole « au vent mauvais » aurait dit Brassens.

Détruire les dépôts verts de manière écologique

Les algues vertes sont des végétaux d'aspect mousseux, qui forment des dépôts verts sur les sols, les pots ou les dallages. Pour les détruire, vaporisez un fongicide naturel : 1 cuillère à café de bicarbonate de soude et 2 cuillères à café d'huile d'olive à diluer dans 1 litre d'eau. À renouveler une fois par mois.

Protection au minium

Un arrosoir en métal est plus agréable à utiliser et à regarder que celui en

plastique (et qui ne dure que quelques printemps). Le seul inconvénient est l'oxydation du fond. Pour éviter cela, ne laissez pas d'eau stagner à l'intérieur et posez-le sur un carré de gravillons.
Vous pouvez également passer un coup de minium dans le fond et en dessous, vous prolongerez sa durée de vie de plusieurs années.

Hydrater la terre

Si le mois d'avril a été très sec, arrosez généreusement vos plates-bandes. Le déficit en eau se ressent au niveau des rosiers qui donnent moins de boutons. Arrosez les jeunes plantations, puis paillez-les.

Pas de terre nue

Si vous possédez un potager et que vous désirez le cultiver de manière naturelle, la terre ne doit jamais être nue. Il est préférable l'hiver de protéger le sol des érosions et des tassements provoqués par la pluie et le gel, en répandant un paillis protecteur. Certaines feuilles riches en azote se décomposent très vite, comme les feuilles des aulnes, des bouleaux ou des noisetiers. Si vous possédez des arbustes d'ornement comme les cornouillers et les spirées, vous avez là un or vert à ne pas gaspiller… Les feuilles des hêtres, platanes et chênes sont très longues à se décomposer. Utilisez-les plutôt pour protéger les massifs. Sachez aussi que les feuilles du noyer sont parfaites pour empêcher la germination des herbes folles, que les épines de pin acidifient le sol et sont idéales pour les plantes calcifuges (qui ne supportent pas l'eau calcaire), comme l'azalée du Japon.

Laisser faire le gel

La préparation du sol est la première des étapes pour obtenir de bonnes plantations. Le bêchage est fastidieux, long, éreintant si vous disposez d'un grand terrain et pas de motoculteur. Pour vous faciliter le travail, en automne, vous bêcherez de la hauteur d'une bêche en ne cassant pas les mottes ; c'est le gel qui s'en chargera en ameublissant le sol grâce à l'eau emprisonnée dans la terre. Au printemps, vous retournerez la terre plus facilement et sur une hauteur de 20 cm

Des outils toujours prêts !

À la fin de l'automne, avant de remiser les outils au cabanon pour un long sommeil hivernal, il est nécessaire de les entretenir correctement. Vous gratterez à la spatule tous les fers avant de les frotter avec une brosse métallique et de les frictionner ensuite avec un chiffon enduit d'huile de lin. Les manches en bois seront polis au papier de verre et badigeonnés au pinceau avec une préparation réalisée pour part égale d'huile de lin et d'essence de térébenthine.

La verveine repoussera

Dans les départements situés au sud de la Loire, ne prenez pas la peine de rentrer sous abri vos verveines ou de les repiquer tous les ans. À la fin de l'automne, coupez à ras du sol et paillez le pied. Autre façon : coupez les branches de l'année précédente et posez un voile d'hivernage parfaitement étanche aux pluies et à la neige.

Amender un terrain argileux

Si après la pluie, la terre colle aux doigts, c'est qu'elle est argileuse. Riche en éléments fertilisants, elle a l'avantage de retenir l'eau mais par contre elle est difficile à travailler. Il vous faut l'enrichir de matières organiques pour l'alléger : fumier, tourbe et compost. Ajoutez aussi du sable et drainez.

Hortensias bleus ou blancs

Pour obtenir des hortensias bleus, il est nécessaire de leur apporter du minerai de fer (sulfate d'aluminium). La solution la plus rapide est de mélanger quelques gouttes d'aluminium (chez votre droguiste) à l'eau d'arrosage. Pour un effet durable, enterrer une boîte de conserve au pied de la plante. Dans ce cas, attention à ne pas oublier sa présence lors des travaux du sol, vous pourriez vous couper. Plus écologique, le pilage d'ardoise qui recouvrira le pied sur un diamètre de 30 cm minimum. Si vous préférez des hortensias bien blancs, mettez du blanc d'Espagne dans l'eau d'arrosage, la nature fera le reste.

Les outils pour tailler et couper

Le greffoir à écussonner sert à multiplier les plantes pour reproduire toutes les caractéristiques de l'espèce de base. L'épluchoir possède une lame fine et incurvée pour peler l'écorce des branches lors de la greffe. Le greffoir a la forme d'un petit couteau à lame mince et tranchante pour les greffes en fente. La serpette s'utilise pour la taille des arbres fruitiers, mais aujourd'hui on utilise plutôt le sécateur. La scie égoïne est destinée à couper les grosses branches.

Stériliser votre terreau

Pour éviter les mauvaises herbes qui pourraient germer de votre terreau maison, passez-le au four à 95 °C pendant 1 heure.

Désherber le jardin en sarclant

Pour arracher une plante et ses racines, vous effectuerez un sarclage à la main ou avec une faux. Pour un travail plus précis, la gouge est parfaite. Attendez de faire ceci un jour sec, sans vent ni pluie, et avant que la plante monte en graine. Ne laissez pas les coupes sécher sur le sol. Brûlez-les !

Repérer les vivaces

Dès que les plantes sont en dormance, il devient difficile de se souvenir où elles se trouvent, ceci est vrai notamment pour les vivaces car il n'y a plus trace de la végétation... Pour éviter d'abîmer les plants à l'occasion des travaux d'hiver, repérez-les avec des étiquettes qui seront issues de votre imagination (lettres peintes sur des ardoises ou des galets, pyrogravure sur des planchettes ou des bâtonnets d'Esquimau, au feutre blanc indélébile sur un carré de balatum noir, etc.). Ainsi, non seulement vous ne perdrez pas de vue vos souches, mais vous retiendrez aussi le nom de la plante.

La fertilisation d'entretien

Pour obtenir un potager en bonne santé, le jardinier restituera à la terre ce qu'il lui a prélevé. C'est la fertilisation d'entretien. Cette méthode consiste à rendre à la terre ce que les plantes ont besoin pour assurer leur croissance par l'apport d'engrais naturels : l'azote, le phosphore, le potassium, le calcium, le magnésium et le soufre.

Protéger et nourrir par le buttage

En ramenant de la terre au pied des plants de certains légumes (les haricots, les carottes, les pois et les pommes de terre) vous protégerez et nourrirez les racines. Cette opération a aussi l'avantage de supprimer les mauvaises herbes qui pourraient profiter de ce milieu « trop » accueillant.

Quel temps fera-t-il demain ?

Avant d'entreprendre des labours, des semis ou des récoltes, nos aïeux avaient de nombreuses « combines » pour savoir quel temps il ferait le lendemain. L'un disait qu'il allait pleuvoir en voyant les crins de son cheval frisotter ; l'autre affirmait qu'il ferait beau car la douleur de ses rhumatismes commençait à disparaître. Mais tous avaient une pomme de pin sur la fenêtre de la cuisine : si elle était ouverte, cela annonçait « du beau », si elle se fermait, c'était alors mauvais signe, celui de la pluie.

Le forçage des jacinthes

Pour que vos bulbes de jacinthes puissent s'enraciner facilement, il est préférable de les placer dans le noir et au frais pendant 60 jours. Faites un trou à l'abri d'un mur et placez un pot dans lequel vous aurez mis les bulbes dans du papier journal. Recouvrez de sable et comblez avec de la tourbe. Une cave est aussi un endroit recommandé pour cette période préliminaire à la transplantation, mais le bas de votre réfrigérateur fera aussi l'affaire !

Une pelouse plus dense

Pour obtenir une pelouse plus dense, il est nécessaire de créer des trous entre les plants, qui ainsi trouveront de la place, de l'oxygène et de l'eau. À l'aide d'un aérateur à tubes, faites des trous de 5 à 6 cm de profondeur. Pratiquez un bon surfaçage en émiettant les carottes de terre avec un morceau de clôture grillagée que vous traînerez à la surface du sol. Une fois cette terre pulvérisée, ajoutez un peu de tourbe et épandez de l'engrais. Égalisez au râteau.

Tuteurez propre

La réutilisation des accessoires du jardin vous fera gagner du temps.
Ainsi les tuteurs pour vos haricots, petits pois, pieds de tomates et fleurs grimpantes (ipomée) de l'année passée peuvent encore servir cette saison. Un bon nettoyage s'impose à la brosse et à l'éponge. Une bassine de 3 litres d'eau pour un verre d'eau de Javel est la bonne dose pour désinfecter correctement ces tuteurs. Vous pouvez également utiliser un galet de chlore prévu pour l'entretien de l'eau des piscines, il se dissout très lentement et vous offre chaque jour une eau prête à l'emploi !
Goudronnez le bas des pieds des tuteurs pour éviter le pourrissement prématuré des végétaux.

Un arrosage totalement autonome

Si vous vous absentez au printemps et que votre voisin ne peut pas arroser les semis de votre serre, placez un cordon de coton hydrophile qui ira d'une bouteille d'eau pleine aux godets ensemencés.
Une bouteille de 1,5 litre suffit pour 4 jours d'absence d'arrosage et pour 24 godets.
Si vous vous absentez au début de l'été, cette astuce n'est valable que pour 2 jours. Il existe dans le commerce des carottes en argile qui font le même office, mais le procédé permet de prolonger la durée de quelques jours.

Un couvre-sol coloré

Lorsque la terre est pauvre, il est bien difficile de trouver de quoi couvrir le sol. Le stachys olympica est tout désigné pour habiller, de juin à septembre, cette parcelle oubliée. Appelée aussi « oreille d'agneau » ou « oreilles d'âne », cette plante est peu exigeante et ses poils tendres, légèrement argentés, donneront un aspect plus gai, se gorgeant de soleil dont elle apprécie les rayons. La plante d'un bleu lavande, qui attire les abeilles et favorise le butinage du verger ou du potager, mesure 15 cm et ses fleurs environ 60 cm.
Pour favoriser sa pousse l'été prochain, coupez court le plant au début de l'automne et ajoutez un peu de sable.

Désherber le jardin en brûlant

Le désherbage thermique est une technique qui consiste à chauffer les parties aériennes des mauvaises herbes à l'aide d'un gaz. Ce brusque échauffement fait éclater les cellules végétales et entraîne la mort immédiate des plantes.

L'utilisation des fumiers

Le fumier est la litière des animaux d'élevage ; riche en humus, il fertilise la terre. Le fumier de mouton agit rapidement car il est riche en potasse. Il doit être bien décomposé sinon il brûle les racines. Le fumier de cheval amende et enrichit les terres argileuses. Le fumier de lapin est riche en magnésium, il s'incorpore aussi au compost. Le fumier de bovin amende les terres calcaires, c'est un fumier lent. Le fumier de poule est riche en calcium et en azote, à utiliser avec précaution.

La protection des plantes en hiver

Recouvrez les vivaces d'un tapis de feuilles de 15 cm : les cannas (coupés à ras du sol), croscomias, criniums et agapanthes. Le pied des artichauts sera recouvert d'un tapis de paille. Recouvrez le sol des allées du potager avec des feuilles de tilleul et de noisetier ainsi qu'entre les pieds des légumes d'hiver comme les frisées, les choux et les épinards.

Planifiez votre potager

Début février, c'est le moment de réaliser le plan de votre potager pour l'année. Notez les périodes de semis, les rotations de légumes à effectuer, les plantes compagnes à planter et les associations à privilégier.

Combattre les ennemis du jardin

Des auxiliaires très utiles

Le jardin est un écosystème fait d'ensembles naturels et artificiels qui fonctionnent en harmonie les uns avec les autres. Pour obtenir un potager naturel sans pesticides, il faut rééquilibrer les éléments et laisser les auxiliaires s'installer. Favorisez l'installation de prédateurs qui vous débarrasseront des ravageurs. Hébergez les pollinisateurs qui faciliteront la reproduction de vos plantes et faites ami-ami avec les composteurs qui fertilisent le sol en matière organique et en humus.

Placez vos produits en sûreté !

Faire un purin d'orties est facile, et son odeur repoussera tous les intrus et les malicieux qui pourraient se faire une joie de s'amuser avec. Il n'en est pas de même pour les produits insecticides, qui doivent impérativement être hors de la portée des enfants. Placez vos produits dans une armoire fermant à clef et conservez toujours le produit dans son emballage d'origine, prévu pour résister aux agressions du temps. La notice doit aussi être mise à l'abri dans un classeur prévu à cet effet.

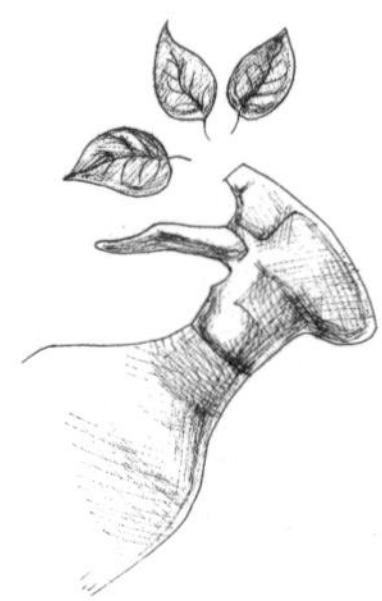

Les traitements biologiques

Les traitements doivent être utilisés préventivement, avant le développement des maladies qui apparaissent dès que le temps est chaud et humide. Les bouillies de cuivre et de souffre sont recommandées dans un potager naturel. Le sulfate, ou hydroxyde de cuivre, est efficace pour traiter les arbres, l'oxychlorure de cuivre est recommandé pour les légumes. Le soufre est utilisé contre l'oïdium et se présente sous la forme fleur de soufre) en poudrage et de soufre mouillable qu

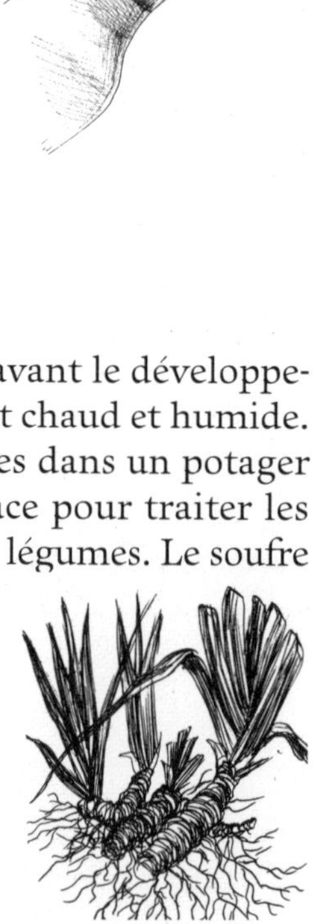

Les apports organiques

L'apport de matière organique doit être modéré pour ne pas devenir contre-productif. L'exagération d'apports azotés favorise la poussée d'herbes indésirables, la présence de ravageurs et produit des plantes sensibles aux maladies. À l'abri de l'air, les matières organiques mal décomposées engendrent des substances toxiques pour les racines. N'oubliez pas également que les haricots et les carottes n'acceptent que du compost bien mûr et les tomates du fumier peu composté.

Les mal-aimés

Une bonne terre donne de beaux légumes. Pour obtenir un sol fertile qui offre des matières organiques assimilables à vos légumes, vous laisserez faire les décomposeurs. Ils jouent un rôle essentiel en transformant ces matières organiques en minéraux et en humus. Laissez les vers de terre faire des galeries, et les cloportes réduire en poussière le bois et l'écorce. D'autres sont mal aimés : l'araignée, le mille-pattes, la chenille et le scarabée, alors qu'ils ont tous leur utilité.

Les pollinisateurs à l'aide

Pas simple lorsque l'on est une plante immobile de trouver un partenaire et de se reproduire ! Les partenaires du jardin sont l'eau, le vent et... les insectes. Alors aidez-les en créant pour eux un coin naturel et protégé, en offrant à ces insectes du pollen et des nectars riches en sucre et en protéines. Ils sauront vous rendre la monnaie de votre pièce en pollinisant aussi les fleurs de votre potager. C'est ainsi que le baobab d'Afrique a trouvé une alliée : la chauve-souris.

Soigner vos pieds

Lorsque vos courges, aubergines, betteraves, épinards, haricots, petits pois et tomates sont flétris et que leurs feuilles jaunissent, nul doute qu'ils soient atteints de la fusariose, une maladie causée par un champignon qui se déclare lorsque la température atteint les 30 °C. Arrachez et brûlez les plants pour éviter que la maladie s'étende et désinfectez tous vos outils après chaque usage. À la fin de l'été, mélangez du souffre à la terre aux premiers labours et plantez des pommes de terre.

Solutions contre les maladies

Pour lutter contre l'oïdium des cucurbitacées et de la tomate, soufrez les plants. Contre le mildiou de la tomate, des bulbes et des pommes de terre, limitez les fumures et les arrosages et insérez préventivement un brin de cuivre dans la plante. Si la tomate a le « cul noir », ceci est dû à des arrosages directs sur le fruit et/ou à des irrigations irrégulières. Lorsque les salades ont « la pourriture », brûlez les plants et ne replantez pas de salades sur la parcelle avant 4 ans.

L'élevage des coccinelles

Pour posséder un bon potentiel d'auxiliaires prédateurs au potager, vous planterez dans un coin du jardin des fèves ou de la valériane qui attireront les pucerons. Les bêtes à bon Dieu viendront s'y nourrir et, puisque le milieu est parfait, elles se reproduiront. Ensuite, l'espace n'étant plus suffisant pour nourrir toute la colonie, elles s'éparpilleront dans le potager pour détruire les pucerons qui s'y trouvent. Une coccinelle détruit soixante-dix pucerons par jour. Quel appétit !

Chouchouter les vers luisants

Les larves de vers luisants sont d'extraordinaires auxiliaires au jardin potager. Elles sont gourmandes d'escargots et de limaces. Plus tard, elles animeront votre jardin de leur petite lumière, trahissant leur présence : un jeu de nuit pour les enfants. Pour combattre les acariens, les pucerons, les psylles et autres larves, pensez aux punaises et aux staphylins. Hébergez gracieusement les musaraignes, les chauves-souris, les oiseaux et les araignées pour supprimer les insectes ravageurs.

Favoriser les prédateurs

L'accueil des prédateurs au potager est la principale solution biologique vraiment efficace pour lutter contre les ravageurs. Ces précieux auxiliaires font partie des insectes, mais aussi des vertébrés dont les plus connus sont les oiseaux, les batraciens et les reptiles. D'autres mammifères comme le hérisson méritent toute votre attention. Le premier objectif du jardinier sera donc de favoriser leur présence en créant un milieu de vie favorable à leur reproduction.

Élever les carabes

Les carabes sont des coléoptères qui se reconnaissent à leurs élytres qui sont souvent verts et striés. Très utiles comme avaleurs de limaces et d'escargots, ils ont un solide appétit. Faites-leur une place au jardin en leur proposant le gîte et le couvert, comme un coin d'herbes sauvages, en laissant des herbes sous une haie non traitée. Mieux encore, laissez traîner de-ci, de-là une vieille souche de bois ou des pierres pour se cacher. Pour les attirer, plantez de la phacélie.

Nettoyez votre bassin

Vérifiez le niveau d'eau dans votre bassin à poissons au début du mois de septembre. Contrôlez les algues, retirez-les en cas d'excès. Oxygénez avec une pompe pour agiter la surface de l'eau.

Des rosiers en bonne santé

Dès le début du mois de septembre, traitez vos rosiers en cas de maladies. Pour les feuilles noires ou l'oïdium, utilisez des purins de prêle ou d'ortie pour lutter contre les pucerons. Pulvérisez le soir à la fraîche.

Arrosez par les pieds

Tout l'été en cas de sécheresse, arrosez au pied des arbres. Soyez vigilant envers les plantations de l'année. Ne mouillez pas les feuillages des rosiers, cause d'oïdium.

Pucerons et doryphores

À la mi-mai, semez en pleine terre des annuelles, comme les capucines, les œillets d'Inde, les soleils, les soucis. Profitez de l'effet antipuceron des capucines et de celui contre les doryphores des soucis.

Éloignez les limaces

c'est la saison où les limaces sévissent. Sortez les pièges ! cordons de cendre de bois, Ferramol, soucoupe avec de la les goulues avec ce que bon vous semble.

Un antilimace efficace

Dès le mois d'avril, protégez les jeunes pousses avec

un antilimace efficace ! Plantez des vivaces, c'est la bonne période. Graminées, lupins, sauges, cimicifugas, pavots, lavandes, helichrysums, asters, géraniums, centaurées… Le choix est vaste !

Débarrassez-vous des mauvaises herbes

Au début du mois d'avril, retirez les pissenlits, le liseron et les chardons avec une gouge. Brûlez au désherbeur thermique les allées uniquement.

Contre une terre trop calcaire

Dès le mois de février, si votre terre est trop calcaire, placez un tissu horticole dans le fond du trou lorsque vous plantez. Remplissez-le d'un mélange de terre de bruyère et de jardin.

Contre le fléau des asperges

À la mi-novembre, arrachez et brûlez les feuillages de votre aspergeraie, pour éviter la propagation du criocère. Recouvrez les lignes de compost ou fumier.

Contre le froid

En prévision des premières nuits fraîches d'automne, sortez des abris les voiles, les cloches et les tunnels pour les semis. Pensez à ouvrir les châssis et à soulever les cloches quand les températures diurnes augmentent. Attention à la condensation.

De la cendre contre les limaces

Avec les premières chaleurs du mois de juin, plantez vos courgettes en godets, cela vous fera gagner du temps au semis qui doit se faire en poquets. Protégez-les des limaces qui raffolent de leurs feuilles. Entourez-les de cendre ou de coquilles d'œufs.

Du marc contre la mouche de la carotte

Début mai, semez des carottes dans une terre légère. Évitez la mouche de la carotte et ses ravages en plaçant du marc de café au fond du sillon et entre les rangs.

Piégez les limaces

Avec les beaux jours d'avril, prévoyez des pièges à limaces autour de vos jeunes pousses ou semis en place. Bière, coquille d'œuf, cendre ou Ferramol seront efficaces si vous les renouvelez souvent.

De la bouillie bordelaise pour les fruitiers

À la fin de l'hiver, traitez à la bouillie bordelaise les arbres en plein débourrement, comme les pêchers. Opérez jusqu'à la mi-mars, un jour sans vent et si la pluie ne menace pas.

Luttez contre les parasites des fruitiers

En janvier, nettoyez l'écorce de vos arbres fruitiers, pour éliminer mousse et lichen. Traitez à l'huile blanche pour supprimer les larves des parasites.

Gare aux cochenilles

En janvier dans le Sud, c'est le début de la récolte des agrumes. Prenez garde aux cochenilles sous les feuilles. Procédez à un traitement à l'huile blanche si besoin.

Un tunnel contre le gel des artichauts

En janvier, protégez vos légumes dans le potager avec des tunnels. Vérifiez les protections des artichauts et des poireaux. Rabattez les feuilles des choux sur le cœur.

Un insecticide contre les acariens

Pour fabriquer un insecticide contre les acariens, vous laisserez infuser 150 g de feuilles de coriandre dans 5 litres d'eau bouillante. Filtrez après 30 minutes, laissez refroidir et pulvérisez sur les légumes atteints.

Un insecticide contre la mouche de l'asperge

Pour fabriquer un insecticide propre et vraiment actif contre la mouche de l'asperge, laissez infuser 150 g de basilic frais dans 5 litres d'eau bouillante. Laissez macérer pendant 45 minutes avant de filtrer. Laissez refroidir la décoction et pulvérisez à la tombée du jour.

Insecticide à l'oignon doux

Pour lutter contre les aphydés, les chenilles, les acariens, les escargots, la rouille et l'oïdium, laissez macérer 80 g d'ail et 500 g d'oignon dans 8 litres d'eau pendant toute une nuit. Au matin, filtrez et vaporisez. Ne jetez pas les oignons et l'ail, mettez-les au compost comme accélérateur.

Insecticide fongicide à l'ail

L'ail est très efficace pour lutter contre les aphydés, les chenilles, les escargots, la rouille et l'oïdium. Voici une autre astuce pour créer un insecticide fongicide : laissez macérer 100 g d'ail écrasé dans 20 ml d'huile pendant 24 heures, puis ajoutez 1 litre d'eau, 10 ml de savon noir et un piment d'Espelette écrasé. Laissez reposer encore 24 heures et diluez ce produit dans 20 fois son volume d'eau avant de vaporiser.

Fabriquer un fongicide à base d'ail

Si les chenilles, acariens et escargots attaquent vos courgettes et vos aubergines, faites infuser 150 g d'ail frais légèrement broyé dans 5 litres d'eau bouillante. Après une infusion de 40 à 60 minutes, filtrez et pulvérisez. Vous pouvez également faire macérer 80 g d'ail dans 5 litres d'eau pendant 12 heures. Filtrez et ajoutez 4 ml d'alcool à brûler et vaporisez.

Fabriquer un fongicide de prêles

Contre les maladies issues de champignons, de la rouille, du mildiou et de la pourriture, faites macérer 500 g de prêle dans 5 litres d'eau pendant 3 heures puis faites bouillir. Diluez un tiers et traitez les tomates, les pommes de terre et les laitues.

Fabriquer un fongicide avec du raifort

Pour lutter contre les diverses maladies des arbres fruitiers, faites infuser 150 g de raifort broyé dans 5 litres d'eau bouillante. Après 30 minutes, filtrez et laissez refroidir avant de pulvériser. Pour fortifier ce fongicide, ajoutez un verre de lait.

Contre la fonte des semis

La fonte des semis est causée par plusieurs espèces de champignons qui varient suivant la plante, le sol ou la nature des contenants utilisés. Il est donc préférable de stériliser vos godets en les lessivant à l'eau de Javel et de mettre votre terreau au four (95 °C) pendant 1 heure, si vous n'êtes pas certain de sa qualité.

Le bicarbonate contre l'oïdium

Lorsque l'oïdium s'installe dans le potager, il est souvent trop tard pour sauver les plants atteints. Vous traiterez régulièrement de manière préventive en pulvérisant du bicarbonate de soude sur les pieds, sur et sous les feuilles. Coupez et brûlez les feuilles infectées.

L'oïdium est aux aguets

Pour lutter efficacement contre l'oïdium, vous devez, au moment des plantations, respecter les distances préconisées entre les plantes et arroser le matin de bonne heure plutôt que le soir. Vous laisserez sécher le sol entre deux arrosages et brûlerez les feuilles ou les plants atteints par la maladie.

Un champignon coopératif !

La mycorhize est naturellement présente dans le sol, mais les années passant et les pesticides aidant, elle a tendance à disparaître… Elle possède de longs filaments blancs qui vont chercher dans les profondeurs du sol tous les éléments nutritifs nécessaires à vos plants. Pour favoriser sa présence, cultivez des poireaux.

L'humidité attire les limaces

Pour éviter l'invasion de limaces dans votre potager, vous éliminerez tous les recoins ombragés et humides proches de vos plantations. Déterrez les œufs en retournant la terre avant l'hiver et appliquez sur le sol une macération de feuilles de tabac. Plantez des géraniums, de la lavatère, des soucis et du thym.

Tithonia diversifolia, la fleur miracle

Cette belle plante aux fleurs jaunes, appelée également « tournesol mexicain », rappelle la marguerite. Vous la planterez en haies autour de vos plantations pour éloigner les insectes. En décoction, elle devient un formidable pesticide et un très bon engrais.

Faire son purin d'orties

Hachez grossièrement 1 kg d'orties pour 10 litres d'eau de pluie. Laissez macérer dans un récipient non métallique pendant 24 heures à 18 °C pour obtenir un insecticide rapide. Pour réaliser un stimulateur de croissance, laissez macérer de 10 à 15 jours (10 % d'engrais obtenu pour 90 % d'eau).

Faire son purin de tomates

Dans 10 litres d'eau de pluie, faites macérer pendant deux jours 1 kg de feuilles et de tiges de tomates que vous aurez hachées. En prévention contre les teignes des poireaux, les altises et les piérides du chou, pulvérisez cette préparation non diluée tous les quatre jours. En usage préventif, ce purin élimine les pucerons.

Éliminer la chrysomèle rayée du concombre

Ce petit coléoptère jaune de 5 à 6 mm possède trois rayures brunes. Si vous le pouvez, posez une toile flottante sur vos floraisons tardives et pulvérisez une infusion de tanaisie. Vous pouvez également cultiver des radis à proximité.

Traiter les cognassiers, poiriers et pommiers

Le cognassier est souvent victime de l'entomosporiose. Pour lutter contre ce champignon, pulvérisez de la bouillie bordelaise à la floraison, puis un mois plus tard. Pour les poiriers et les pommiers, il est préférable de traiter avant et après la chute des feuilles et lorsque les bourgeons commencent à gonfler.

Lutter contre les chancres et la cloque

Pour lutter contre la cloque et les chancres de l'abricotier, de l'amandier, du cerisier et du prunier, vaporisez de la bouillie bordelaise au moment du « gonflement » des bourgeons puis à la chute des feuilles. Pour le pêcher, vaporisez avant l'apparition des bourgeons.

La bouillie bordelaise contre le mildiou

Cette « bouillie » possède une base de cuivre et s'utilise de manière écologique dans le traitement préventif de nombreuses maladies : pour le mildiou de la pomme de terre, traitez avant le buttage puis tous les 15 jours ; pour le mildiou et la septoriose, traitez tous les 10 jours et après la pluie ; pour le mildiou de la vigne, traitez tous les 15 jours à partir du mois de mai.

Attention au mildiou

En cas de temps humide et chaud, vous devrez traiter contre l'apparition du mildiou sur les tomates, les poivrons ou les courgettes. Vous pouvez créer votre propre composition de la manière suivante : pour un arrosoir de 10 litres, dosez un quart de décoction d'orties et de prêles mélangées avec trois quarts d'eau à laquelle vous ajouterez 40 g de bouillie bordelaise.

Le purin de fougères

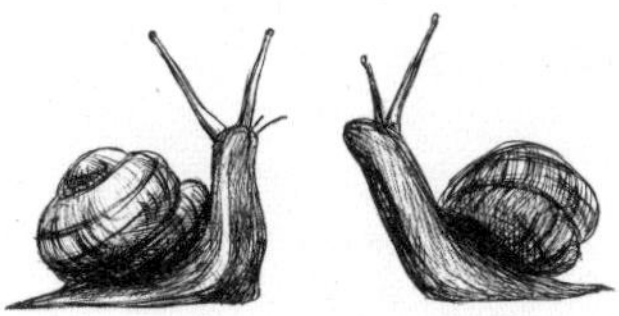

Faites macérer 850 g de feuilles de fougères dans 10 litres d'eau de pluie pendant 10 jours. Ensuite, vous passerez au tamis et pulvériserez la potion diluée à 10 % pour lutter contre les pucerons, les escargots et les limaces. Récupérez le purin pour protéger le pied de vos légumes.

Les purins

Pour réaliser un purin, faites macérer pendant une dizaine de jours 1 kg de jeunes pousses non montées en graines dans une bassine non métallique d'une contenance de 10 litres de pluie. Il convient ensuite de filtrer le purin au tamis pour récupérer le liquide qui sera utilisé en pulvérisation.

L'infusion de ciboulette

Cette préparation nécessite 200 g de fleurs séchées pour 1 litre d'eau bouillante. Laissez refroidir et pulvérisez cet insecticide sur les arbres fruitiers pour lutter contre les pucerons. Vous l'utiliserez également contre le mildiou et l'oïdium du concombre et du groseillier.

La décoction de tanaisie

Faites macérer pendant 24 heures 400 g de plantes fraîches dans 10 litres d'eau et faites bouillir pendant 15 minutes. Pulvérisez pour lutter contre les pucerons, les chenilles altises ou les mouches des légumes. Diluez à 50 % pour épandre au jardin contre les fourmis et les carpocapses.

Mon ami le perce-oreille

Surtout ne tentez pas de détruire les perce-oreilles au jardin, il s'agit là d'un ami, d'un bienfaiteur qui se délecte des pucerons et des cochenilles qui attaquent les plants du potager. Au contraire, offrez-lui le gîte en plaçant çà et là des pots renversés sur un tapis de mousse, près de vos plantes.

La décoction de raifort

Il s'agit d'un activateur de la vie bactérienne. Elle permet de créer un fongicide pour prévenir les maladies des arbres fruitiers. Utilisez 150 g de fleurs et de racines séchées pour 1 litre d'eau que vous porterez à ébullition. Préventivement, cette décoction s'utilise non diluée sur les fleurs.

La décoction de feuilles de noyer

Vous porterez à ébullition 100 g de feuilles séchées dans 5 litres d'eau. Après avoir laissé reposer 30 minutes, pulvérisez cette décoction tiède comme insecticide pour lutter contre la piéride du chou et les pucerons du rosier. Frottez des cerneaux de noix pour soigner les verrues.

La décoction de consoude

Il s'agit d'un engrais vert précieux utilisé pour apporter de la potasse et de l'azote aux légumes et créer un purin très riche pour les tomates. Pour faire cette décoction, faites macérer dans 10 l d'eau de pluie bouillante, 1 kg de feuilles. Pour arroser les pieds, ajoutez 75 % d'eau.

La décoction de camomille

Il s'agit d'un activateur de la vie bactérienne. Préparez 150 g de fleurs séchées dans 1 l d'eau, que vous laisserez macérer 24 heures. Ensuite, vous utiliserez cette préparation pour arroser votre tas de compost afin d'améliorer la décomposition tout en évitant les pourritures.

La décoction d'ail

Après avoir écrasé 100 g de têtes d'ail, faites-les macérer dans 1 litre d'eau tiède pendant 24 heures. En insecticide contre les acariens, diluez 10 % de cette préparation pour les fraisiers et 5 % pour les framboisiers et les groseilliers. Traitez avec ce produit pur contre les larves du hanneton.

La décoction d'achillée millefeuille

Faites macérer pendant 48 heures environ 20 g de feuilles finement hachées et séchées dans 1 litre d'eau. Versez cette décoction sur le compost pour activer sa décomposition ou ajoutez 90 % d'eau pour une pulvérisation sur les plantes sujettes aux champignons (maladies cryptogamiques).

Comment faire une décoction simple ?

Suivant les recettes, placez les plantes (sèches ou fraîches) dans une casserole d'eau. Faites bouillir pendant 10 minutes. Ôtez du feu et laissez macérer 30 minutes. Pour certaines plantes, ces temps sont différents. Passez au tamis et récupérez le liquide à pulvériser sur les plantes malades.

La septoriose du céleri

Son développement est favorisé par les pluies orageuses d'été et d'automne. Les feuilles se recroquevillent et se dessèchent. Après la pluie, traitez le sol avec une décoction de prêle ou une infusion de pissenlits. Répétez l'application pendant plusieurs jours et détruisez les plantes malades.

La rouille des plantes potagères

Elle s'installe et envahit les tiges des plants de légumes. Les feuilles présentent des petites pustules orange ou brunes puis le feuillage se déforme. Vous devrez traiter préventivement à la bouillie bordelaise mais sachez que cette maladie est peu fréquente dans les jardins biologiques.

Le poireau et la coquille d'œuf

Un des secrets de ma grand-mère concerne sa méthode pour éloigner la teigne du poireau. Elle plaçait tous les 50 cm une coquille d'œuf sur un morceau de bois de 10 à 15 cm de hauteur dans ses rangs. Ses poireaux n'étaient jamais malades !

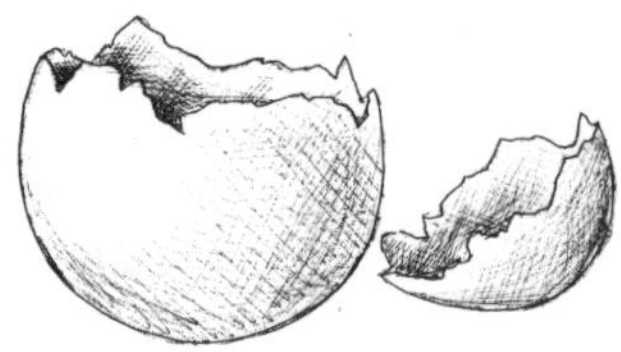

Le phytophthora

Il attaque les végétaux et les plantes cultivés, notamment la pomme de terre et certains arbres dont le châtaignier ou le pommier. Il convient d'être attentif aux terres trop humides. Il n'y a pas de traitement, mais par contre une astuce consiste à déposer du sable pour mieux drainer le terrain.

La pourriture grise du raisin

Cette maladie cryptogamique est due au champignon Botrytis cinerea. Elle s'attaque aux fruits, en particulier le raisin, aux légumes et aux fleurs. Il faut éviter les excès de fumures et vous procéderez à un traitement préventif. Pensez aussi aux associations de culture et à l'assolement.

La piéride du chou

Elle est provoquée par une petite chenille qui perce les feuilles avant de devenir papillon. Pour remédier à cette invasion, vous pulvériserez une solution à base de roténone et vous planterez vos choux dans l'espace occupé précédemment par les tomates en laissant les gourmands sur le sol.

L'oïdium du rosier

Cette maladie est identifiable par un feutrage blanchâtre qui se développe sur ou sous les feuilles des plantes. Chez le rosier, les boutons floraux atteints ne se développent pas et les feuilles se dessèchent et tombent. Ramassez-les et brûlez-les. Pulvérisez une fois par semaine du purin d'ortie.

Le mildiou de la tomate et de la vigne

Après une période humide, des taches vert foncé apparaissent sur les feuilles qui présentent une bordure jaunâtre avant de virer au brun. Chez le raisin, les grains deviennent gris et pourrissent. La décoction de prêle sur le sol et la vaporisation de bouillie bordelaise seront efficaces.

La mouche de la carotte

Certaines odeurs sont de très bons répulsifs pour lutter contre la mouche de la carotte. Après le semis, déposez sur le sol des algues en poudre. Il semblerait que les gros grains de sel seraient aussi très efficaces, mais il faut en déposer après chaque arrosage ou après la pluie.

La fumagine des légumes

La fumagine est causée par un champignon qui recouvre les feuilles et les tiges d'une couleur noire et qui empêche la photosynthèse. Il n'y a pas vraiment de traitement direct contre la fumagine, sinon des pulvérisations de purin d'ortie qui repousseront les pucerons et insectes ravageurs.

La fonte des semis

La principale cause de la maladie est due généralement à un semis épais. Pour éviter ceci, aérez vos châssis la journée et arrosez modérément. Préventivement, désinfectez vos caissettes avec une dilution d'eau de Javel et arrosez avec une décoction de prêle 24 heures avant le semis.

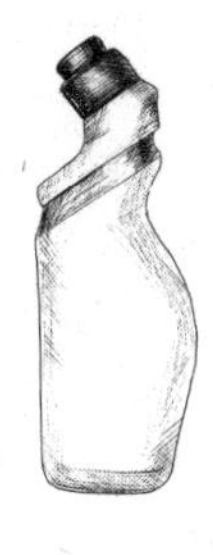

Le feu bactérien des fruitiers

Le feu bactérien provoque un dessèchement des boutons des arbres fruitiers comme le poirier. Sous l'écorce, le bois présente une couleur brun-rougeâtre. Il n'existe aucun traitement curatif contre les bactérioses. Supprimez les parties atteintes et brûlez-les aussitôt. Désinfectez les outils.

Le Coryneum ou le coup de fusil

Cette maladie est appelée « maladie du coup de fusil » car le Coryneum provoque de nombreux trous sur les feuilles. Les plus couramment atteints sont les cerisiers, les pêchers, les abricotiers et les amandiers. Le traitement préventif à la bouillie bordelaise est recommandé.

Le chancre des arbres fruitiers

C'est au printemps, après une forte fertilisation à l'azote, que les branches du pommier et du poirier portent des excroissances et que des crevasses apparaissent dans l'écorce. Nettoyez les plaies à la bouillie bordelaise, ôtez les branches contaminées et désinfectez vos outils à l'eau de Javel.

Le Botrytis squamosa

La « pourriture grise » se développe rapidement lorsque l'humidité est permanente et que les températures diminuent. Elle provoque la pourriture des bulbes d'oignons. Évitez l'excès de fumures et rappelez-vous qu'il est préférable d'arroser le soir sans mouiller le feuillage.

L'alternariose de la pomme de terre

Cette maladie atteint le chou et la tomate et se développe lors d'alternance de périodes humides et ensoleillées. Des taches brunes apparaissent sur les feuilles et il se forme une pourriture noire sur les fruits. Traitez régulièrement avec de la bouillie bordelaise et des fertilisants foliaires.

Pucerons : les chauves-souris à la rescousse

C'est au crépuscule que les pucerons grouillent et voltigent de fleur en plante, au grand désarroi du jardinier amateur qui, au petit matin, ne peut que constater les dégâts sur ses plates-bandes dévastées. Une armée de chauves-souris saura vous débarrasser de ces ennemis du jardin. Implantez des essences de plantes dont les arômes se réveillent à la tombée de la nuit, comme le chèvrefeuille, la giroflée, le jasmin et le tabac. Elles viendront, dès le crépuscule, se rassasier des hordes de pucerons dont vous ne pouviez vous défaire. Dès le matin, ce sont les mésanges qui prendront la relève. Attirez ces gentils volatiles en installant une petite mangeoire, que vous alimenterez (avec parcimonie) de graines et d'une vasque pour qu'ils puissent boire et se tremper les pattes. Les mésanges adorent les œufs des pucerons et elles les élimineront avant même qu'ils ne s'envolent, en en faisant leur festin.

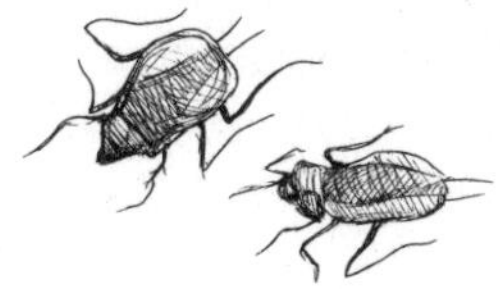

Pucerons : la douche écossaise

L'une des plaies les plus fréquentes au jardin est les pucerons qui dévastent rapidement un parterre de fleurs ou vos plantes printanières. Il existe plusieurs solutions écologiques pour vous en débarrasser et que vous utiliserez suivant les différentes situations. L'une d'elles est la douche écossaise ! En effet, les pucerons n'aiment pas l'eau froide… Muni de votre tuyau d'arrosage, aspergez votre parterre plusieurs fois de suite jusqu'à ce qu'ils soient totalement éliminés.

Pucerons : coccinelle, syrphe et hémérobe

Ennemies héréditaires des pucerons, les coccinelles vous débarrasseront de ces hôtes dévastateurs au potager. Pour accueillir une armée de petits alliés, cultivez des aubergines, des asters et des volubilis, espèces préférées des coccinelles. Le syrphe et le hémérobe (une sorte de ver bariolé de blanc, de rouge et de noir) sont également de bons alliés. Laissez faire la nature et ces alliés réduiront rapidement les colonies de pucerons qui auraient l'impudence de se risquer dans vos plantations.

Protéger les buis

Il est regrettable de voir des pissenlits et autres herbes folles défigurer les allées du jardin. Si vous devez utiliser un désherbant pour entretenir ces allées, soyez vigilant aux pulvérisations qui pourraient nuire à vos buis, ils détestent cela… Protégez-les avec une pulvérisation d'eau et de savon noir.

Les mulots apprécient les tulipes

Pour protéger vos oignons de tulipes contre les mulots, fabriquez de petites cages, à l'aide d'un grillage à mailles fines. Fixez une cordelette imputrescible avant de les enfouir dans la terre. Les racines passeront facilement à travers les mailles et les grignoteurs ne pourront plus grignoter vos oignons et vos bulbes. Au début de l'été, tirez sur la cordelette pour déterrer vos bulbes et placez-les dans des cagettes à l'air libre, puis dans le noir jusqu'en octobre, avant de les replanter.

Cytise et chenilles mineuses

Le cytise (ne pas confondre avec le cytise de Battandier, aux fleurs toxiques) est un petit arbre à la croissance rapide, qui fournit de magnifiques grappes de fleurs dorées parfumées et abondantes rappelant la glycine. Si vous repérez des feuilles qui présentent quelques taches, c'est le signe qu'il est victime de l'attaque de la chenille mineuse. Ramassez les feuilles tombées au sol, coupez celles qui sont malades et brûlez-les. En protection, au printemps suivant, pulvérisez de l'eau savonneuse ou un insecticide biologique.

Contre le liseron et le chiendent

Au printemps, je me souviens que ma grand-mère pestait contre le chiendent aux racines fourchues qui proliférait dans ses rangées de salades et le liseron qui couvrait le sol de ses plants de haricots ou de petits pois. Pour se débarrasser de ces herbes envahissantes, elle semait des pensées. Les herbes folles disparaissaient… pendant quelque temps.

Charançons : ils n'aiment pas l'eau

Croqueurs de feuilles, les charançons savent passer

inaperçus le temps nécessaire à la mise en miettes de vos plantes préférées. Lorsque vous vous rendez compte de leur attaque, il est souvent trop tard. À toute attaque, il existe une parade imparable : ces bestioles sont hydrophobes, elles n'aiment pas l'eau ! Vous pouvez donc arroser copieusement vos plantes régulièrement si elles le supportent, sinon, rehaussez vos pots sur un lit de graviers disposés dans une soucoupe d'eau. C'est le meilleur barrage contre ces « baladins » amateurs de feuilles tendres.

Charançons : faites toute la lumière

Si vous partez en vacances, vérifiez à votre retour que les charançons ne se sont pas invités pendant votre absence. Attendez la tombée de la nuit et baladez-vous avec une lampe de poche. Écrasez sans merci tous ceux qui auraient eu l'audace de profiter de votre éloignement temporaire.

Hannetons pour la truite

Au début du printemps, les larves du hanneton adorent creuser de petites galeries dans le gazon. Pour lutter contre ces intrusions, faites un trou de la hauteur d'une bêche et remplissez-le de terreau frais. Quelques jours plus tard, les larves s'agglutineront dans ce piège accueillant et vous pourrez les offrir aux hérissons, aux merles et aux musaraignes, qui les adorent. Au bout de l'hameçon, c'est aussi un excellent appât pour pêcher la truite.

Hannetons et naphtaline

Même si les hannetons sont de plus en plus rares dans les jardins, les larves (gros vers blancs) aiment les sous-couches de compost en attente. Pour les faire fuir, placez quelques boules de naphtaline dans le composteur.

Trop de limaces

Un moyen radical et économique pour détruire les limaces dans votre jardin est d'adopter un hérisson. Il fera dix fois mieux que vous dans l'élimination radicale de ces gastéropodes gênants. Faites-lui un abri avec des feuilles sèches, du bois et des brindilles dans un coin du jardin, il viendra la nuit vous débarrasser gratuitement des limaces et des escargots qui sont votre hantise. Le plus difficile est d'en trouver un car il est protégé par l'arrêté du 17 avril 1981, qui interdit son transport et sa commercialisation. Mais il vaut mieux le ramasser que de le laisser au beau milieu de la route, sous les roues des voitures. Sinon, vous pouvez adopter un merle ou une pie ! L'idée peut paraître saugrenue, pourtant ces volatiles s'apprivoisent très bien et vous débarrasseront tout aussi efficacement des limaces. Autrement, déposez des cheveux ou du marc de café au pied des arbres fruitiers, les limaces détestent cela !

Stop aux punaises

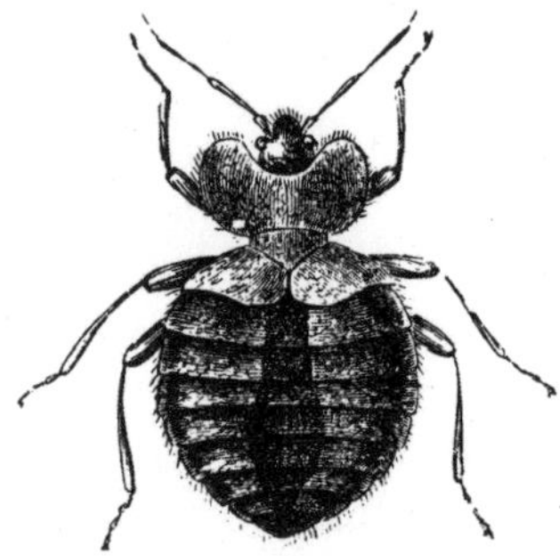

Pour détruire d'une manière infaillible les punaises des bois, laissez infuser pendant un quart d'heure une poignée de feuilles d'absinthe dans de l'eau chaude. Filtrez et badigeonnez au pinceau les boiseries qui sont attaquées par les punaises. Cette astuce a la réputation d'être prompte et quasi permanente. À renouveler néanmoins si nécessaire.

Remède pour pivoine

Maladies et champignons sont les hôtes de la pivoine. Si vous constatez une attaque, saupoudrez le feuillage avec du soufre ou du thirame en laissant 2 semaines d'intervalle entre les traitements. Si vraiment le plant est très malade, il est prudent de le couper au ras du sol et de brûler le feuillage et les tiges. Si vous devez impérativement le déplacer, faites-le en été car c'est le moment où il se repose… Après avoir déterré le plant, séparez les racines en plusieurs éclats que vous replanterez immédiatement dans un sol riche sous 5 cm d'épaisseur. Arrosez, d'autres pivoines verront le jour rapidement.

Lutter contre les cochenilles du clivia

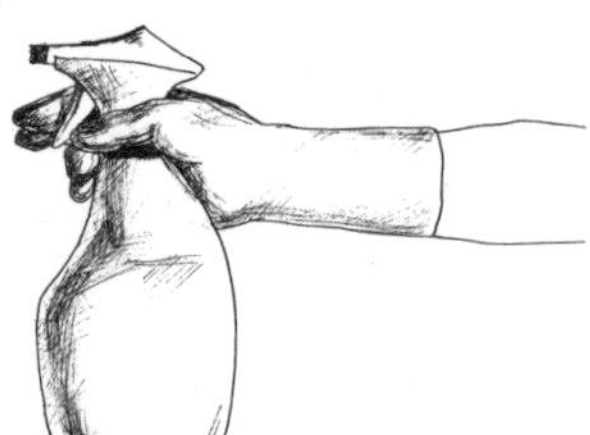

Le clivia est une plante d'appartement qui fleurit vers la fin de l'hiver, à condition qu'il soit bien entretenu… Son réel problème, c'est d'être trop longtemps oublié dans un coin du salon et d'offrir aux cochenilles filandreuses un doux gîte dès le début de l'automne pour passer les frimas bien au chaud ! Le premier remède de grand-mère est de vaporiser un purin d'ortie dilué à 50 % d'eau non calcaire. Si vraiment elles résistent, il vous faudra alors traiter chaque larve avec un coton-tige imbibé d'alcool. C'est très efficace mais laborieux. Sales bêtes !

Mousse du chêne

Des lichens et de la mousse poussent sur votre chêne ? Ce n'est pas une catastrophe, bien au contraire, cela est un signe encourageant car l'air de votre canton n'est pas pollué. Ces végétaux ne nuisent pas non plus à l'épanouissement de l'arbre car ils ne pénètrent pas l'écorce. Malgré tout, si vous voulez nettoyer les troncs, frottez la mousse avec une brosse à chiendent, les oiseaux viendront vite picorer les insectes que vous mettrez à jour.

Les fourmis seront « marron »

Les fourmis n'aiment pas du tout les feuilles de noyer. Pour les faire fuir, entassez quelques poignées de ces feuilles près de leur fourmilière. Une autre astuce, si vous avez la patience d'aller jusqu'au bout de l'extinction totale, est la suivante : placez des tiges d'anis dans les trous utilisés par ces petites bestioles. Vous pouvez aussi frotter les endroits où elles cheminent avec des feuilles d'anis ou déposer des gros grains de sel.

La mouche déteste le bleu

Les maisons blanches sont adaptées aux villes du Sud et aux paysages nord-africains dès lors que les façades sont soumises à l'assaut du soleil. Par contre, elles ont tendance à attirer les mouches qui se plaisent sur ces fonds clairs. Pour remédier à cet état de fait, les portes et les fenêtres sont souvent peintes en bleu, la seconde couleur des peuples de la Méditerranée (Grèce, Espagne, Tunisie, etc.). Ceci s'explique simplement par le fait que les mouches détestent le bleu ! Fort de cette expérience si vous devez repeindre l'intérieur de votre cabanon ou de votre cellier, utilisez de préférence un bleu soutenu. Évitez le bleu clair !

La mineuse du fuchsia

Un parasite ravageur fait son apparition dans nos jardins. Il s'agit de la mineuse. Pour la combattre, faites tremper une vingtaine de mégots à cigarette dans de l'eau de pluie, puis filtrez. Ensuite, pulvérisez sous les feuilles. Recommencez une semaine plus tard. Si votre fuchsia est trop contaminé, brûlez-le avant que la contagion prenne le dessus et s'attaque aux autres plantes.

Géraniums malades ?

Si les boutons de vos géraniums jaunissent, c'est peut-être à cause du thrips, un insecte microscopique qui les dévore de l'intérieur. Il se nourrit du pollen des fleurs et c'est toute la potée qui est ainsi dévastée. Avant que cela ne soit irrémédiable, pulvérisez de l'eau plusieurs fois par jour sur le feuillage car cet insecte adore les milieux chauds et secs. L'humidité le fera fuir.

Faux et vrai semis

Si vous n'utilisez plus d'herbicides, les mauvaises herbes ont tendance à envahir vos semis dès que le temps s'y prête. Pour éviter cela, de février à avril, binez et sarclez comme si vous deviez épandre vos semences de fleurs ou de légumes et attendez que les mauvaises herbes pointent leur nez. C'est le moment de vous en débarrasser en binant en surface et en laissant sécher ces formes adventices désagréables avant qu'elles ne fleurissent. Ratissez et brûlez ces mauvaises herbes et vous pourrez ensuite faire un vrai semis sur la parcelle nettoyée !

Des vers blancs dans les fraisiers

Dans votre jardin, les vers blancs s'attaquent régulièrement aux fraisiers ? Au moment de la prochaine plantation (ou du déménagement des plants), enterrez des feuilles de chou cabus finement hachées. Suivant la saison, vous pouvez également enfouir des fanes de navet ou des fleurs de colza au pied de ceux qui sont déjà en place.

Coccinelles et volubilis

Les pucerons s'en donnent à cœur joie et vos fleurs ne s'en remettent pas ! Utilisez le mariage des essences et des fleurs pour attirer les coccinelles. Puis, les volubilis, les asters et les aubergines accueilleront avec volupté les « bêtes à Bon Dieu » qui dévoreront les pucerons. La chaîne alimentaire en quelque sorte…

Antimouches

Pour vous débarrasser des mouches, placez des tiges fraîches de ricin dans une soucoupe au milieu d'une pièce. Ces bestioles ailées n'apprécient pas du tout cette odeur. Si vous possédez uniquement des graines (en magasin spécialisé), vous les pilerez et les placerez ensuite sur un tamis, ce qui permettra à l'huile de s'écouler lentement. Attention à ne pas l'ingérer, il s'agit d'un purgatif drastique longtemps utilisé comme laxatif.

Un potager naturel

Les bonnes méthodes pour jardiner au naturel

Ce n'est pas parce que vous avez créé un jardin « naturel » qu'il faut uniquement vous consacrer à l'élevage des coccinelles et à l'hébergement des lézards ou des hérissons. Parfois, un peu de bon sens suffit à éviter de nombreuses erreurs de jardinage : trop serrer vos rangs de petits pois nuit à une exposition ensoleillée ; la rotation des cultures évite que la terre ne s'appauvrisse trop rapidement ; cultiver les engrais verts amende votre sol ; jardiner avec la lune améliore la récolte.

Radis doux ou piquants

Le piquant de vos radis dépend de la fréquence des arrosages. S'il pleut ou si vous avez la main un peu lourde en arrosant, vous obtiendrez des radis doux. Si le temps est sec ou si vous arrosez très modérément, les radis seront piquants. Et ils le seront de plus en plus s'ils manquent d'eau ! Dans ce cas extrême, plutôt que les jeter, coupez-les en petits dés qui parfumeront salades et plats orientaux.

Arrachez les betteraves

Autour du 15 août, arrachez les betteraves que vous avez semées en avril. Selon la date des semis, les récoltes s'étireront jusqu'en octobre. N'hésitez pas à tirer sur les feuilles pour extraire la racine. Consommez-les crues ou cuites.

Haro sur les taupes

Quel déplaisir de voir ces petits monticules de terre qui « poussent » pendant la nuit. Les responsables en sont les taupes, qui repoussent la terre pour construire leur galerie. Dès que le premier trou apparaît au début du printemps, plantez des tiges souples de 50 cm (lilas, cannelle) et retournez sur le faîte des pots de carton dur ou de yaourts. Certes, cela n'est pas très élégant, mais la résonance des pots qui frappent la tige lorsqu'il y a du vent dérange les taupes qui migrent ailleurs.

Purin de pissenlit

Le purin de pissenlit s'utilise au printemps pour stimuler la croissance des arbres fleurs (lauriers-roses, rosiers, etc.). Faites macérer, pendant une dizaine de jours 2 kg de pieds de pissenlit dans 10 litres d'eau. Remuez tous les jours, puis versez au pied des arbustes.

Semez les potimarrons

À la mi-juillet, semez en place des potimarrons. Offrez-leur un grand espace car ils sont coureurs. Placez 3 graines par poquet et ne conservez que le plant le plus beau. Arrosez copieusement toute la culture.

Plantez les fraisiers

Début septembre, c'est le moment idéal pour planter des fraisiers pour 3 ans environ. Choisissez des variétés remontantes comme la mara des bois qui fructifiera de juillet à septembre.

Pas de pain au compost

Si vous envisagez de créer votre compost, n'ajoutez jamais aux déchets ménagers les épluchures des fruits, pommes, poires, etc. et ne les mangez pas non plus ! Les divers traitements phytosanitaires sont concentrés dans les peaux et ils tueraient les vers devant décomposer vos déchets organiques. Sachez aussi que les épluchures d'agrumes ne se décomposent qu'à partir de 60 °C. Un autre ennemi du compostage est le pain, trop riche en levure. En revanche, vous pouvez ajouter des orties fraîchement coupées, elles serviront d'activateur, ou une potion de fleurs fraîches d'achillée (herbe aux coupures) que vous mélangerez à raison de 1 kg pour 10 l d'eau.

Récoltez la scorsonère

Le début du mois de décembre est le bon moment pour récolter les scorsonères. Creusez une petite tranchée le long des pieds si votre sol est lourd. Vous risqueriez de les casser en les arrachant directement. Il vous suffit alors de les basculer dans le trou.

Trop d'eau peut être nuisible

Les tubercules ne supportent pas les sols mal drainés et les régions où la pluie s'installe durablement. Ces légumes souffrent de l'humidité stagnante et dépérissent rapidement, comme la pomme de terre souvent atteinte de la pourriture rose. Pour remédier à cela, les jardiniers réalisent des plates-bandes rehaussées, appelées « billons » dans le Nord, qui permettent à l'eau de s'écouler dans les rigoles aménagées sur les côtés.

Semez les concombres

La bonne période pour semer des concombres commence début mars. Faites tremper les graines quelques heures dans l'eau. Plantez les graines dans des godets de tourbe à une température de 18 °C, dans la maison.

Oïdium blanc

Cette maladie, bien connue des jardiniers, apparaît dès que les journées commencent à être chaudes et que les nuits restent fraîches. Ces différences de température favorisent l'apparition de ce champignon qui menace les cultures. Pour lutter contre cette maladie, il faut donner de l'espace aux pieds, tout en binant entre les plants pour favoriser l'évaporation, et ne jamais arroser le feuillage. Ensuite, il faut supprimer et brûler les sujets atteints ou les tiges malades (rosiers). Mélangez du soufre à de l'eau et pulvérisez vos plants à titre préventif, le matin de bonne heure.

Purin de fougère

Pour détruire les pucerons, les escargots et les limaces, faites macérer 1 kg de feuilles dans 10 l d'eau de pluie. Traitez en pulvérisation, non diluée. À ce propos, il est déconseillé d'utiliser des récipients en métal pour réaliser tous les purins. Pour savoir quand le purin est prêt (ceci varie suivant les conditions extérieures, la chaleur notamment), vous remuerez régulièrement le purin avec un bâton. Lorsque les bulles qui indiquent sa fermentation disparaissent, c'est que le purin est « mûr ».

Plantez l'ail

Tout début septembre, plantez l'ail dans un sol fertile, léger et surtout bien drainé. Orientez la pointe vers le haut sous 2 cm de terre, en posant le bulbe au contact de celle-ci au fond du trou. Espacez les bulbes de 10 cm et conservez 20 cm entre les rangs.

La pollinisation manuelle

Il se peut que dans certaines régions, l'été soit frais et que la pollinisation naturelle ne soit pas suffisante. Vous pouvez vous-même remédier à cela en pollinisant les potirons et les melons à la main. Ces plantes possèdent une fleur mâle dotée d'un pédoncule entier, alors que les femelles portent un fruit miniature sous leurs pétales. Cueillez une fleur mâle et ôtez les pétales, puis insérez-la délicatement dans la fleur femelle largement ouverte, en secouant légèrement l'ensemble.
Utilisez une nouvelle fleur à chaque fertilisation. Si aucun fruit ne se développe au bout de 5 à 6 jours, répétez l'opération.

Bien traiter les tuteurs

Si les tuteurs et rames de bois sont faits pour résister aux intempéries, il est nécessaire de les traiter avant une nouvelle utilisation, ne serait-ce que pour éviter la contamination de maladies cryptogamiques. La base des rames doit être enduite de goudron de Norvège, un produit naturel obtenu par carbonisation de pins. Puis, une fois secs, nettoyez totalement les piquets à l'eau de Javel (1 dose pour 5 l d'eau). Vous pouvez aussi les passer rapidement à la flamme, en faisant attention de ne pas les brûler.

Plantez les choux-fleurs

Mi-juin, c'est un temps favorable pour semer des choux-fleurs. Placez-les en pépinière pour une récolte automnale. La variété Merveille de toutes saisons est une valeur sûre, car c'est un légume de climat océanique.

Pieds de tomate gratuits

Lors de la suppression des gourmands sur vos pieds de tomate, récupérez les plus belles tiges adventives et trempez-les dans une poudre d'hormones. Faites un petit trou de 10 à 15 cm avec un crayon dans le sol, rebouchez, arrosez, voilà un nouveau pied totalement gratuit et des tomates qui viendront mûrir un peu plus tard, en fin de saison.

Semez les haricots

Fin mai, semez des haricots verts, en grains ou à rames. Réalisez des poquets à raison de 3 à 4 graines par trou. Recouvrez-les de terre et arrosez-les copieusement. Étiquetez les rangs selon les variétés.

Un carré pour les fraises

Mi-août, commencez à préparer une planche pour votre future fraiseraie. Bêchez sur 30 cm et apportez du compost. Attendez fin août pour planter les pieds.

Soigner ses fraisiers

Si, pour cause de mauvais temps, vous devez reporter la plantation de vos fraisiers, n'oubliez pas de les nourrir avec un purin d'ortie fortement dilué pour ne pas brûler les racines. Ensuite, lors des transplantations, ajoutez du compost et de la corne broyée au fond du trou. Pour enrichir votre terre pendant la culture, semez une graine de féverole ou de haricot entre chaque pied et coupez dès la floraison.

Radis et navets en terre

Fin juillet, iI n'est toujours pas trop tard pour semer des betteraves en dernière limite, puis des radis d'hiver, des roses et des navets. Arrosez régulièrement en cette période sèche et paillez entre les rangs pour la fraîcheur.

Semez les oignons rouges

Mi-février, semez en ligne des oignons rouges, plus doux que les jaunes. Recouvrez de 2 cm de terre ameublie, plombez au dos du râteau et arrosez légèrement. Éclaircissez à 20 cm.

De l'eau pour les pommes de terre

En cas de sécheresse au début du mois de juin, il faut arroser vos pommes de terre. Elles demandent un arrosage constant les 30 premiers jours. Binez les rangs et paillez-les de gazon tondu.

Semez les salades

Début avril, c'est le moment de semer des salades comme les scaroles, mais aussi des feuilles de chêne à couper. Vous les consommerez au fur et à mesure de vos besoins, sans perte. Rouge ou verte, mettez de la couleur au potager !

Du sel contre les chardons

Pour supprimer d'une manière naturelle, sans pesticide, les chardons qui poussent dans votre potager, coupez à ras de terre le pied indésirable ; mettez du gros sel et arrosez très légèrement. Si le tronçon coupé ne devient pas brun foncé, renouvelez l'opération.

De la glu contre la mouche de l'olivier

Taillez une petite plaquette de bois de 5 x 10 cm (les parois d'une grosse boîte d'allumettes sont parfaites pour cela) que vous clouerez à l'une des parties articulées d'une pince à linge en bois. Peignez cette plaque en jaune ou en orange et une fois sèche, passez de la glu au pinceau. Pincez le piège sur une branche de l'olivier. La mouche, attirée par cette couleur vive, viendra s'y coller les pattes. Rechargez les pièges de glu dès que cela est nécessaire.

Les engrais verts ordinaires

Le seigle possède des racines profondes qui ameublissent le sol, les épis ondulent gracieusement sous les souffles du vent. La phacélie a une croissance rapide. Elle étouffe les mauvaises herbes et donne de belles fleurs bleues à sa floraison. La consoude est une plante décorative à floraison lente qui fournit un compost d'excellente qualité à enfouir au printemps. Le millet est une graminée à croissance rapide qui sert à amender les sols pauvres ou calcaire. À semer en mars

Des pois avant le froid

Dans le Midi, semez jusqu'à mi-décembre quelques fèves et pois ronds à grains lisses, que vous récolterez au printemps. Dans le Nord, tentez la variété sima, à gains ridés, qui résiste à de très basses températures.

Éclaircissez les navets

Dès la deuxième semaine d'août, éclaircissez les navets destinés à la conservation. Pensez à les arroser régulièrement pour maintenir la fraîcheur du sol. Paillez avec du lin ou du chanvre pour éviter les mauvaises herbes.

Plantez l'ail et l'échalote

Tout début novembre, plantez de l'ail blanc et des échalotes grises dans le Midi, dans un sol bien drainé. Vous attendrez le printemps dans les autres régions.

Mettez en terre les pieds de tomates

Si le temps est assez chaud mi-mai, plantez vos pieds de tomates, semés en février. Placez au fond du trou quelques feuilles d'ortie. Installez à côté le tuteur. Prévoyez le raphia pour les attacher au fur et à mesure de leur croissance.

Variez les pommes de terre

Début avril, plantez des pommes de terre. Faites varier les plaisirs en choisissant plusieurs variétés, précoces ou non. Optez pour des belles de Fontenay, des bintjes, des charlottes.

Récoltez les légumes d'hiver

Si vous avez pensé à pailler vos rangs de légumes-racines, vous pouvez récolter en décembre, même en cas de gel. Les radis noirs, les carottes, les rutabagas et les topinambours agrémenteront vos plats d'hiver.

Semez les courges

Dès la mi-avril, semez des courges, des pâtissons et des courgettes en régions douces. Attendez la fin du mois pour les régions froides. Protégez impérativement ces cultures des dernières gelées.

Tout connaître du poireau

Le poireau est très gourmand et il épuise le sol. Pour obtenir un bon repiquage, il est préférable de ne pas l'effectuer au même endroit avant cinq années et de lui offrir du purin d'ortie. Les cultures associées sont un excellent moyen de protéger les légumes entre eux. Le poireau aime les fraisiers et les tomates… Surtout pas les haricots. Attention, soyez économe sur l'arrosage, pas trop d'eau, car le poireau n'a soif qu'en cas de sécheresse prolongée ou de très forte chaleur, notamment dans le Sud où il se plaît beaucoup dans le limon.

Quand l'oignon se brûle

Lorsque les feuilles de l'oignon semblent être brûlées, il s'agit d'une infection fongique causée par un champignon (Botrytis squamosa). Dès que l'oignon est atteint de cette maladie, de petites taches foliaires rondes et pâles apparaissent sur les feuilles qui brunissent, puis dessèchent totalement. Le dépérissement se propage du haut vers le bas. Pour lutter contre ce champignon, il est tout d'abord nécessaire de créer une bonne circulation d'air entre les plants, en les espaçant suffisamment et en désherbant régulièrement. L'application d'un mince paillis d'écorces de sarrasin est recommandée, sinon fondamentale. Vous pourrez aussi vaporiser régulièrement de la prêle ou du bicarbonate de soude pour diminuer la sévérité de cette infestation saisonnière.

Récoltez les carottes et les panais

Dès la fin du mois d'octobre, vous pouvez arracher les carottes de garde, les panais et les racines des chicorées. Laissez sécher les feuilles de ces dernières avant le forçage.

Semez le cerfeuil

À l'approche de la fin du mois de mai, semez du cerfeuil tubéreux. Cette racine à la chair blanche se consomme en purée, en gratin ou à la vapeur. Offrez-lui une terre humifère et ameublie.

Protection des poireaux

Lors du repiquage des poireaux, l'usage veut que l'on creuse, au plantoir, un trou d'une dizaine de centimètres dans lequel on place le poireau. Ensuite, avec l'arrosoir, le jardinier inonde le trou, ce qui assure une bonne hauteur de tige blanche et un pralinage naturel de la terre sur le plant. Le problème est de désherber ensuite les lignes de poireaux sans les blesser. Pour pallier cela, recouvrez de papier journal (2 feuilles) la terre humide, puis faites un trou dans le papier suffisamment large pour mettre un jeune plant de poireau. Ensuite, plantez comme décrit ci-dessus, puis recouvrez les feuilles de papier journal de déchets de tonte pour maintenir l'humidité.

Semez carottes et radis

Début février, semez des carottes et des radis sans discontinuité. Opérez dans une terre légère et sablonneuse pour ne pas obtenir de racines fourchues.

Pour que les choux résistent

De nombreux parasites ont un faible pour les choux : les altises, la piéride, les limaces, les pucerons cendrés et la mouche du chou (Delia radicum). Les larves de cette dernière viennent creuser les racines : les feuilles périphériques se teintent de rouge violacé, jaunissent, puis se dessèchent. Pour lutter contre cette mouche minuscule, de 6 à 8 mm, plantez profond et buttez, puis protégez le collet des plants en épandant autour un peu de poudre de roche, de la cendre ou de la suie. Pour les jeunes choux cabus et les choux de Bruxelles, découpez des petits carrés de carton avec une encoche que vous enclaverez au pied de chaque plant. Semer du trèfle est aussi une bonne précaution.

Un châssis pour forcer le démarrage

Un châssis est un coffre possédant quatre côtés, recouvert d'un couvercle mobile, transparent, légèrement en pente pour évacuer l'eau. Ce châssis a plusieurs avantages, comme celui de protéger « hors gel » vos godets ou vos barquettes de légumes de printemps. Pour que celui-ci soit vraiment adapté à vos besoins, vous devrez concevoir ce châssis comme une mini serre d'appoint. À l'intérieur du coffre, étalez une bâche étanche et recouvrez de graviers. Vous y placerez vos caissettes de semis ou des cagettes de godets, sans pour autant qu'ils aient les pieds perpétuellement dans l'eau. Le couvercle doit pouvoir se soulever en faisant charnière sur un côté et rester entrouvert à l'aide d'une cale. Ce châssis vous permettra de « forcer » vos plants et ainsi d'avancer de quelques jours, ou parfois quelques semaines, vos plantations définitives. Construisez plusieurs châssis de différentes hauteurs, ceci permettra de déplacer les plantes qui montent vite en tiges, comme les pieds de tomate.

Semez des choux chinois

Fin juillet, semez des choux de Chine pour changer des autres variétés. Espacez-les de 30 cm en tous sens. Leur développement rapide donne une pomme serrée et allongée.

L'échalote aime la fraise

La fumure fraîche et un excès d'humidité provoquent la pourriture de l'échalote et diminuent le temps de conservation. Si le mildiou attaque vos plants, il est urgent de traiter à la bouillie bordelaise et si des pieds sont gravement atteints, arrachez-les et brûlez-les. Pour réussir vos mariages entre les plantes, associez les alliacées (poireaux, oignons, échalotes, etc.) en alternant les rangées avec des fraisiers, des tomates, des salades vertes. N'associez jamais les pois ou les haricots avec les poireaux ou les choux. De même, n'utilisez pas une planche de l'année passée qui aurait déjà servi de culture à ces légumes verts.

Récoltez le céleri

Fin août, c'est le début de la récolte du céleri à côtes ou à branches. Celle du céleri-rave, légume-racine, ne commencera qu'en octobre.

Un panier de légumes avant les gelées

Avant les gelées, cueillez dès le début de novembre les derniers choux-fleurs. Récoltez aussi la mâche, les laitues et les choux de Bruxelles, puis les haricots à grains, les épinards et les cardons que vous aurez fait blanchir.

Éclaircissez le potager

En juin, éclaircissez les semis de carottes, d'endives, de betteraves, de panais et de radis. Arrosez-les par temps sec, binez, sarclez et paillez.

Plantez les poireaux

Fin mars, plantez des poireaux achetés en jardinerie sous forme de petites bottes. Choisissez une planche en plein soleil et une terre meuble. Espacez de 15 cm entre chaque plant.

Chenilles et papillons

Pour éviter le désagrément de la destruction massive de vos légumes par les chenilles, installez au milieu de vos planches des branches de chrysanthème. Plus décoratifs et actifs toute l'année, entourez votre potager de genêts qui repousseront les chenilles et qui, de plus, égayeront votre potager de leurs jolies fleurs jaunes. Un hérisson dans le jardin est également un élément appréciable, car il vous débarrasse des chenilles et des limaces. Réservez-lui un coin de feuilles au fond du jardin.

Éclaircissez les légumes-racines

Profitez de la fin du mois de mars pour éclaircir vos légumes-racines. Carottes, panais, betteraves et radis gagneront en volume. Conservez entre 10 et 15 cm, 20 cm pour les betteraves, selon les variétés de légumes.

Faites grossir vos potirons

À la mi-août, pincez les tiges des cucurbitacées pour la mise à fleur afin d'obtenir des légumes plus gros. Potimarrons, potirons et courges sont concernés.

Plantez la rhubarbe

C'est en octobre qu'il faut planter des nouveaux pieds de rhubarbe. Offrez-leur une terre enrichie en compost. Arrosez si le temps est chaud pour un bon enracinement.

Les topinambours en marge du potager

La mi-mars est le moment idéal pour planter des tubercules de topinambours. Ces grandes fleurs de 2 m de haut seront installées en dehors des parcelles. Attention, cette plante est envahissante.

Buttez les pommes de terre

Fin avril, vous pouvez butter les pommes de terre dès qu'elles atteignent 15 cm, ce qui évitera d'avoir des tubercules verts immangeables. Ramenez la terre autour de la tige, en monticule.

De la tétragone au potager

Fin février, semez de la tétragone cornue. Cet épinard de Nouvelle-Zélande est résistant à la chaleur et ne monte pas en graines facilement. Trempez les graines dans de l'eau avant le semis.

Récoltez les crosnes

Récoltez les crosnes au fur et à mesure de vos besoins, tout au long du mois de novembre, une fois que le feuillage a jauni. Ces racines ne se conservent pas longtemps, consommez-les de suite.

Éclaircissez les tomates

Mi-septembre, éliminez le feuillage en excès des pieds de tomates pour qu'elles mûrissent malgré la diminution du soleil. Ne laissez que les fruits sur la tige principale.

Semez du pourpier

Dès le mois d'août, semez du pourpier, en recouvrant légèrement les graines de terreau. Vous le consommerez en salade d'ici à 2 mois.

Coquilles contre l'acidité

Pour diminuer l'acidité de la terre de votre potager, placez pendant la nuit, au fond de votre arrosoir, des coquilles d'huîtres et arrosez au petit matin, bien avant que le soleil monte haut dans le ciel. Pour un arrosage immédiat, écrasez au marteau des coquilles d'œuf, qui apporteront le calcium nécessaire à vos cultures. Sur le long terme, enfouissez des coquilles d'œuf lors des labours avant l'hiver.

Du savon contre les pucerons

Pour éliminer rapidement et de manière naturelle les pucerons sur vos pieds de tomate ou d'aubergine, râpez 100 g de savon de Marseille dans 1 litre d'eau chaude. Attendez le temps nécessaire pour que la dissolution refroidisse et ajoutez 1 cuillère à soupe d'huile d'olive. Remuez et arrosez les pieds à titre préventif. Si les plants sont déjà attaqués, vaporisez les tiges, le dessus et le dessous des feuilles.

Une bonne terre pour les légumes

Début février, travaillez la terre de vos planches. Allégez à l'aide de tourbe et de sable et ameublissez l'ensemble. Amendez avec du fumier pour les légumes gourmands.

Plantez les légumes du soleil

La fin du mois de mai est le moment idéal pour planter les courgettes, les poivrons et les aubergines, que vous avez semés en godets en début d'année. Si vous doutez des températures nocturnes, placez un voile de protection dessus.

Pincez les cucurbitacées

La mi-septembre est le bon moment pour pincer les cucurbitacées pour avoir de gros fruits. Placez des terres cuites ou des paniers plats sous les fruits pour les protéger de l'humidité.

Les premières laitues

À la fin du mois de mai, vous pouvez récolter les laitues pommées de printemps et la batavia. Ces premières salades ont un avant-goût des fraîcheurs estivales.

Faites sécher les graines de tomates

En juillet, récoltez les graines de tomates, si vous ne l'avez pas déjà fait. Prélevez les graines à l'aide d'une cuillère. Laissez-les sécher et moisir sur une assiette et non sur un papier absorbant.

Récolte des légumes verts

Dès le mois de décembre, vous pouvez couper les choux de Milan, à la base. Protégez d'un voile d'hivernage ceux que vous laissez en place. Poursuivez les récoltes d'épinards, de mâche et de cardons.

Un voile d'hivernage

À la mi-novembre, semez des oignons et encore quelques carottes du type grelot. Protégez vos légumes d'un voile d'hivernage lors des nuits froides. Vous éclaircirez les carottes quand elles atteindront 10 cm de hauteur.

Cueillez les haricots verts

Fin août, récoltez les haricots verts tous les deux jours, quand ils sont encore petits. Congelez-les si la production est abondante. Cueillez aussi ceux à grains.

Semez les petits pois

À la mi-mars, semez des petits pois ronds et mangetout au potager, avec une température minimum de 12 °C. Faites des poquets tous les 30 cm et espacez les rangs de 50 cm. Pensez aux rames pour les petits jardins.

Purin de rhubarbe ou de sureau

Des pucerons noirs et des teignes sur les poireaux ? Concoctez un purin de rhubarbe pour traiter rapidement les plants. Plongez 1 kg de feuilles de rhubarbe dans 5 l d'eau bouillante. Dès que l'ébullition recommence, ôtez du feu et laissez infuser 24 heures et pulvérisez sans diluer. Effet radical les jours sans pluie. Pour le poireau, vous pouvez également réaliser cette opération avec du sureau. L'infusion est de 2 jours au lieu de 24 heures mais le résultat est tout aussi efficace. Ce purin chasse aussi les pucerons, la piéride du chou et éloigne les rongeurs du jardin potager.

Plantez des topinambours

Fin mars, plantez des topinambours. Avec leur goût d'artichaut, ils méritent une place au potager ! Enfoncez le rhizome à 10 cm de profondeur et 60 cm d'espacement. Arrosez.

Semez les choux de Bruxelles

Fin février, semez des choux de Bruxelles directement en place. Offrez-leur une terre riche et amendée, et une planche exposée au soleil. Espacez de 20 cm, vous repiquerez d'ici à 1 mois ½ à 70 cm.

Paillez avec de l'herbe coupée

Tout au long de l'été, après avoir tondu votre gazon, faites un peu sécher la tonte et épandez-la entre les rangs de légumes. Ce paillage humide permet de conserver une terre fraîche entre les rangs, comme ceux de la pomme de terre.

Plantez les salsifis

Début juin, semez en place des salsifis, dans une terre profonde et humifère. Enfouissez les graines à 2 cm de profondeur et humidifiez sans excès. Quant au céleri-rave, semez-le sous pépinière.

Récoltez les échalotes et les bulbes

À la mi-juin, récoltez les échalotes si le feuillage a jauni. Arrachez-les ainsi que l'ail et les oignons. Laissez-les 2 jours sur le sol pour ressuyer avant de les stocker.

Soignez les choux

Début avril, repiquez les choux cabus pour une récolte hivernale. Même traitement pour les choux de Bruxelles et les chicorées.

De l'espace et du soleil

Les légumes du jardin naturel réclament des soins attentifs, mais surtout de l'espace et du soleil. Le légume le plus simple à cultiver, le petit pois, a besoin de ces deux éléments indissociables. Pour l'aider à pousser dans de bonnes conditions, plantez des supports en forme de tipi et orientez les lignes selon une orientation nord-sud. Ne serrez pas les pieds et soyez vigilants quant aux cultures voisines, qui pourraient apporter de l'ombre et favoriser le développement de maladies. Associez plutôt des carottes.

Plantez des pommes de terre

En avril, poursuivez les plantations de pommes de terre en respectant les distances de 30 cm entre les tubercules et de 70 cm entre les rangs et plantez-les à 10 cm de profondeur.

Semez toutes sortes de pois

Le mois de juin est le moment idéal pour semer des pois : ridés, ronds, à rames, mangetout, des nains ridés aussi ! Placez trois grains par poquet, à 3 cm de profondeur. Préservez-les des limaces qui raffolent des pousses.

Mettez des radis en terre

Dès la dernière semaine du mois d'août, semez des radis de tous les mois. Arrosez-les pour maintenir une terre fraîche afin qu'ils ne se creusent pas et qu'ils ne soient pas piquants. Éclaircissez franchement pour un bon développement.

Récoltez airelles et coings

Fin octobre, cueillez les airelles et les coings pour accompagner vos plats d'hiver. Poursuivez toujours avec pommes et poires. Stockez-les sans qu'elles se touchent, contrôlez régulièrement.

Des panais en semis

Début février, faites les premiers semis de panais selon les mêmes conditions de culture et de sol que la carotte. Placez un voile d'hivernage pour la levée. Éclaircissez à 15 cm quand les plants ont 3 feuilles.

Cueillez les salades

À l'aube du mois de septembre, cueillez les salades à couper comme la feuille de chêne. Elle fera une deuxième pousse moins importante mais tout aussi délicieuse. Récoltez également batavias et romaines.

Plantez des navets

En septembre, semez des navets en pleine terre. Les Milan rouges, blancs durs d'hiver ou demi-longs de Croissy sont des variétés à privilégier à cette saison. Ces petits navets seront récoltés jusqu'en décembre avant les grands froids.

Semez les fèves

Dans le Sud de la France, en climat doux, semez les fèves de janvier à février. Semez-les en lignes espacées de 40 cm. Plantez 2 graines à 15 cm l'une de l'autre et à 5 cm de profondeur.

Palissade fleurie à moindre coût

Pour cacher des regards votre compost, ou votre poubelle de jardin, récupérez des tasseaux de bois que vous clouerez en croisillons plus ou moins réguliers. Faites courir ensuite des grimpants persistants ou annuels (haricot d'Espagne, ipomée, chèvrefeuille) pour cacher la palissade. Si vous aimez le lilas, coupez de jeunes rameaux que vous planterez directement dans le sol, cela fonctionne à tous les coups et vous bénéficierez de belles branches fleuries pour agrémenter votre terrasse d'été.

Semez la mâche

Fin juillet, c'est le bon moment pour semer de la mâche. Cette petite salade hivernale passe l'hiver au potager tranquillement. Semez clair en lignes distantes de 20 à 25 cm. Recouvrez de terre et plombez.

Déterrez les pommes de terre

À la mi-juin, si les feuilles ont jauni, il est temps d'arracher les premières pommes de terre. Les tubercules doivent se détacher de la tige aisément. Aidez-vous d'une fourche bêche pour ne pas les abîmer en les déterrant.

Faire de l'ombre aux salades

Certains légumes, comme les salades, redoutent le plein soleil en été, notamment en PACA ou en Languedoc-Roussillon. Pour leur apporter un peu de fraîcheur, plantez des piquets de 40 cm de hauteur autour de votre carré de salades, tirez une cordelette et posez dessus un rouleau de canisses (bambou fin cache-vue). Il sera facile de protéger vos plants aux heures les plus chaudes et de les découvrir le soir venu en déroulant ce paillon.

Récoltez les betteraves

Fin septembre, récoltez les betteraves. Arrachez-les et laissez-les sur la terre, un jour ou deux, avant de les stocker. Récoltez aussi les panais, les carottes et les radis.

Terreau de feuilles mortes

Les feuilles mortes se ramassent à la pelle… et se mettent en sac ! Pour obtenir un excellent terreau, placez des feuilles d'arbres fruitiers dans un vieux sac à pommes de terre (toile de jute) et laissez faire la nature. Après un an, vous aurez un excellent terreau. Attention à ne pas mélanger aux feuilles des épines de pin ou des feuilles de

platane ou de chêne vert, celles-ci ne se décomposent pas, ou vraiment très très lentement.

Compost maison sans odeur

En prenant le temps de mettre chaque jour au composteur vos déchets organiques ménagers, les mauvaises odeurs n'auront pas le temps de se signaler. Mais si votre composteur n'est pas à portée de main et que vous ne pouvez vider votre poubelle de déchets verts qu'une fois par semaine, placez au fond d'un seau 3 cm de litière (le lin est recommandé mais la litière à chat est aussi excellente) et une épaisseur de carton alvéolé. Vous limiterez ainsi le « jus » malodorant, les moucherons qui virevoltent et ces odeurs nauséabondes qui empestent parfois dans la maison.

Paillettes de corne broyée

Autrefois, rien ne se perdait à la ferme et lorsqu'un bovin était mené aux abattoirs, on récupérait les cornes pour faire un engrais bon marché. On grattait la corne avec un outil bien aiguisé, afin d'obtenir de petits copeaux. Aujourd'hui, vous trouverez la corne broyée dans toutes les jardineries. La corne délivre naturellement un engrais azoté et fertilisant à diffusion lente et progressive, qui ne brûle pas les racines. Pour obtenir un bon enrichissement du sol, vous enfouirez légèrement avec une griffe la corne broyée au pied de vos plantations, au début de l'automne.

Semez des panais

Début mai, semez des panais, pour une récolte hivernale. Un légume qui se cultive comme la carotte, mais offre un goût plus fin. Semez en terrain léger et sableux pour ne pas récolter des fourches.

Traiter moins pour protéger mieux

Avez-vous remarqué que les légumes n'étaient jamais à la même place d'une année sur l'autre dans le potager de vos grands-parents ? Cette rotation des cultures est le principe de base qui limite efficacement les maladies, la propagation des ravageurs et l'appauvrissement du sol. La fabrication du purin d'ortie permettait de fortifier les jeunes plans et les légumes étaient associés pour se protéger mutuellement. Pour la culture des légumes en région sèche nécessitant un arrosage régulier, comme les tomates, couvrez le sol avec un paillis épais de 20 cm (paille, herbe sèche ou bois vert broyé) et arrosez lentement le pied que vous aurez préalablement enterré profondément.

Plantez les légumes du printemps

Dans le Midi, il est encore temps jusqu'en octobre de semer les fèves et les pois à grains ronds. Tous ces légumes seront récoltés au printemps prochain. Placez des voiles si besoin.

Plantez les rutabagas

Le chaud soleil du mois d'août est là, vous pouvez à présent semer des rutabagas directement en pleine terre. Placez-les sur les planches des pommes de terre. Semez clair, puis éclaircissez. Ils se conservent en place en hiver.

Les engrais verts légumineux

Le trèfle blanc est une plante rampante à laisser en place au moins pendant une année. Tondu, c'est un activateur qui alimente le compost. La minette est un fourrage destiné aux animaux de la ferme, elle améliore le sol calcaire en se chargeant d'azote. Le lupin est un excellent fixateur d'azote qui s'enfonce profondément dans le sol, il est conseillé pour les sols neutres et acides. La féverole d'hiver est associée à l'orge ou à l'avoine, mais peut aussi se semer seule dès le mois de juillet.

Cueillez les feuilles d'épinards

Fin août, récoltez les légumes-feuilles comme les épinards et la tétragone. Cette dernière est facile de culture car elle ne monte pas en graines comme les épinards, en cas de forte chaleur. Cueillez feuille à feuille selon les besoins.

Récoltez les légumes à ratatouille

Début juillet, récoltez les aubergines, les tomates et les courgettes. Ne laissez pas ces dernières trop grossir, elles deviendraient rapidement dures et immangeables. Congelez-les en cas de grosse production.

Savez-vous couper les choux ?

À la mi-octobre, récoltez tous les choux du jardin : les choux de Milan, les cabus, les frisés, les choux de Bruxelles, les choux rouges. Coupez à ras du sol pour les pommés, commencez par le bas de tige pour les choux de Bruxelles.

Récupérer, bricoler et aménager

Le jardin recycle les objets usagés

Jeter n'est pas toujours une bonne idée, car il est possible d'offrir une nouvelle vie à ces objets qui encombrent notre vie de tous les jours. Les emballages plus volumineux que les contenus, les bouteilles plastiques qui s'accumulent dans les cuves de recyclages, les palettes de pin qui en brûlant libèrent du gaz carbonique, les outils et les accessoires coûteux mais obsolètes devenus inutiles... Nous passons le plus clair de notre temps à consommer, à jeter, à polluer. Bon nombre de ces objets hétéroclites peuvent encore servir, voici quelques astuces pour ne pas gâcher.

Ouvrir une fenêtre

Pour éviter que la fenêtre en bois du cellier ou du cabanon gonfle sous l'action de l'humidité, et en attendant que le soleil réparateur propose ses bons offices, saupoudrez régulièrement les montants avec du talc, elle s'ouvrira très facilement en toute saison.

Daller les allées

Lorsqu'il pleut, il est désagréable de marcher sur un sol boueux.
Suivant sa composition, votre terre a besoin d'être amendée soit par du sable fin ou au contraire par de l'argile. Une fois que vous aurez modifié sur 10 à 12 cm la composition de votre sol, il vous faudra pendant l'hiver tasser cette allée. Fabriquez-vous deux planchettes de bois de 20 cm de largeur sur 40 cm de longueur sur lesquelles vous placerez des sangles pour y maintenir vos pieds. Lorsque vous devrez passer dans l'allée travaillée, attachez ces « raquettes » improvisées et au printemps, vous aurez une superbe allée praticable.

Des liens au mètre

Les tomates doivent être tuteurées au fur et à mesure de leur croissance. Récupérez une bande de vieille cassette vidéo, vous aurez plusieurs centaines de mètres de lien pour réaliser ces ligatures. De vieux bas en nylon auront la même fonction, en coupant des bandelettes dans le sens circulaire. Plus manuel, coupez des morceaux de 10 à 15 centimètres dans un câble électrique en cuivre, à pincer sur le pied et le tuteur. Piquez un morceau dans le pied, il fortifiera vos plants et les protégera des maladies.

Un cueille-fruit habile

Pour réaliser ce cueille-fruit, prenez une bouteille en plastique rigide et découpez le fond. Avec un cutter, faites des entailles en dents de scie tous les 2-3 cm de profondeur. Coincez dans le goulot un bout de bois, style manche à râteau. Pour cueillir, vous coincez la queue du fruit dans une entaille et vous tournez.

Barbecue et cuisine d'été

Si les crochets à ventouse, destinés à suspendre les torchons et autres ustensiles légers de votre cuisine d'été, ont tendance à se décoller du carrelage, passez un peu de blanc d'œuf, ils tiendront tout l'été. Pour éviter les fumées du barbecue, jetez du gros sel sur les braises. Pour obtenir de bonnes braises, utilisez de préférence des bois durs comme le cerisier et le chêne. Pour fumer la viande, posez un couvercle ou couvrez avec de l'aluminium ménager, laissez respirer par la base.

Redémarrer la tondeuse

Après une longue période de repos, votre tondeuse a du mal à démarrer ? Ôtez la bougie et injectez à l'aide d'une petite seringue une potion magique composée pour moitié d'alcool dénaturé et moitié d'éther. Elle repartira au premier coup de lanceur...

Une jardinière hermétique

Le bricoleur aime se servir de choses à jeter en leur donnant une seconde vie. Pour doubler une jardinière en bois « faite maison », récupérez un sac de terreau vide et placez-le au fond de votre fabrication. L'excédent sera coupé proprement au cutter en ajoutant 3 cm et ce bord sera retourné vers l'intérieur puis agrafé.

Compostage : comment faire son compost

Savoir créer un vrai compost, plutôt qu'un tas d'épluchures au fond du jardin, est indispensable et ne peut être laissé au hasard. D'abord, il faut créer une bonne aération à ce nouveau compost et pour faciliter cela, vous placerez sur le sol des branchettes sur 10 cm d'épaisseur, avant même de commencer à déposer vos déchets. Sur ces branchettes, la première couche est un activateur de décomposition : du fumier fera l'affaire. Ensuite, vous placerez des déchets végétaux et ceux de la cuisine. Pour obtenir un excellent compost, vous alternerez fumier, déchets, une fine couche de tontes de gazon, un peu de carton ondulé ou du papier. Arrosez régulièrement car lorsque le compost chauffe, l'eau s'évapore. Il est conseillé de couvrir le tas pour atténuer cette évaporation ou éviter la noyade lorsque la pluie se mêle de la partie, ce qui dégrade rapidement les substances nutritives du compost. Si possible, intercalez de temps à autre une couche de feuilles de consoude.

L'épouvantail ne fait plus peur

Nous nous souvenons tous de ces épouvantails de paille recouverts de vêtements qui trônaient au milieu des potagers pour éloigner les oiseaux avant de devenir d'excellents perchoirs ! Remplacez-les par des ballons de baudruche gonflés à l'hydrogène se promenant au bout d'un Nylon au-dessus de vos plantations.

Une bouillotte pour les plantes

Pour garantir vos semis de fleurs contre les dernières gelées, remplissez une chambre à air d'eau en ôtant la vis qui se trouve dans la valve.
Rebouchez et entourez vos plants de cette chambre noire qui absorbe la chaleur le jour et la restitue la nuit.

Stimuler la plante

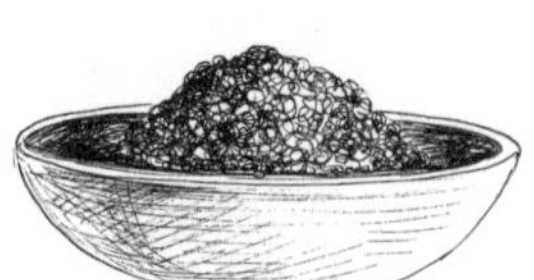

Pour qu'une plante s'enracine plus facilement, il existe des méthodes simples et naturelles comme celle qui consiste à mettre un bol d'avoine dans le trou prévu pour la plantation. L'activité hormonale qui s'en dégage favorise la pousse des racines.

L'allée de graviers

Afin de conserver une belle allure à votre allée de gravillons, une bonne conception et un entretien sont nécessaires. Le drainage est une phase obligée si votre jardin est gorgé d'eau dès l'automne. Une petite rigole, cachée par les fleurs au printemps, recevra les drains que vous aurez creusés pour évacuer l'eau le plus rapidement possible. Une fois l'an, ratissez les graviers et passez-les au tamis si nécessaire pour ôter des très petits déchets apportés par le vent et les brindilles tombées des arbres.

Compostage : les feuilles mortes

Un bon compost de feuilles mortes est compliqué à obtenir avec le procédé classique du conteneur au fond du jardin. Pour que celui-ci soit de bonne qualité, voici une astuce pratique et facile à réaliser. Creusez une tranchée de la profondeur de deux bêches. Placez sur le fond des débris végétaux comme un « mulch de branchages » et des herbes (non montées en graines) pour assurer un bon drainage. Ajoutez une épaisseur de 15 à 20 cm de feuilles mortes (il est préférable que les feuilles soient mouillées, après une journée de pluie, sinon arrosez). Étalez dessus une couche de terre de 5 cm, puis à nouveau 15 cm de débris végétaux grossiers, puis une couche de feuilles mortes, puis une couche de terre. Renouvelez l'opération jusqu'à obtenir un petit talus de 60 à 80 cm d'épaisseur. Laissez faire l'hiver et les pluies. Au printemps, vous bénéficierez d'un bon compost à gazon, pour boucher les trous du jardin et obtenir un terrain plat et régulier.

Carreaux de céramique

Vous envisagez de remplacer les carreaux de céramique qui se sont cassés sous l'action du froid dans la vasque du jardin ? Chauffez ces éclats avec un fer à repasser et ôtez les morceaux au grattoir, ils se décolleront facilement. S'il reste encore de la colle, passez de la vapeur (Kärcher, fer à vapeur, nettoyeur moquette) et grattez immédiatement.

Le voile d'hivernage

À condition que votre voile d'hivernage ait bien passé la saison et qu'il ne présente aucun trou ou déchirure, vous pouvez le passer à la machine à laver à 40°C avec un verre de vinaigre blanc et un demi verre d'eau de Javel pour lui redonner son blanc naturel et ôtez les poussières qui auront obturé les pores du tissus.

Le foret est trop court

Pour percer une planche dont l'épaisseur est supérieure à la longueur du foret, percez tout d'abord un trou au-dessous. Sur le dessus, étalez une fine couche de farine. Placez dans le trou réalisé une baguette de bois (bâton de sucette par exemple) et frappez très doucement à plusieurs reprises. Les vibrations créées par les petits chocs vont chasser la farine et il se formera un petit espace libre, comme le cratère d'une sorte de volcan, exactement au-dessus du premier trou réalisé. Vous pourrez ainsi percer dans l'autre sens pour tomber exactement dans le trou percé précédemment.

Des plantes enguirlandées

Pour protéger vos plantes exotiques d'extérieur dans les régions où le gel est habituel, récupérez après Noël les guirlandes lumineuses en plastique souple qui renferment des petites lampes de 0,45 watts. Enroulez ce dispositif autour des plantes, recouvrez d'un voile d'hivernage et éclairez lorsque cela est nécessaire.

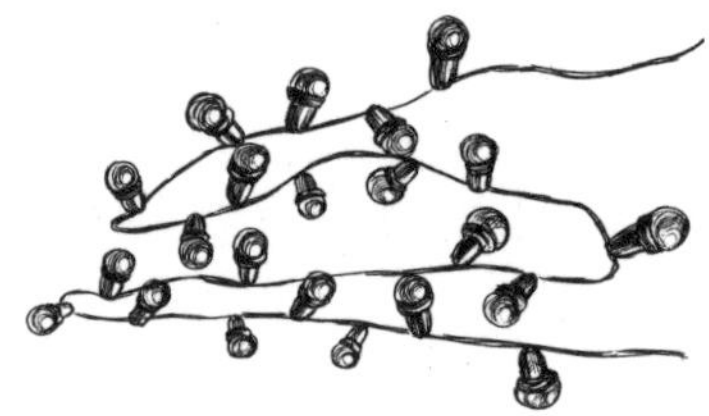

Des miniserres de 5 litres !

Coupez à leur base des bouteilles d'eau minérale de 5 l et faites des cloches que vous placerez sur les jeunes plants. Vous empêcherez aussi les gastéropodes de détruire les pousses. L'effet de serre est parfait mais ôtez le bouchon pour combattre l'excès d'humidité. Laissez l'étiquette, ceci évite le soleil direct !

Une lampe à huile à l'ancienne

Au cabanon, si vous n'avez pas d'électricité, vous pouvez très bien fabriquer des lampes à huile bon marché. Un vieux pot, un verre original vous servira de récipient. La mèche est réalisée avec un cordon de coton maintenu par une rondelle de liège qui sera protégée du feu par du papier aluminium. Inutile de remplir totalement le verre, mettez de l'eau, l'huile plus légère flottera. Ne laissez jamais votre lumignon allumé pendant votre absence ou sans surveillance, au risque de mettre le feu.

Purifier le cabanon

D'une année sur l'autre, des maladies peuvent s'installer dans le cabanon du jardin. Pour désinfecter correctement les planches qui recouvrent les murs, le parquet et le plafond, utilisez une solution de lessive St Marc dans 10 litres d'eau que vous porterez à ébullition tout en mélangeant avec une grande cuillère de bois jusqu'à épaississement. Ajoutez 25 cl d'huile camphrée. Passez sur les murs à l'aide d'un gros pinceau, laissez imprégner 2 à 4 heures, puis lavez à l'eau claire.

Nettoyer la grille du barbecue

Il n'est pas facile de nettoyer la grille du barbecue. Les graisses se sont solidifiées et une croûte noirâtre recouvre le gril. Dans un premier temps, faites fondre de la paraffine et recouvrez au pinceau le gril, laissez sécher puis passez à la braise ; les graisses s'élimineront en partie. Une fois le gril froid, frottez avec une petite brosse métallique douce (brosse à bougie de moteur) pour éliminer les restes. Pour éviter la rouille, recouvrez d'huile de paraffine jusqu'à la prochaine utilisation.

Contre le gel du bassin

Si vous possédez un petit bassin avec des poissons rouges, une couche de glace se forme aux moments les plus rudes de l'hiver. Tranquillisez-vous ! Cela n'a aucune incidence sur les poissons qui resteront tranquillement dans la couche inférieure de la glace (entre 3 et 6 °C). Mais ceci provoque parfois quelques incidents lorsque la couche de glace se dilate. Pour remédier à cette contrainte des très basses températures, posez des objets semi-flottants qui joueront un rôle élastique compensateur : un pneu, un fagot de bois vertical, un bidon au 4/5 vide ou des bouteilles plastiques légèrement lestées avec de la terre pour qu'elles tiennent droites. De temps à autre, versez un peu d'eau chaude sur la glace pour créer une ouverture permettant de libérer les gaz dus à la fermentation des végétaux dans le fond.

Les oiseaux ont peur des plumes

Une volée d'étourneaux peut faire des ravages au potager ou au verger. Pour les éloigner, piquez dans la partie inférieure de petites bouteilles en plastique de 25 cl des plumes de pigeon que vous suspendrez ensuite aux branches.

Des oignons en bas Nylon

Pour entreposer vos bulbes de fleurs dans un minimum de place, mettez-les, au printemps, dans des bas Nylons remplis à leur base de terreau et suspendez-les au plafond du cellier ou du garage. En un coup d'œil, vous saurez facilement de quelle plante il s'agit et vous pourrez également visualiser les progrès de la germination. Vaporisez un peu d'eau pour humidifier de temps en temps.

Un banc au jardin

Le plus simple, pour faire un banc au jardin, est de construire deux piliers en brique ou en pierre naturelle et de sceller quatre planches de bois traité de 35 millimètres d'épaisseur. Une jardinière hexagonale en bois entourant un arbre est aussi une assise idéale pour un coin confortable. Formez l'assise et les parois avec des rondins traités, posez sur le faîte des rondins des planches de 35 millimètres d'épaisseur pour vous asseoir et remplissez l'espace avec de la terre pour créer une jardinière.

Une pluie de fleurs

Pour obtenir un spectacle de fleurs qui s'élèvent et qui retombent dans un coin du jardin, récupérez un vieux parasol et ôtez la toile. Plantez à son pied une plante grimpante ou semez des graines de volubilis. En très peu de temps, vous obtiendrez une pluie de fleurs du plus bel effet. Un arbre mort peut aussi servir de support.

Contre le silicone

Si vous avez des travaux à base de silicone à réaliser au jardin et pour éviter qu'il adhère à la peau, trempez vos doigts dans une eau contenant du liquide vaisselle.

Ne jetez plus !

Pour donner une teinte bleue soutenue à vos hortensias, enfouissez de vieux clous aux pieds des plantes. Lorsque votre verger est atteint de la cloque du pêcher, enterrez des morceaux de zinc ou des tubes de cuivre au pied des arbres. Autre idée, un vieux tonneau peut servir de jardinière à plantes aromatiques : découpez le haut à la scie sauteuse en prenant toutes les précautions nécessaires, remplissez de graviers, mettez un feutre, un terreau horticole mélangé avec un peu de sable et semez.

Dépoter et rempoter

Pour rempoter un pot correctement, placez l'ancien pot dans le nouveau qui sera plus grand que l'ancien. Remplissez de terre l'espace qui se trouve entre les deux et tassez fortement au fur et à mesure. En ôtant l'ancien pot, la forme reste et il vous suffit de déposer la plante et de la placer dans l'espace moulé pour que celle-ci ainsi que ses racines trouvent correctement leur place.

Compostage : les bacs à composter

Posséder plusieurs bacs à compost est un sérieux avantage, car la dégradation diffère dans le temps. Les matériaux de récupération sont facilement utilisables et les modèles peuvent être conçus de différentes manières. Pour réaliser un bac à compost bon marché, plantez quatre piquets pour former un cube que vous clôturerez avec un grillage fin. Placez du carton sur les côtés pour former des cloisons, ceci favorisera l'échauffement et l'aération. Lorsque le compost est « mûr », ces cartons seront aussi décomposés. Vous pouvez aussi utiliser des palettes reliées entre elles par du fil de fer et vous comblerez les interstices avec du papier journal roulé en boule. Une vieille poubelle en plastique, posée sur des parpaings, dont vous aurez préalablement percé le fond, fera aussi un bon bac à compostage. Vous récupérerez le purin dans un bidon.

Engrais au maïs

Pour obtenir un engrais naturel pour vos rosiers et vos plantes d'intérieur, conservez l'eau de cuisson du maïs. Plutôt que de jeter les feuilles, faites un broyat guyanais (purée de feuilles) dans une eau que vous porterez à ébullition 15 minutes. Elles sont riches en minéraux et favorisent le développement de boutons floraux.

Préparez le potager

C'est le moment de travailler vos planches. En novembre, mulchez, paillez, fumez les planches qui vont recevoir des légumes gourmands au printemps prochain.

Entonnoir multi-usages

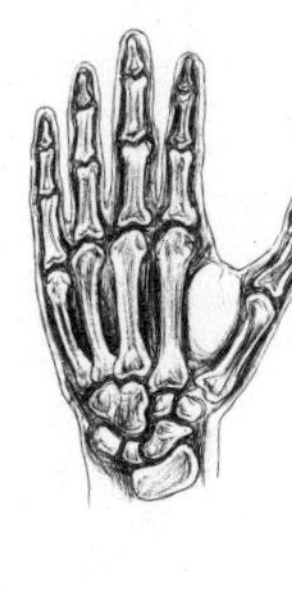

Pour se fabriquer son propre entonnoir d'une capacité ajustable et être certain qu'il sera facile à nettoyer, rien de plus simple. Récupérez une vieille radiographie et enroulez la feuille en forme de cornet au diamètre voulu. Une agrafe suffira à garder la forme voulue le temps de l'usage. Ôtez la fixation et passez-la sous l'eau. La radio servira encore la prochaine fois.

Bricoler un hygromètre

Sur une planchette, fixez une jeune tige d'épicéa pourvu d'un grêle rameau latéral. Cette crossette se cintre suivant le degré d'humidité de l'air. Dans les premiers temps, vous noterez lorsqu'il est vers le bas pour indiquer le beau temps (dessinez un soleil) ou vers le haut pour annoncer la pluie (dessinez un parapluie). Une autre astuce consiste à attacher un petit lest (bouton, bague etc.) à un cheveu. Par temps sec le cheveu raccourcit, par temps humide il s'allonge !

Protège-gouttière

Les feuilles ont tendance à boucher votre gouttière l'automne venu ? Faites une pelote grossière avec du fil de fer de dimension légèrement supérieure au conduit. L'eau continuera de couler mais les mailles arrêteront les feuilles mortes et autres détritus accumulés ! Les feuilles rejoindront ainsi le tas de compost…

Semis et coquilles d'œufs

Pour réaliser vos semis à coût modique, conservez les emballages d'œufs. Dans un second temps, toutes les coquilles d'œufs seront lavées, nettoyées, séchées et remplies de terreau horticole. Faites vos semis dans ces coquilles et indiquez au feutre l'espèce semée. Placez vos « godets naturels » dans les boîtes à œufs qui serviront de support. La porosité des coquilles suffit théoriquement à éliminer le trop plein d'humidité, mais si vous avez la main lourde, faites un petit trou à la base de la coquille avec une aiguille. Lorsque le plant est prêt à être planté, écrasez la coquille qui le contient et mettez en terre le tout. La coquille apportera un peu de minéraux à votre terrain.

Débouche-tout

Votre conduite souterraine d'évacuation des eaux de pluie est bouchée ? Celle qui passe sous terre pour rejoindre le bassin est obturée et malgré vos tentatives avec une grande tige métallique ou un furet, rien n'y fait ? Prenez votre tuyau d'arrosage, réglez le jet au maximum et poussez le tuyau en utilisant la force de la pression de l'eau. Il serait étonnant que la conduite bouchée résiste très longtemps à votre insistance.

Un large arrosoir

Pour désherber les allées, utilisez du chlorate de soude qui deviendra dans quelques jours du...sel inoffensif. Pour arroser large mais précis, réalisez avec des tuyaux en PVC de 5 cm de diamètre un « T » qui s'emboîtera sur le goulot de l'arrosoir. Après avoir bouché les deux extrémités, percez des trous espacés de 3 cm.

Manches en bois

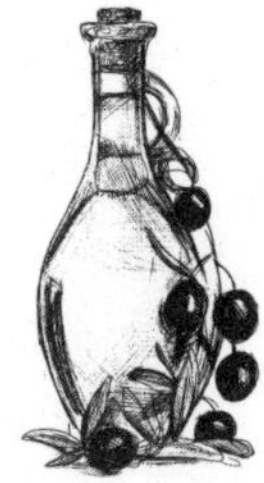

Le soleil et la chaleur ont tendance à éclater les manches en bois des outils du jardin. Pour nourrir ces outils, il suffit de les oindre avec un chiffon doux imprégné de quelques gouttes d'huile d'olive. Laissez sécher avant de les réutiliser ; une nuit suffit.

Jolis galets nominatifs

Lors de vos balades au bord de la rivière ou de la mer, récupérez des galets plats pour y inscrire le nom de vos massifs. Marquez au feutre indélébile ou mieux, à la peinture de couleurs, le nom des fleurs et placez le galet à leur pied. Les enfants adorent participer à cette activité qui devient vite un jeu de devinettes : quel est le nom de cette fleur ?
La réponse est au pied... du plant !

Arroser profond

Certains arbustes préfèrent un arrosage léger aux racines, en profondeur, plutôt qu'un arrosage copieux en surface. Au moment des plantations, enfouissez un tube cartonné de récupération (emballage de bouteille, protection de posters, etc.) à 5 cm de la surface du sol. Il vous servira de conduit direct pour arroser profondément et il se dégradera tout seul au fil du temps pour finalement disparaître complètement. Un apport direct d'engrais aux racines est aussi facilité avec ce « conduit temporaire ».

Des poubelles à compost

Lors de vos travaux de jardinage, il est inutile de déplacer la brouette ou de faire plusieurs allers-retours jusqu'au tas de compost. Fabriquez-vous des petites « poubelles » en récupérant des bidons d'une contenance de 20 litres (pétrole de chauffage). Découpez la partie supérieure et placez le bidon dans un petit enclos de 40 cm sur 40 cm pour 60 cm de hauteur que vous aurez réalisé avec de la « volige » traitée à l'huile de lin et enterrée pour cacher le bidon. Dans cet espace clos, les herbes folles que vous déposerez perdront de leur volume et vous récupérerez une fois par semaine ce que vous transportiez une fois par jour !

Boucher les trous

Avant de teindre ou de peindre le bois extérieur, il vous faut boucher les trous, et si possible avec le même bois ! Poncez au papier de verre un morceau de bois de la même espèce et récupérez la sciure obtenue. Mélangez-la avec de la colle à bois. Bouchez les trous avec ce mastic fait maison

Treillis de béton armé

Les armatures en acier utilisées pour réaliser le béton armé sont d'excellents supports. Peu onéreuses, vous les découperez suivant vos besoins pour en faire des palissages pour les concombres, pour les haricots grimpants ou au pied des tomates. Les chutes servent de tuteurs aux plantes fleuries comme l'ipomée. Sur des armatures posées à ras du sol, vous ferez courir les courges et les melons pour éviter la pourriture. Peignez-les pour les fondre dans le décor et les protéger de la rouille.

Cacher un vieux mur

Une guirlande de lierre est une chose assez facile à réaliser pour cacher un muret sans pour autant le dégrader davantage. A un mètre de distance les uns des autres, vissez des pitons de plus de 10 cm dans des chevilles que vous introduirez dans le mur à l'aide d'une perceuse. Accrochez une chaîne en formant des festons et plantez du lierre au pied du mur, à chaque extrémité de la guirlande. Laissez pousser et attachez le lierre à la chaîne avec une ficelle tous les 10 cm. La chaîne éloignera du mur le lierre qui sera plus facile à contrôler et vous obtiendrez également une croissance plus dense.
Vous pouvez aussi utiliser la même méthode pour délimiter une parcelle après avoir planté des piquets ou des planches épaisses (de 10 à 15 cm de largeur*). Vissez les pitons aux faîtes du piquet pour accrocher la chaîne. Un pied de lierre à chaque piquet donnera de l'ampleur à votre installation.
(*) La récupération des planches de palettes est parfaite pour réaliser cela.

Des étiquettes à bas coût

L'été est le moment idéal pour terminer le repas avec un esquimau glacé. Conservez les bâtonnets, ils vous serviront à étiqueter vos semis en inscrivant au crayon gras ou au feutre indélébile le nom des plantes semées sur une face et la date du semis ou de la plantation sur l'autre face. Un coup de vernis transparent permet de les conserver une année sur l'autre !

Une miniserre

Pour réaliser une miniserre et obtenir des semis précoces, ôtez le dessus et l'une des faces d'une grande boîte en carton. Recouvrez l'intérieur avec du papier aluminium. Dans des godets remplis de terreau horticole (rétention de 600 % d'humidité), semez vos graines, arrosez, puis posez-les à l'intérieur de cette miniserre située près d'une fenêtre. L'aluminium réfléchira la lumière, les plantules pousseront droites et vous gagnerez 15 jours sur la date prévue des semis. À replanter au potager.

Des semis dans la gouttière

Les premiers semis, dans les jardins ouvriers du Nord, se font dans des gouttières. Pour cela, elles sont toutes utilisables, zinc ou plastique. Des tuyaux coupés en deux dans le sens de la longueur feront le même usage. Il suffit de caler la gouttière dans la serre, de la remplir de terreau horticole et de faire vos semis. Lorsque le semis a levé, creusez au jardin une tranchée de la profondeur de la gouttière et de la longueur voulue, puis faites glisser le contenu dans cette tranchée.

Des coquilles bien nommées

Repérez ses semis en les étiquetant permet de se rappeler ce qui a été semé aux divers endroits du potager, et quand cela a été fait. Vous pouvez réutiliser les coquilles Saint-Jacques ou les boîtes de camembert. Notez dessus au feutre indélébile ce qui a été planté. Elles sont réutilisables tous les ans.

Poubelle pratique

Lorsque vous achetez de la lessive en baril, conservez la boîte cylindrique. Elle vous sera utile comme petite poubelle pour jeter vos sachets de graines vides et autres papiers divers, comme l'essuie-tout près de l'évier du jardin. C'est aussi un excellent contenant pour stocker vos godets vides de semis, le charbon de bois, la tourbe, les écorces et les pommes de pin. Surélevez cette boîte cartonnée dans la cabane du jardin, le fond déteste l'humidité.

Débouche-drain

Le drain de votre évier de jardin est bouché ?
Voici une recette écologique qui ne détruira pas la flore de votre sous-sol : 1 bouteille de soda, 1 tasse de bicarbonate de soude, 1 tasse de gros sel, 1 tasse de vinaigre blanc, 1/2 litre d'eau bouillante. Mélangez le soda, le bicarbonate et le sel, versez lentement dans le siphon, puis ajoutez le vinaigre. Vingt minutes plus tard, versez l'eau bouillante.

Des bocaux pour les semences

Pour conserver vos jeunes graines et les semer l'année prochaine, vous les placerez dans un bocal en verre, type terrine ou pot à moutarde, fermant hermétiquement. Mettez vos graines dans un petit sachet Cellophane et placez au fond du bocal deux ou trois cuillères de lait en poudre pour fixer l'humidité éventuelle.

Préparer le matériel

En janvier, c'est le moment opportun pour préparer le terreau, désinfecter le matériel, les caissettes, la terrine et les petits outils nécessaires pour les semis au chaud de février (tomates, poivrons, aubergines).

Sachet de graines

Si vous recueillez les graines de vos fruits ou « légumes fruits » pour les semer l'année suivante, placez-les dans des sachets de papier qui laissent passer l'air. Pour toutes les autres graines, dont les fleurs, les boîtes en plastique de pellicules photo sont parfaites. Placez-les en bas du réfrigérateur après avoir identifié, par une étiquette, les variétés.

Crevettes et poissons rouges

Les poissons rouges de votre bassin ont besoin de nourriture et les boîtes de daphnies sont insuffisantes… Lors de votre prochain repas à base de produits de la mer, récupérez la carapace et les têtes des crevettes. Faites-les sécher (à l'extérieur) et réduisez-les en miettes très fines. Les poissons en raffolent !

Taches de goudron

La texture du goudron et sa forte tendance à se coller partout est un inconvénient majeur pour travailler de ses mains et manipuler les plants, les fleurs, les fruits. Pour ôter ce goudron, frictionnez-vous les mains avec un insecticide liquide (autrefois le célèbre Fly-Tox), puis lavez-les avec du savon noir. Rincez-vous à grande eau. Cette astuce est valable également pour ôter du goudron sur les tissus. Sur du métal, frottez avec du fuel.

Un treillage amovible

Pourquoi ne pas créer un treillage pour faire courir des volubilis en reliant entre elles des cannelles ? La fixation se fait avec un morceau de bas Nylon au niveau des angles. Cette clôture murale peu coûteuse pourra être supprimée à l'automne, mais si vous désirez installer ce treillage le long d'un mur, et que vous voulez en conserver l'accès, fixez le bas du treillage sur des charnières. En cas de nécessité, vous pourrez « ouvrir » ce treillage comme un livre et y accéder facilement pour le nettoyer, le peindre, etc.

La cabane au fond du jardin

Les risques d'effraction de votre cabane sont rarement couverts par votre assurance. Voici quelques mesures de sécurité pour votre matériel. Prévoyez une porte solide avec une serrure à l'ancienne. Masquez les fenêtres avec des grilles ou un grillage robuste. Couvrez les têtes de vis avec des capuchons métalliques forgés. Utilisez des boulons à pans ou aveugles. Personnalisez vos outils avec un marquage à chaud. Ancrez le cabanon au béton dans le sol et faites courir un treillage grimpant.

Conteneur toujours propre

L'entretien du jardin est accompagné de petits travaux indispensables comme repeindre la clôture ou passer une lasure sur le banc de bois ou le cabanon. Évitez le coût prohibitif des produits de nettoyage des récipients en mettant un sac plastique dans le fond du bac à peinture. Les travaux terminés, récupérez le trop plein dans le pot d'origine et jetez le sac plastique (à la déchetterie de préférence !).

Une caissette pour les cannas

Les amateurs de bon vin connaissent ces caissettes de quelques bouteilles en bois blanc et aux armoiries du vigneron. Récupérez ces petites caisses, ôtez les planches intérieures et posez les rhizomes de vos cannas les uns à côté des autres avec une petite étiquette indiquant la variété et la couleur. À conserver au grenier.

Concentration de chaleur

Pour offrir un peu de chaleur à vos jeunes semis de mars, ne jetez pas vos vieilles fenêtres. Récupérez les vitres, plantez 2 piquets et inclinez la vitre au-dessus de ces semis. Attention toutefois aux rayons brûlants entre 11 heures et 14 heures s'il n'y a pas de nuages.

Un vieil épouvantail modernisé

Autrefois, les jardiniers recouvraient d'aluminium des vieux 45 tours usés en vinyle ou des couvercles de boîtes de conserve qu'ils installaient dans les arbres fruitiers pour éloigner les oiseaux. Si la recette est toujours bonne, vous pouvez aujourd'hui utiliser le même principe en récupérant des DVD défectueux qui joueront de leurs feux étincelants sous le soleil et les bourrasques de vent.

Garder le vinaigre

Ne jetez plus le vinaigre des cornichons lorsque le pot est vide. Filtrez-le et vous pourrez vous en servir à la maison comme détartrant pour les toilettes, la machine à café ou le fer à vapeur (1/2 litre de vinaigre pour 2/3 de litre d'eau bouillante).

Échafaudez vos idées

Si vous avez la possibilité de récupérer des échafaudages de chantier et leurs attaches et colliers, vous pourrez échafauder des constructions très utiles au jardin. D'abord vous les teinterez à la peinture verte pour qu'ils se fondent dans la nature. Réalisez une palissade pour les volubilis, les rosiers, le jasmin, les pois de senteurs… Créez une pergola pour y cultiver des courges, des cornichons, des haricots grimpants. Réalisez une serre avec un voile pour protéger vos plantes du froid.

Garder les lacets

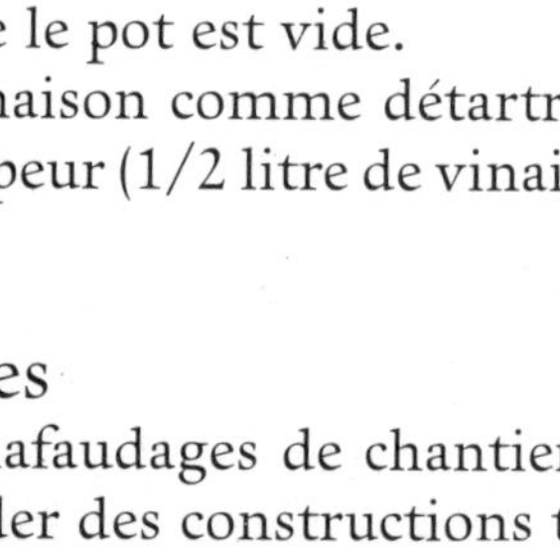

Il y a toujours quelque chose à récupérer des objets usés. Avant de jeter vos vieilles chaussures, vous conserverez les lacets pour faire des liens souples et soutenir les tiges de vos plantes, de vos arbustes. Souvent en matière synthétique, ils seront imputrescibles pendant plusieurs années.

Barquettes alimentaires

Pour obtenir des paniers pas chers et ainsi stocker ou conserver vos bulbes à la cave ou au cellier, conservez les barquettes alimentaires. De plus en plus, les grandes surfaces proposent des emballages standard pour les salades ou les fruits de mer. Après les avoir bien nettoyés à l'eau additionnée de javel, faites sécher et percez le fond de quelques trous. Vous bénéficierez de paniers à bon marché.

Compostage : la bonne santé du compost

Votre compost nécessite quelques soins pour obtenir un compost qui ressemble à un bon terreau noir, friable et sans odeur (entre 6 mois à 1 an). Arrosez-le de temps en temps avec du purin d'ortie. Au bout du premier mois, accélérez le processus de dégradation en le retournant entièrement. Le second mois, déplacez le compost à la fourche et mettez les matières des bords au centre du nouveau tas. Certains déchets n'entrent pas dans la composition du compost : les épluchures d'agrumes, le pain et les pâtisseries, les mauvaises herbes montées en graines, le bois peint ou traité, la viande, le poisson, les produits laitiers et bien évidemment, le plastique, le métal, le verre… et toutes les autres matières non dégradables. Si votre compost dégage de fortes odeurs d'ammoniac, c'est que les matières pourrissent : il est trop humide ou manque d'air. Si votre compost présente des taches de moisissures blanches, c'est qu'il est trop sec.

Palettes pour potager en carré

Enlevez les clous des planches de palettes pour créer un carré de la largeur de ces planches. Vous les poserez les unes sur les autres pour avoir de la profondeur en prévoyant des pieux intérieurs aux quatre coins. Remplissez de bonne terre. En divisant ce carré en neuf petits carrés, il vous sera facile de gérer ce petit potager.

Désherber entre les dalles

Compliqué de désherber les interstices entre les dalles du patio…Saupoudrez de sucre régulièrement, l'herbe ne résistera pas longtemps.

Une mini serre bon marché

Ne jetez plus les bouteilles d'eau minérale de 5 litres vendues dans le commerce. Elles vont devenir de précieuses alliées pour forcer vos cultures de printemps. Découpez le fond et posez-les sur les jeunes plants. Ôtez le bouchon pour arroser et pour renouveler l'oxygène de temps en temps. Si vous trouvez des fontaines à eau, vous pourrez également, sur le même principe, les recycler au jardin.

L'entretien de l'abri de jardin

Au début de l'automne, videz entièrement le cabanon pour faire le tri des produits phytosanitaires encore utiles, des caissettes et des potées défectueuses et des outils qu'il faut nettoyer et entretenir. Pour lessiver les boiseries, utilisez de la lessive St Marc et passez un produit fongicide préventif. Si vous êtes dans une région soumise régulièrement à la pluie, recouvrez les parois extérieures d'une lasure ou d'un vernis à bateau. Pour la peinture laquée, deux couches sont nécessaires.

Recycler la vieille brouette

Ne jetez pas votre vieille brouette en fer, recyclez-la en lui donnant une autre destinée : bac à fleurs, jardinet pour la menthe qui, au sol, a tendance à se propager partout. Percez plusieurs trous au fond de la cuve pour un bon drainage quand il pleut. Une fois décapée et repeinte, elle sera très « branchée ».

Du tri dans la cabane à outils

À la mi-novembre, rangez et nettoyez vos outils. Désinfectez les lames avec de l'alcool, surtout après des coupes d'arbres. Aiguisez, graissez, faites vérifier la lame de votre tondeuse.

Forcer pour les chicons

Pour forcer vos endives dès que vous aurez récolté vos racines vers fin octobre, raccourcissez-les légèrement au sommet et à leur base et plantez-les dans 15 cm de tourbe verticalement les unes à côté des autres dans des bacs de polystyrène. Recouvrez avec un sac poubelle noir ouvert en deux et arrosez de temps en temps.

Une pièce d'eau

Il existe des bassins préformés en fibre de verre, mais vous pouvez créer votre pièce d'eau avec une bâche. Délimitez le bassin et creusez la forme voulue. Étalez ensuite une couche de sable humide de 3 centimètres sur le fond de la fosse et posez la bâche en la centrant correctement. Entourez la bâche avec des pierres tout autour du bassin pour la bloquer et remplissez d'eau. Ôtez les pierres puis décorez suivant votre goût avec des plantes aquatiques placées dans des paniers amovibles.

Une courge à graines

Pour conserver vos graines, longtemps et à peu de frais, rien de plus facile que d'utiliser une courge ou une coloquinte que vous aurez transformées en « tirelire ». Belles et utiles, elles sont de plus d'excellentes décorations. Après avoir cueilli le fruit mûr, faites-le sécher. Lorsqu'il « sonne creux », avec un fer rougi au feu, pratiquez une ouverture au sommet. Remuez en tous sens l'intérieur. Secouez la courge pour la vider totalement et rincez-la à l'eau chaude. Faites sécher et placez ensuite vos graines de haricots ou de petits pois à l'intérieur du fruit devenu un cocon bien sec. Elle conservera vos graines à l'abri de la lumière et des insectes, en obturant l'ouverture avec un bouchon de liège. Vous pouvez aussi stocker du vin dans les courges, mais il vous faut rincer le fruit au vin très chaud avant d'en faire usage…

Une miniserre à miniprix

Recyclez les vieux tuyaux d'arrosage rigides (Panaflex) en coupant des tronçons de 1,00 m. Plantez face à face, tous les mètres, des fers à béton de 50 cm dont la moitié dans la terre. Enfilez les tuyaux sur les tourets pour obtenir des arches. Il ne vous reste plus qu'à poser un plastique pour obtenir une miniserre.

Redresser une dent de fourche

Il arrive régulièrement qu'une dent de la fourche-bêche se torde en rencontrant une pierre enfouie. Pour la redresser, plantez près de la cabane de jardin un tube galvanisé de 70 cm en le laissant dépasser de 20 cm. Ce tuyau vous servira, en mettant à l'intérieur la dent tordue, à la redresser lentement. Obturez le tuyau avec un pot non percé pour qu'il ne devienne pas l'abri d'indésirables.

Une boule de verdure

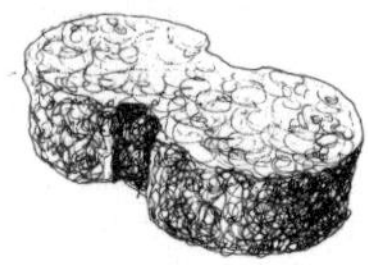

Récupérez une vieille éponge et faites-la gonfler d'eau. Déposez dans les trous des graines de diverses graminées. Faites une boucle avec une cordelette et suspendez-la dans un coin de la fenêtre ensoleillée. Les graines germeront rapidement et l'éponge disparaîtra pour vous offrir une boule de verdure et de fleurettes.

Imperméabiliser les pots en terre

Les pots en terre qui résistent au gel coûtent très chers (pots non gélifs). Voici une astuce qui ne coûte rien... ou presque. Utilisez vos pots en terre habituels et badigeonnez l'extérieur avec de l'huile de lin qui va les imperméabiliser. L'eau ne pouvant pénétrer dans le pot, le gel n'aura plus aucun effet.

Un composteur roulant

Vous récupérerez un tambour de lave-linge à hublot dans une déchetterie ainsi que deux jantes avec leurs pneus à la casse. Posez l'axe du tambour au centre d'une jante. Fixez avec du fil de fer. Faites la même chose de l'autre côté. Vous disposerez d'un composteur facile à déplacer en le faisant rouler d'un endroit à un autre.

Aménager les allées

Une belle allée au jardin est habillée de petits arbustes à fleurs ou à fruits comme les groseilliers, de rosiers nains ou grimpants, de pergolas... Des petites bordures en bois d'acacia apportent une note cossue et séparent l'allée du potager ou des massifs de fleurs. Si l'allée est en graviers, pour éviter le développement des mauvaises herbes, déposez sous le lit de graviers un film de protection en plastique noir. Si l'allée mène au cabanon, prévoyez des balises lumineuses photovoltaïques.

Rafistolez vos treilles

En décembre, vérifiez les treillages des plantes grimpantes quand ils sont visibles en hiver. Resserrez les fixations sur la plante et sur le mur.

L'abri de jardin

Un cabanon est généralement construit en bois, solidement fixé au sol pour résister au vent. Un abri de jardin est considéré comme une habitation légère de loisir et doit faire l'objet d'une déclaration en mairie. Un habillage végétal est une excellente solution pour le dissimuler des regards et les plantes-lierre fleuries égaieront votre cabanon. Si possible, reliez-le à l'électricité afin d'avoir de la lumière et de bénéficier d'une alimentation électrique pour la tondeuse ou le broyeur.

Arceaux et pergolas

Vous trouverez parmi un grand choix d'arceaux celui qui s'adaptera au type de jardin que vous imaginez. Pour un jardin rustique, construisez les arceaux avec un treillis issu de poteaux rustiques recouverts encore d'écorce. Pour un jardin plus strict, utilisez du bois raboté et équarri. Pour une pergola durable, construisez des piliers de briques avec des piliers traités à la lasure. Les arceaux en osier sont plus malléables, ceux en acier sont plus durables. Un arceau d'allée doit mesurer au minimum 2,4 mètres de haut et 1,2 mètre de large.

La peau est en dessous

Les pots de peinture du jardin s'accumulent au garage en attendant une prochaine utilisation au printemps. Pour éviter qu'une pellicule épaisse et sèche recouvre la peinture, retournez-les ! La peau sera dessous et non dessus au moment de vous en servir !

Un barbecue bon marché

Il est, sauf arrêté préfectoral, bien séduisant de faire un barbecue l'été dans le jardin. Inutile de faire des frais superflus, la reconversion des briques de la ruine voisine est parfaite pour faire le socle et les 3 côtés. Votre région est peut-être riche en schiste bleu, c'est encore mieux ! Vous pouvez aussi récupérer un Caddie de supermarché à la décharge de votre commune et d'un coup de scie à métaux, vous conserverez une des parois pour faire la grille. Voilà un barbecue prêt à recevoir les prochaines brochettes... avec les légumes du jardin bien entendu.

Papier buvard pour semis difficiles

Découpez dans du papier buvard des ronds de la dimension de vos terrines. Lorsque vous ferez vos semis, humectez régulièrement ce buvard et placez dessus le semis pour faire lever les premières pousses à montées capricieuses. Si vous n'avez pas de papier buvard, utilisez des bandes de papier toilette.

Avant l'été

Au mois de mai, ôtez tous les châssis vitrés et rangez-les après les avoir nettoyés pour l'hiver suivant. Récupérez chez votre fournisseur en matériaux les tasseaux jetables qui séparent les planches et les voliges. Une fois traités ou peints, ils feront d'excellents tuteurs ou participeront à la création d'un treillage le long d'un mur en mauvais état pour faire courir une plante grimpante : l'hortensia blanc, Clematis 'Lawsoniana' à fleurs bleues ou le Chèvrefeuille 'henryi' à fleurs violettes.

Après les dégâts de l'hiver

À la mi-février, vérifiez les palissages de vos plantes grimpantes. À cette saison, les treillages sont plus visibles ainsi que les attaches manquantes.

Une couleur chicorée dorée

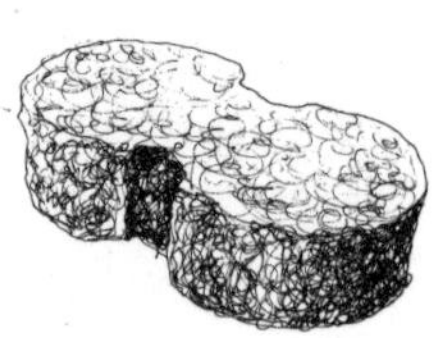

La récupération de planches inutiles fait souvent le bonheur des jardiniers au potager pour créer de petits jardinets de quelques centimètres de côté pour y semer des plantes aromatiques. Ne laissez pas ces planchettes à l'état brut. Faites une solution de chicorée en poudre avec un peu d'eau et appliquez avec une éponge.

Planter un piquet de clôture

Vous trouverez en jardinerie ou en magasin de bricolage des embases métalliques inoxydables qui s'enfoncent dans le sol. Enfoncez-la au moyen d'une masse et d'un gabarit en bois. Vérifiez qu'elle est bien verticale à l'aide d'un niveau, puis finissez de l'enfoncer totalement en terre. Ôtez le morceau de bois et placez le poteau à l'intérieur de l'embase, fixez avec les boulons intégrés. Reliez les poteaux par des planches ou un grillage et passez une couche de vernis, de lasure ou de peinture.

Des godets pas chers

Les pots de yaourt sont de véritables outils pour le jardinier. Percez quelques trous au fond du pot et vous obtiendrez un semoir facile d'utilisation (pour les graines de radis par exemple). Ajoutez de la terre et faites votre semis. En plaçant un autre pot, à l'envers sur le dessus, attaché par deux trombones sur les bords, vous obtiendrez une miniserre. Au moment de la plantation, il vous suffira de fendre l'un des côtés pour récupérer la motte à mettre en terre.

Conserver les noyaux des fruits

Conservez les noyaux de prunes et abricots lorsque vous faites vos confitures. Quand vous manquerez de billes d'argile, vous placerez ces noyaux au fond de vos pots après les avoir minutieusement lavés dans un filet au lave-linge. Faites tremper 24 heures dans une eau additionnée d'eau de Javel avant de vous en servir.

L'eau de pluie

Pour éviter de gâcher l'eau potable au jardin, prenez l'habitude d'utiliser l'eau de pluie. Gratuite et quasiment toujours disponible, elle satisfera les besoins de votre potager. En effet, plus de 80 % de l'eau qui tombe du toit peut être récupérée et stockée dans des cuves. Celles-ci sont raccordées au tuyau de descente de la gouttière par un collier adaptateur qui se bloque dès que la cuve est pleine. Ceci peut représenter jusqu'à 50 000 litres d'eau par an pour un toit de 120 mètres carrés !

Protéger les camélias

Le camélia est très sensible au froid. Pour éviter les brûlures et la chute des boutons, protégez-le avec un cageot à fruits posé à l'envers. Sur la face du dessus, clouez un morceau de polystyrène récupéré chez le poissonnier. Calez avec une brique pour qu'il reste en place. Que de la récup !

Une allée de rondins

Lorsque la pluie transforme vos petites allées en chemin boueux, le plaisir d'aller couper quelques fleurs ou des herbes aromatiques en est gâché. Créez un « pas à pas » en découpant des rondelles de pin maritime de 8 à 10 cm d'épaisseur, sur lesquelles vous pourrez marcher. Pour une meilleure protection dans le temps, notamment contre les champignons, vous les nettoierez à la brosse à chiendent avec du savon noir additionné de jus de citron. Traitez-les avec un produit que vous fabriquerez vous-même : 1 litre d'huile de lin + 1 litre d'essence de térébenthine + 1 bouchon de siccatif. Pulvérisez-le sur les rondins secs deux fois par an : au printemps et juste avant l'hiver.

Un bon tuyau contre les taupes

Si vous avez des tuyaux d'arrosage qui commencent à être fatigués, ne les jetez pas. Découpez des longueurs de 80 cm à 1 m et enfilez-les dans les galeries des taupes. En mettant des billes de naphtaline dans votre aspirateur, vous soufflerez cet « air embaumé » au plus profond des galeries.

Bouteille plastique

Pour favoriser la croissance des tulipes, placez une bouteille plastique ouverte au-dessus des jeunes plants et créez un microclimat supérieur de 2 à 3 °C. Vous pouvez également utiliser cette astuce pour vos légumes et fruits en les glissant à l'intérieur. Ainsi vos concombres mûriront plus vite et, de plus, garderont une forme droite, celle de la bouteille, pendant leur développement.

Stop rouille

Vous avez oublié de nettoyer votre serpette lors de votre dernière utilisation et la lame est rouillée ? Humectez les deux faces avec un oignon cru et frottez ensuite énergiquement avec du sucre en poudre. Séchez avec un papier absorbant et lustrez avec une bougie pour protéger la lame. Cet hiver, pour protéger de l'humidité vos petits outils (ciseau, couteau et sécateur), mettez-les dans une cassette en bois et placez des craies. Elles absorberont l'humidité ambiante.

Les fruits du verger

Les fruits du verger

Quand faut-il planter, tailler, traiter et récolter les fruits du verger ? Autant de questions précises qui nécessitent souvent des explications pointues ainsi que quelques astuces pour réussir sans problème vos récoltes. Quelle que soit la saison, offrez-vous des séquences plaisir au verger quel que soit l'arbre fruitier, du plus volumineux jusqu'au plus petit buisson. Les fruits se succéderont dans le plateau, dans les gâteaux et au naturel en étant certain qu'ils sont sains !

Algues et bouleau pour les pommes

Vous trouvez que vos pommes et vos poires se déforment, se fissurent et certaines parties sont couvertes d'un feutrage brun, légèrement olivâtre ? Vos fruitiers sont victimes de la tavelure. Pour soigner et protéger vos arbres de cette maladie, vous ferez macérer 1 kg de feuilles fraîches de bouleau dans 10 l d'eau durant dix jours. Vous récupérerez cette potion et vous en diluerez 1/5 avec de l'eau de pluie, que vous pulvériserez sur vos arbres à trois reprises, à cinq jours d'intervalle. S'il pleut, recommencez le traitement depuis le début… Si vous constatez que la chair de la pomme est poreuse, votre arbre manque de bore. Enterrez des algues au pied du pommier.

Cueillez la fraise avec sa queue

Les fraises aiment l'abri des figuiers et des terres légères. Pour conserver plus longtemps les fraises, il suffit de les cueillir avec la queue. Évitez que les fruits ne touchent le sol, en plaçant une feuille de papier journal ou une protection faite de brins de paille.

De la prêle pour la rose et le groseillier

Luttez contre la rouille, la cloque du pêcher ou les taches noires des rosiers avec un purin de prêle. La bonne proportion est 1 kg de tiges finement hachées pour 8 l d'eau que vous ferez bouillir, puis que vous laisserez reposer une semaine. Cette décoction est également valable pour lutter contre le mildiou qui attaque les pieds de vigne. Pour un traitement plus rapide, prenez 20 g de tiges de prêle hachées

menu que vous placerez dans 1 l d'eau. Faites bouillir 20 min et pulvérisez dès que la potion magique est froide. Lorsque les groseilles sont recouvertes d'un léger voile blanchâtre, votre plant est victime de l'oïdium. Pour éliminer ce champignon qui rend vos fruits inconsommables, vous pulvériserez du purin de prêle (2 l pour 10 l d'eau) en 3 fois, avec une semaine d'intervalle entre les traitements.

Désherbage naturel des allées

Les allées du verger sont généralement très larges et il est difficile de ne pas s'en occuper, sous peine d'épuiser la terre par un excès d'herbes folles. Bien sûr, la tonte régulière est indispensable mais vous déposerez les tailles broyées des cyprès, des ifs et des thuyas au pied des arbres. Ce sont de véritables désherbants naturels. Pour connaître la nature de votre sol, les herbes vous renseignent : le mouron est le signe d'un excès d'engrais, le bouton-d'or que le sol est compact et le bouillon-blanc indique une pauvreté du sol ou une terre très sèche.

Du savon pour éloigner les biches

Si votre verger est proche d'un bois, attachez des petits morceaux de savon rouges et orangés et lorsque les biches et les chevreuils viendront les croquer, ils seront fort étonnés. A priori, ils ne sont pas près de revenir de sitôt dans votre jardin !

Éliminer la cochenille carmin

Un insecte qui laisse comme une trace de sang si vous l'écrasez, c'est sans nul doute la cochenille carmin qui s'attaque aux arbres fruitiers, surtout les pommiers. Elle possède une légère carapace et suce les plantes. Pour l'éliminer, vous vaporiserez en 3 fois et à 72 h d'intervalle de l'huile de paraffine. Cette cochenille est élevée dans les figuiers de barbarie pour créer un colorant alimentaire, le E120.

Framboises : orange ou rouges ?

Les oiseaux sont très friands des framboises et ils oublient souvent de vous en laisser quelques-unes ! Pour éviter cela, plantez des framboisiers aux fruits orange. Les framboises sont tout aussi sucrées mais les oiseaux pensent qu'elles ne sont pas encore mûres. Fini le chapardage…

Si les framboises sont attaquées par des petites larves blanches, c'est le ver de framboise qui attaque le pied. Pour remédier à cette invasion sournoise, semez au pied de vos plants des myosotis. Pour se débarrasser des vers adultes, au moment de la floraison, secouez les fleurs au-dessus d'une cuvette et détruisez les insectes avec une décoction de fleurs de chrysanthème. Arrosez abondamment les framboisiers, les fruits seront plus gros !

Fumier de lapin… en hiver seulement

Lorsque vous nettoyez les clapiers, récupérez le fumier de lapin et déposez-le au pied des arbres fruitiers. Au printemps, retournez superficiellement la terre et attendez l'automne pour alimenter les fumures. Entre le printemps et l'automne, le fumier ira au composteur pour ne pas risquer de brûler les racines.

Glu et fourmis

Si vous trouvez des fourmis dans les branches, c'est qu'il y a aussi des pucerons qui se régalent du miellat secrété par la sève. Pour lutter contre ces envahisseurs, entourez le tronc de l'arbre avec une corde de chanvre à 70 cm de hauteur du sol, puis avec un couteau, mastiquez à la glu entre le bord de la corde et de l'écorce. Coupez l'excédent du cordage. Une autre astuce pour éviter que les fourmis montent dans l'arbre est de faire tremper une cordelette de chanvre dans une décoction d'eau et de mégots de cigarettes. Faites plusieurs tours autour du tronc à 15 cm du sol. À renouveler tous les trois mois si cela s'avère nécessaire.

Le jardinage sylvestre

Une rangée d'arbres fruitiers est une source qui permet de créer une structure de jardinage sylvestre. La plus haute plantation protégeant les plantes et les légumes moins hauts. Cette cohabitation bénéfique permet le partage de l'ombre, de l'eau et des divers fertilisants produits par les uns pour les autres. Au verger, ce sont les arbres fruitiers qui sont taillés pour que la lumière filtrée du soleil atteigne les arbustes à fruits rouges, comme les groseilles à maquereaux et les framboisiers. Puis ensuite, viennent les planches de fleurs hautes comme les marguerites ou des légumes sur filets comme les haricots ou les concombres et ensuite, les légumes à feuilles : salade, épinards, oseille etc. La dernière rangée est celle des tomates, des poivrons et des courgettes qui s'élèvent pour bénéficier d'un franc soleil. Les consoudes et les légumineuses apportent des sels minéraux à leurs voisines et le sol est paillé pour éviter une évapotranspiration trop importante.

Le pomander dans le placard

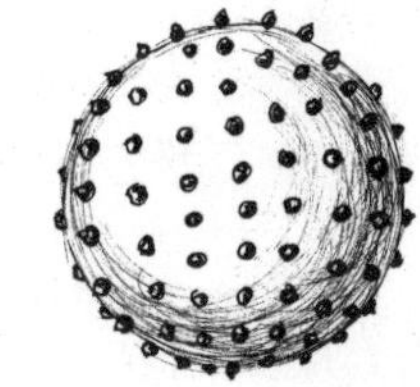

Pour parfumer une armoire ou un placard, faites sécher une orange ou un citron et piquez-le de 6 clous de girofle. Ce pomander se conserve ainsi plusieurs années.

Les mésanges protègent les pommiers

Carpocapse, voilà le vrai nom de la petite chenille blanchâtre qui dévore les fruits du pommier. Lorsque deux fruits se touchent, c'est souvent là que se trouve l'entrée de la galerie, bien à l'abri de la lumière et des regards ! Une petite poudre brunâtre, néanmoins, trahit sa présence et seule la mésange viendra y chercher pitance. Confectionnez des abris pour nos amies ailées et les mésanges auront vite conquis le verger pour mieux le protéger. Vous pouvez également, à la sortie de l'hiver, traiter à la bouillie bordelaise et à la belle saison, pulvériser des extraits d'algues. À l'automne, passez un coup de tondeuse pour que les feuilles contaminées soient digérées par les vers.

Pansement d'argile

Sur les brûlures ou les plaies d'un arbre fruitier, vous tartinerez le mélange suivant pour cicatriser la plaie : 3 parts d'argile et 1 part de bouse de vache. Mélangez bien l'ensemble puis humidifiez suffisamment avec une infusion de prêle, pour obtenir une pâte malléable à souhait. Une fois terminé, recouvrez de papier journal mouillé à l'infusion de prêle, pour qu'il se colle au pansement.

Pas de dahlias pour l'abricotier

Il est aujourd'hui courant de ne plus séparer le verger du potager, le potager du jardin d'agrément. Les plants, les légumes, les fleurs et les arbres fruitiers cohabitent pour le plus grand plaisir des yeux. Ceci a donc des avantages, mais aussi des inconvénients. Pour que votre abricotier donne de beaux fruits, il est nécessaire de le protéger de la verticilliose et donc de l'éloigner des cultures potagères et de certaines fleurs comme les dahlias.

Pollinisation précoce

Dans un verger isolé, pour activer la pollinisation, coupez des branches d'arbres en fleurs : arbre de Judée, lilas, photinia et prunus que vous placerez au pied des arbres fruitiers, dans un récipient rempli d'eau. Les abeilles viendront rapidement se poser sur ces premières fleurs. Si l'espace est suffisant, plantez définitivement des haies de forsythias qui offriront un coup de soleil dans le verger, grâce à leurs magnifiques fleurs jaune doré visibles de loin.

Protection d'argile

Les jeunes arbres fruitiers ont l'écorce fragile et quelques espèces supportent mal les rayons du soleil dans les régions du sud ou le gel dans le nord. Pour y remédier, fabriquez une solution d'argile (1 kg de terre pour 25 cl d'eau). Contre les rayons du soleil, badigeonnez les troncs avec cette solution d'argile. Contre le froid, enroulez des bandelettes de tissu trempées dans cette solution d'argile, vous les ôterez au printemps.

Purifier les écorces à la chaux vive

Pour vous débarrasser de la plupart des insectes qui colonisent les arbres fruitiers, faites une bouillie de chaux vive et d'eau. Vous badigeonnerez les troncs sur 1 m avec un pinceau large et épais, pour pénétrer dans les crevasses de l'écorce. Renouvelez tous les mois, d'avril à octobre. Si des insectes ont déjà colonisé l'arbre, badigeonnez entièrement les branches atteintes et répétez l'opération après la coupe d'automne.

Ramasser les mauvaises noisettes

Si vous avez des noisettes véreuses, il va falloir vous armer de patience et ramasser régulièrement toutes les noisettes qui sont tombées au sol. Dans le cas contraire, les larves de balanin qui parasitent votre noisetier vont se cacher dans le sol pour, après la métamorphose, revenir l'année suivante. À titre préventif, si certaines larves sont déjà dans le sol, bêchez au pied du noisetier avant l'hiver pour que le froid les détruise. Enfin, engluez le tronc du noisetier à 40 cm du sol, pour éviter que d'autres larves ne viennent se réfugier à nouveau dans les fruits.

Des sacs en papier pour protéger les poires

Certaines variétés de poires sont fragiles dès qu'elles commencent leur maturation, c'est le cas de la comice ou la guyot ; d'autres poires plus tardives ont du mal à mûrir, comme la passe-crassane ou la poire de septembre. Pour les protéger ou accélérer le mûrissement, placez autour de la jeune poire un sac en papier et refermez par un raphia autour du pédoncule. À la récolte, ôtez le sac en papier et alignez les poires les unes à côté des autres, le pédoncule en l'air, ne les mettez jamais les unes sur les autres.

Traiter les arbres en hiver

Bien avant que nous trouvions en jardineries les produits « bio » pour traiter nos arbres, nos grands-parents utilisaient les produits de tous les jours. Ainsi, l'hiver, pour lutter contre les champignons qui sévissaient au verger, ils pulvérisaient une « huile d'hiver » à base de savon de Marseille et d'huile de lin. Pour les arbres et les rosiers très atteints, ce traitement était passé au pinceau directement sur les écorces présentant des signes de maladie avancée.

Un accueil chaleureux pour nos amies les bêtes

La chaîne alimentaire est une constante qu'il ne faut pas négliger, car elle permet aux auxiliaires de la vie naturelle de demeurer présents dans nos vergers et nos potagers. Ne chassez pas les abeilles, protégez les oiseaux l'hiver venu. Une mangeoire de graines pour les oiseaux, des tiges creuses à l'abri de la pluie pour les coccinelles, des pierres et un toit de feuilles pour le hérisson, des tas de cailloux pour les lézards. Venez à leur secours, aidez-les à survivre en leur offrant le gîte et le couvert, ils sauront, le moment venu, vous remercier de ces faveurs, en régulant les indésirables.

Arroser avant qu'il ne gèle

Au printemps, si vos arbres fruitiers sont en bourgeons et que la météo annonce des gelées, n'hésitez pas à arroser copieusement vos arbres fruitiers. Les jeunes rameaux et les bourgeons seront protégés du feu provoqué par le froid, grâce à cette fine pellicule de glace réalisée par cet arrosage.

Bananes noires ?

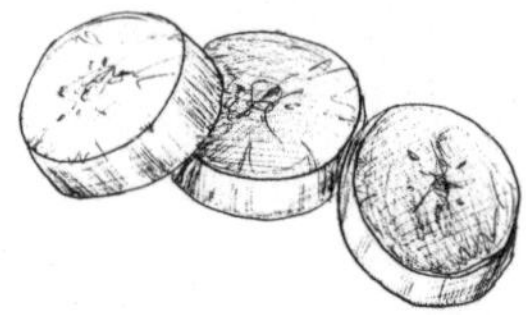

Pour éviter que vos bananes ne noircissent une fois épluchées, dans une salade de fruits par exemple, arrosez le tout d'un léger filet de citron.

Cultiver, ou pas, la vigne

Pour savoir si votre terre peut accueillir des pieds de vigne, attendez que les fleurs du lys blanc soient ouvertes, puis comptez cent jours. Si la fin de cette période correspond aux temps des vendanges, vous pouvez planter des pieds de vigne. Si, au contraire, cette période tombe fin octobre ou en novembre, oubliez très vite votre projet.

Des citrons tout l'hiver

Pour conserver cet hiver les citrons que vous aurez récoltés sur votre arbre, enveloppez-les dans un papier de soie et enfouissez-les dans le sable, le pédoncule vers le bas.

Des fraises bonnes en bouche

Afin d'augmenter le goût prononcé des fraises, paillez les pieds avec un mélange de compost et d'aiguilles de pin. Vous obtiendrez des fruits savoureux au léger goût de fraises des bois.

Des pommes et des poires

Pour conserver les fruits du verger, voici quelques règles d'antan :

- stockez les pommes la queue vers le bas, les poires la queue vers le haut ;
- stockez les fruits sur des clayettes dans un local frais et aéré (8 à 12 °C) ;
- évitez que les fruits se touchent ;
- coulez de la cire sur la queue des plus beaux fruits pour une consommation au couteau ;
- les fruits légèrement abîmés serviront à faire des tartes ou de la compote.

Cueillette et conservation :

- pomme Melrose : cueillette vers la mi-octobre, conservation jusqu'en avril-mai ;
- pomme Discovery : cueillette vers la mi-août, conservation environ deux semaines ;
- pomme Reine des Reinettes : cueillette vers le 10 septembre, conservation environ trois semaines ;
- poire Comtesse de Paris : conservation huit semaines à dater de sa récolte, en octobre.

En pots ou racines nues

Suivant la manière dont les arbres fruitiers sont vendus, vous décalerez leur plantation. Pour les arbres à racines nues, il est préférable de les planter en novembre et pour ceux vendus avec une motte et dans des conteneurs, attendez le printemps. Un mois avant la plantation, creusez un trou trois fois plus large que la motte (ou les racines) et conservez la terre du dessus que vous utiliserez au fond à la transplantation. Si lorsqu'il pleut, le trou est rempli d'eau, changez de site car la terre ne conviendra pas à cette plantation. L'endroit est beaucoup trop humide.

Gare aux coups de chaleur

Lorsqu'il fait très chaud, il ne faut pas hésiter à arroser vos arbres fruitiers de temps en temps, notamment en fin de journée pour que la fraîcheur se conserve pendant la nuit. Un jet de pluie fine est préférable à un jet dru sur les branches. Vérifiez également que le climat n'a pas favorisé l'arrivée de pucerons sur les fruits. Traitez, sur l'envers des feuilles, à l'eau légèrement savonneuse (savon noir) ou avec une pulvérisation d'eau dans laquelle vous aurez laissé macérer des mégots de cigarettes. Taillez les arbres immédiatement après la récolte.

Les petits fruits résistent au gel

Les groseilliers, les cassissiers, les framboisiers et les fraisiers supportent très bien les températures négatives (jusqu'à -20 °C). Vous pouvez néanmoins protéger les arbustes par un grillage de 50 cm de hauteur qui entoure son cœur, puis vous remplirez l'espace avec des feuilles mortes ou de la paille. Au printemps, rabattez les tiges jusqu'à 30 cm du sol. Pour les fraisiers, confectionnez une sorte de litière avec des fougères et ajoutez dessus quelques branches pour éviter que le vent détruise ce douillet « édredon ».

Noix et noisettes

Les fruits à coque sont souvent attaqués par les vers. Pour éviter ce désagrément, placez-les au congélateur. Vous les utiliserez au fur et à mesure de vos besoins lors de la confection de gâteaux.

Plus de souches au verger

Si de vieilles souches encombrent le verger, percez un trou au milieu du tronc et remplissez-le avec du salpêtre mouillé. Bouchez le trou avec de la glaise ou du mastic. Après quatre à cinq semaines, ôtez le bouchon et remplissez le trou d'essence avant d'y mettre le feu. La souche se consumera totalement jusqu'aux racines.

Pollinisation naturelle

Afin d'obtenir de beaux fruits, favorisez la pollinisation des fleurs entre elles grâce aux abeilles, aux papillons et aux insectes. Pour attirer les abeilles, plantez un acacia, un lilas ou un chèvrefeuille. Pour attirer les papillons, plantez un buddleia. Pour attirer les insectes, laissez un coin du verger en friche, les herbes en fleurs suffiront. Astuce : au printemps, utilisez un enfumoir d'apiculteur et cheminez entre vos arbres. La pollinisation se fera plus rapidement.

Stop à la mousse des troncs

Au bout de quelques années, les arbres fruitiers ont tendance à accueillir de la mousse qui s'installe sur leur tronc. Il est absolument nécessaire d'enrayer cela en les frottant avec une brosse à chiendent, puis de les badigeonner avec de l'anthracène (base de goudron).

Truc contre les chenilles

Pour éviter économiquement que les chenilles ne s'attaquent aux fleurs et aux jeunes fruits de votre verger, accrochez des petits morceaux d'étoffe de laine aux branches. Elles viendront y faire leur nid à l'abri des intempéries et il vous sera facile de vous en débarrasser radicalement par le feu.

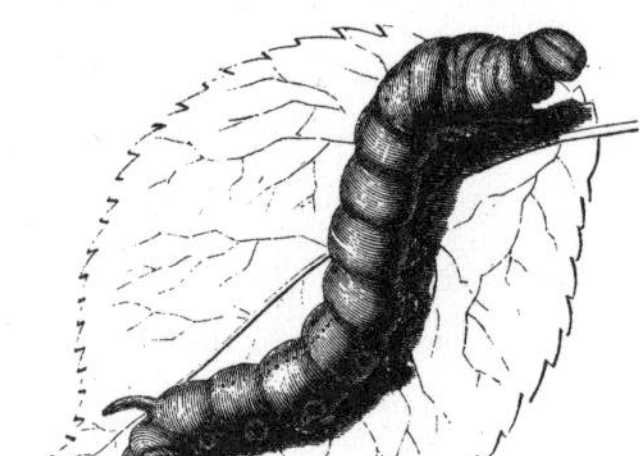

La taille en trigemme

Au verger, taillez les pommiers et les poiriers palissés à la mi-janvier, sauf en cas de gel. Appliquez la taille en trigemme, ou à trois yeux, pour la fructification.

Plantez les framboises et les cassis

Dès la mi-janvier, plantez des arbustes à petits fruits, hors gel. Les groseilliers, framboisiers remontants ou non, cassissiers seront choisis à racines nues.

Donnez de la lumière à vos fruitiers

Fin février, taillez vos fruitiers à demi-tige. Supprimez le bois mort au cœur de l'arbre pour une bonne pénétration de la lumière. Vos fruits seront bien plus sucrés.

Un greffon au cerisier

Fin février, c'est le moment d'utiliser les greffons de cerisier, prélevés en début d'année et plantés dans un coin protégé. Insérez le greffon dans une fente et maintenez l'ensemble avec du raphia.

Donnez de la forme à vos fruitiers

Fin février, taillez vos fruitiers : pommes, poires, actinidias, vignes. Éliminez les bois morts et retravaillez les formes pour obtenir une bonne production.

Plantez les arbustes

En mars, c'est le moment de planter des arbustes à petits fruits à conteneurs dès que la saison avance. Arrosez copieusement à la plantation, puis si le temps est sec, paillez le pied.

Récoltez les baies

À la fin du mois d'avril, plantez en conteneur des petits fruitiers comme les framboisiers ou les cassissiers, mais aussi des ronces de mûre, des myrtilles, des groseilliers blancs, rouges ou à maquereaux.

Les premières cerises

La fin du mois de juin est le début des récoltes des cerises précoces comme le bigarreau burlat. Cueillez avant la pluie pour conserver le sucre. Installez des épouvantails contre les volatiles.

Récoltez les fruits d'été

Dès le mois de juillet, récoltez les fruits d'été : fraises, framboises, groseilles, cassis, cerises, pêches et brugnons selon les régions. Faites des conserves et des confitures pour ne rien perdre de votre production.

Taillez les fruitiers

À la mi-juillet, taillez au vert les fruitiers à noyaux. Supprimez les bois morts et les feuillages excessifs pour favoriser la fructification et un meilleur ensoleillement des fruits.

La greffe des pommiers

Début août, greffez en écusson les pommiers et les poiriers. Arrosez quelques jours avant la greffe pour faire monter la sève dans le porte-greffe. Extrayez un œil que vous placerez sous l'écorce.

Cueillez les prunes et les cerises

Mi-août, c'est encore la saison pour cueillir quelques cerises, puis passez aux prunes. Les mirabelles et les reines-claudes sont à maturité. Quant aux quetsches, elles ne vont pas tarder. Placez des effaroucheurs.

Un panier de noisettes

En septembre, vous pouvez commencer à ramasser les premières noisettes qui tombent au sol. Si vous avez pris soin de biner au pied de l'arbre en hiver, les trous de balanins seront absents.

Traitez les troncs

À la mi-octobre, les feuilles des arbres fruitiers sont tombées, il est temps de traiter. Grattez les mousses sur les troncs, passez du blanc arboricole, pulvérisez de la bouillie bordelaise si besoin.

Récoltez les fruits d'automne

Fin novembre, récoltez les olives dans le Midi, puis les derniers kiwis, kakis et coings, ainsi que les nèfles dans les autres régions. Finissez les récoltes de pommes et de poires selon les variétés de garde ou non.

Des fruits mûrs à point

Début décembre, vérifiez l'état de vos fruits conservés et retirez ceux qui sont abîmés. Relevez la température et l'hygrométrie pour qu'ils ne flétrissent pas ou ne mûrissent pas prématurément.

Plantez les fruitiers

Début décembre, plantez des fruitiers, sauf s'il gèle. Prévoyez des tuteurs pour les maintenir durant 2 ans. Ils doivent avoir la même hauteur que le tronc. Arrosez-les si le temps est sec.

Les soins du raisin

En décembre, pulvérisez les traitements d'hiver sur les vignes. Pensez à éliminer les fruits momifiés sur vos arbres fruitiers.

Taillez la ramure des fruitiers

Mi-décembre, coupez les bois morts des vieux arbres fruitiers. Supprimez les branches qui se croisent au centre pour laisser entrer la lumière sur les fruits. Redonnez une forme en taillant.

Faites le plein d'agrumes

Dans le Sud, la fin du mois de décembre est la pleine récolte des agrumes. Clémentines, mandarines, oranges, citrons, régalez-vous de ces fruits vitaminés. Tentez les bigaradiers, les bergamotiers et les pamplemoussiers.

Le lait de chaux

Il s'agit d'une préparation liquide réalisée à base de chaux vive agricole, elle est utilisée pour supprimer la mousse des pelouses. L'amendement calcaire permet aussi de protéger le tronc des arbres fruitiers en détruisant les larves, les parasites, ainsi que la plupart des champignons microscopiques qui attendent de développer plus tard des maladies cryptogamiques. Une application sur les troncs sera pratiquée tous les ans, au milieu de l'hiver, pour entraîner une défense active permanente.

Les travaux de janvier

S'il ne gèle pas, c'est le bon moment pour planter les gros et les petits arbres fruitiers. Vous taillerez les arbres à pépins palissés. Avec une brosse, ôtez la mousse et les lichens pour débusquer les insectes parasites qui se réfugient là pendant l'hiver, attendant patiemment le printemps. Pulvérisez ensuite les endroits découverts de leur écorce avec une décoction d'eau et de mégots de cigarettes (tabac brun). Ramassez les déchets au pied de l'arbre et brûlez-les. Élaguez les amandiers.

Les travaux de février

En l'absence de pluie, de vent et de gel, poursuivez le traitement des arbres au lait de chaux. Sur les parties aériennes et les premiers bourgeons des amandiers et des pêchers, pulvérisez de la bouillie bordelaise. Si vous plantez des arbres, le trou doit être deux fois plus grand que le volume de l'ensemble des racines. Supprimer les racines abîmées et plongez le pied dans un pralin avant de planter. Remplissez le trou de bonne terre et formez une cuvette pour récupérer les eaux de pluie.

Les travaux de mars

Voici venu le temps de tailler les oliviers dans le Sud. Coupez toutes les brindilles et le bois mort. Pour qu'il donne de belles olives à l'automne, il est important de rabattre les rejetons qui partent du pied, toutes les ramifications qui poussent à l'intérieur et de tailler les rameaux en coupant au-dessus d'un bourgeon tourné vers l'extérieur. Vous devrez obtenir, en vision générale, une sorte de parasol. Si vous n'avez pas traité cet hiver, pulvérisez de la bouillie bordelaise.

Les travaux d'avril

C'est une bonne période pour planter les arbres fruitiers vendus en container. Préparez le trou de plantation et posez sur le fond un engrais à diffusion lente comme le guano. Ajoutez une couche de terre, placez les racines, un tuteur, puis l'arbre en lui-même. Tassez et arrosez s'il ne gèle plus. Plantez les framboisiers, greffez en flûte les châtaigniers, en couronne les oliviers, en fente les noyers. Ébourgeonnez les poiriers, bouturez les figuiers de Barbarie, nettoyez les grenadiers.

Les travaux de mai

Surveillez les attaques parasitaires sur vos fruitiers. Éclaircissez les pommiers et les poiriers en supprimant une partie des fruits sur les grappes pour favoriser le développement des autres. Pour le pommier, ne conservez au centre que trois fruits sur cinq ; pour le poirier, gardez deux fruits sur trois. Coupez le pédoncule avec un couteau très bien affûté et ramassez les fruits tombés au sol régulièrement. Travaillez le sol des arbres, arrosez et paillez afin de conserver l'humidité.

Les travaux de juin

Voici les premières récoltes de framboises et de cerises. C'est le moment de tailler la treille : supprimez quelques bouquets de grains pour favoriser le développement des grappes restantes. Taillez aussi les kiwis en coupant les longues branches au-dessus du cinquième bourgeon. Supprimez les nids de chenilles. Pensez à arroser les jeunes arbres plantés récemment et tuteurez-les fermement s'il y a des rafales de vent. Désinfectez les cagettes qui serviront aux récoltes avec de l'eau additionnée d'eau de Javel.

Les travaux de juillet

Du sud au centre de la France, effeuillez les vignes. N'hésitez pas à supprimer les rejets pour favoriser le développement des greffes. Pulvérisez de la bouillie bordelaise pour protéger la vigne du mildiou, surtout après la pluie. Ensachez les grappes avec un sachet en papier kraft pour les protéger des oiseaux, des guêpes et autres prédateurs. Récoltez les pêches, les framboises, les groseilles et le cassis. Pensez à arroser régulièrement ces petits fruitiers par grande chaleur.

Les travaux d'août

Au verger, après la récolte, vous taillerez les pêchers. Bouturez les kiwis, marcottez les figuiers, ensachez les poires. Pour obtenir une production permanente, les amateurs de prunes plantent plusieurs espèces, ce qui permet de cueillir à maturité les prunes ordinaires au début de l'été et les prunes tardives, comme les reines-claudes, début août. En septembre, vous récolterez les prunes d'Ente (pruneaux d'Agen) : des prunes allongées rouge violacé de 35 grammes environ.

Les travaux de septembre

Pour éviter l'autocontamination des arbres d'une année sur l'autre, vous débarrasserez le sol de tous les fruits tombés et l'arbre des fruits malades ainsi que des feuilles tachées. Ceci permettra au soleil de caresser davantage de fruits et de favoriser le mûrissement. N'attendez pas que les fruits tombent pour les garder. Pour les jardiniers qui pratiquent encore l'ensachage des fruits, il faudra ôter les sachets 15 jours auparavant pour qu'ils prennent de belles couleurs.

Les travaux d'octobre

Cueillez les prunes, les pommes et les poires ainsi que tous les fruits mûrs qui sont encore au verger, cueillez également les noix et les noisettes. Vous les conserverez en cagettes placées dans un local gardant une température de 10 °C et une hygrométrie de 70 %, ôtez tout fruit qui semble malade. Pour de futures récoltes, conservez les noyaux de prunes et de pêches que vous pourrez replanter après stratification : placez les noyaux dans du sable humide, au printemps vous récupérerez les graines germées.

Les travaux de novembre

Ce début d'automne est le temps idéal pour planter la plupart des fruitiers. Sinon, attendez le printemps. Déposez de la fumure autour du pied des arbres. Tous les arbres à noyaux et à pépins seront traités à la bouillie bordelaise dès la chute des feuilles. Coupez les branches improductives et mastiquez les grosses coupes. S'il reste des fruits momifiés sur l'arbre, ôtez-les et jetez-les (surtout pas au compost). Récoltez les châtaignes. Pour les nèfles, attendez les premières gelées.

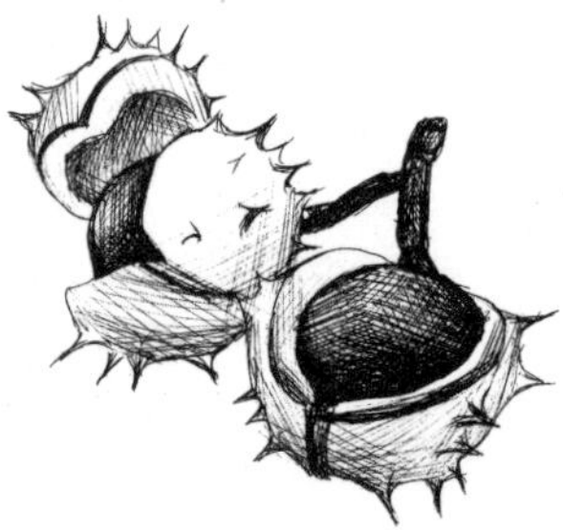

Les travaux de décembre

Taillez les pruniers et les cerisiers. Continuez les traitements à la bouillie bordelaise et ramassez les feuilles mortes, puis brûlez-les. Les cendres seront étalées sur la terre avant de les enfouir aux labours du printemps. Apportez un engrais à décomposition lente aux arbres, nettoyez les troncs et pulvérisez des huiles d'hiver pour détruire les parasites qui hivernent. Supprimez les noisettes tombées aux pieds, elles conservent un parasite qui sortirait au printemps. Triez les fruits.

Du bois bon marché

Ne jetez pas les rameaux et les branches, le bois de la plupart des arbres fruitiers est un excellent combustible qu'il ne faut pas négliger, aussi bien pour l'âtre que pour le barbecue. N'oubliez pas qu'un bois qui brûle facilement n'est pas forcement un bois qui chauffe ! Le charme est le plus efficace, viennent ensuite le hêtre, le châtaignier, l'acacia, le noyer, le pommier, le poirier et le sorbier. Utilisez du bois bien sec, coupé depuis 2 ans. Les rondins doivent être coupés verticalement.

Quel arbre faut-il planter ?

Suivant la nature de votre terrain, les choix seront différents.
1. Sol sec.
Conseillé : févier, figuier, micocoulier, olivier.
Déconseillé : pommier, poirier.
2. Sol siliceux.
Conseillé : noisetier, abricotier, châtaignier.
Non conseillé : cognassier.
3. Sol humide
Conseillé : kaki, marronnier, poirier, groseillier.
Non conseillé : cognassier.
4. Sol calcaire.
Conseillé : abricotier, buisson de myrtilles, laurier-sauce, olivier, sorbier, amandier. Non conseillé : pommier, poirier.

L'abricotier

Comment faire germer un noyau d'abricotier ? La méthode la plus rapide consiste à gratter très légèrement l'amande après l'avoir sortie de sa coque. Pelotez l'amande dans du coton humide et conservez une humidité constante jusqu'à la sortie d'une racine. Plantez alors en godet dans un terreau horticole avant de transplanter au printemps dans le verger. Astuce : pour favoriser le grossissement des fruits, il faut éclaircir après la chute des fruits, qui accompagne souvent le durcissement du noyau.

L'amandier

C'est un petit arbre fruitier à floraison précoce qui se cultive surtout dans les régions méridionales. Il n'est pas autopollinisateur, aussi vous planterez deux amandiers, vendus généralement à racines nues. La plantation se fait entre novembre et mars. Vous ferez un trou qui sera deux fois plus large que le volume des racines et suffisamment profond pour permettre de positionner le collet à ras de terre. Gardez la terre. Pralinez les racines et ajoutez alors la terre mélangée à un terreau horticole.

Le cerisier

Le cerisier redoute le vent mais résiste aux gelées, même si les fleurs sont détruites à - 2 °C. Il aime la terre non argileuse, légère et bien drainée. Il a besoin d'arrosage en été. La plantation de deux cerisiers est obligatoire pour obtenir des fruits. La plantation se fait en automne pour une bonne reprise, avec un apport de phosphate et de fumier au début du printemps, et ceci tous les ans. Suspendez des cartons recouverts de glu pour piéger et éradiquer la mouche du cerisier.

Le cassissier

Arbuste à petits fruits noir bleuté, il mérite certainement une place bien ensoleillée au jardin. Petite forme buissonnante, il mesure environ 1 mètre d'étalement et la même chose en hauteur. Sa récolte se fait en début d'été et ses fruits sont surtout utilisés pour faire des gelées et des sirops. La meilleure période pour le planter (à racines nues) se situe entre novembre et mars, en évitant les phases de gel. La taille intervient entre décembre et février pour supprimer les tiges plus âgées.

Le fraisier

Souvent planté au potager, il a pourtant toute sa place au verger. Il se cultive en groupes, en rangs ou dans des jardinières suspendues ! Il se plante en septembre pour une bonne reprise en terre. Au printemps la reprise est moins certaine, car elle a moins de temps pour s'enraciner : il nécessitera davantage de soins,

notamment des arrosages fréquents. Suivant les régions, la récolte a lieu entre mai et juillet. La plantation sur film en plastique noir présente des avantages de culture.

Le framboisier

Ce petit arbuste est fait de tiges qui se palissent pour donner de beaux fruits. Il forme des touffes de tiges qui se renouvellent par de nombreux rejets demandant à être conduits. Il se plaît à mi-ombre ou au soleil, suivant les climats, dans une terre fertile et fraîche. Vous planterez les framboisiers entre novembre et mars en espaçant les pieds de 60 centimètres à 1 mètre sur le rang, suivant le type de palissage que vous aurez choisi. Rabattez en novembre les tiges ayant porté des fruits à l'automne.

Le figuier

Le figuier se plante au printemps. Il aime avoir les pieds dans l'eau et la tête au soleil. Un épandage de fumier au printemps est bénéfique. Sa reproduction par marcottage est facile et il supporte des tailles, même sévères. Les variétés d'automne portent leurs fruits sur le bois de l'année, tandis que d'autres fructifient une seconde fois au début de l'été suivant. Les figues se récoltent lorsqu'elles sont molles au toucher. La conservation est difficile, il vaut mieux les consommer rapidement.

Le groseillier à grappes

Il donne au début du printemps de belles grappes de petits fruits roses ou blancs suivant les variétés. Cet arbuste buissonnant ne réclame pas beaucoup de soins s'il est installé dans un coin du verger à l'ombre, dans un sol frais et non calcaire. Il se plante entre novembre et mars en espaçant les pieds de 1 à 1,50 mètre en tous sens. Il a aussi sa place dans un massif d'arbustes ou de fleurs et en bordure d'allée. La maturité des fruits se situe entre fin juin et début juillet.

Le groseillier à maquereau

Cet arbuste à tiges épineuses atteint près de 1 mètre de haut et de large. Moins populaire que le groseillier à grappes, ses gros fruits ont pourtant beaucoup d'intérêt en tarte, en compote, en salade de fruits ou même dégustés simplement rincés sous l'eau. Les fruits se récoltent en juillet et en août et ils seront consommés aussitôt après la cueillette. Entre novembre et février, vous taillerez les sujets pour favoriser la pousse des jeunes tiges productives. Supprimer les anciennes tiges.

L'oranger

L'oranger se rentre à l'abri en hiver, car il craint le gel. Lorsqu'un oranger, malgré cette précaution, a perdu ses feuilles, mais que le tronc est encore vert lorsqu'on gratte l'écorce avec l'ongle, mettez-le dehors dès les beaux jours et rentrez-le la nuit. Lentement il va reconstituer son feuillage par la présence de petites pousses vertes et il vous donnera encore de beaux agrumes. Ne négligez pas d'apporter des engrais, l'oranger a besoin d'une grande quantité de minéraux.

Le pêcher

Il aime les sols frais et bien drainés, même légèrement acides. Sa plantation se fait en novembre pour que les racines se développent pendant l'hiver, protégeant ainsi le tronc et les ramures hors du sol. Il aime le compost bien mûr qui sera épandu sur le sol en février. Dès que les fruits ont la taille d'une petite noisette, il est temps d'éclaircir de 12 à 15 centimètres au maximum. Les fruits se récoltent lorsque la chair cède légèrement sous la pression de la main autour du pédoncule.

Le poirier

Le poirier résiste moins bien à la sécheresse que le pommier, aussi sera-t-il planté dans des sols limoneux et profonds. Il craint les pucerons (apparition d'insectes collants sous les feuilles), qui seront détruits en pulvérisant de l'alcool à brûler. Les psylles (larves brunes colonisant les rameaux et entraînant la chute des feuilles) seront détruits par une pulvérisation d'eau additionnée de 2 % de savon noir. Reconduire ces pulvérisations une fois par semaine, deux fois lorsqu'il pleut.

Le pommier

Les pommiers nécessitent une pollinisation croisée par une autre variété, et ils seront plantés par groupe de trois ou quatre variétés différentes. Les pucerons seront combattus avec une décoction de tabac. Le carpocapse est une larve qui s'introduit au cœur du fruit, il faut donc lutter par une mesure préventive : ceinturez les bas des troncs avec une bande de carton ondulé (à brûler et à remplacer toutes les semaines de fin mars à fin avril). Au printemps, épandez du fumier au pied des arbres.

Le prunier

Il se plaît dans les sols silico-argileux et argilo-calcaires profonds et bien drainés. Si les branches se cassent facilement, vérifiez qu'elles ne sont pas atteintes par une affection typique et traitez avec un insecticide biologique dès les premiers signes de maladie. À l'automne, vous ramasserez les feuilles mortes, couperez les rameaux atteints ainsi que les jeunes pousses et vous les brûlerez. Pulvérisez au printemps un traitement à base de cuivre et de bouillie bordelaise.

La vigne

Les cépages se choisissent par rapport au sol. La plupart des variétés sont hermaphrodites, mais la fécondation croisée permet de bonifier la nouaison. Le mildiou de la vigne est la principale cause d'attaque des grappes. Il se traite tous les 10 jours avec de la bouillie bordelaise (sulfate de cuivre) qui sera pulvérisée sur les deux faces. Contre l'oïdium, pulvérisez avec du bicarbonate de potassium horticole. Le botrytis se combat préventivement au fongicide à la fin de la floraison.

Herbes et aromates

Cultiver les herbes et les aromates

Les plantes et les herbes aromatiques sont nécessaires au jardin pour devenir omniprésentes à table ! Cultivées depuis la nuit des temps pour leurs valeurs médicinales ou leur saveur, elles communiquent leur parfum aux plats, mais aussi au jardin, lorsque le matin vous les frôlerez du pied alors qu'elles sont enveloppées de rosée. Souvent peu exigeantes sur la fertilité du sol, elles sont faciles à cultiver et ajouteront de la gaieté à votre salade de tomates, à l'omelette ou aux grillades de l'été.

Les herbes en jardinières

Pour obtenir de belles potées de plantes aromatiques, placez vos plants du plus petit, qui sera placé devant, au plus haut, qui sera placé derrière.
– Devant : capucine, thym, menthe et orpin réfléchi.
– Au milieu : camomille allemande, millepertuis, hysope et ail.
– Derrière : fenouil, romarin, souci de jardin et absinthe.
N'oubliez pas de placer du gravier au fond du pot et de vérifier qu'il possède un orifice d'écoulement pour l'eau en cas de fortes averses.

Le cerfeuil doux et musqué

Le cerfeuil est un aromate annuel qui se sème facilement et qui, merci à la nature, se ressème tout seul si vous laissez plusieurs plants monter en graines. Le cerfeuil musqué possède un parfum très anisé, mais un peu fort, tout en restant agréable. Ces plantes aromatiques aiment un sol frais. Récoltez les feuilles lorsqu'elles sont en pleine végétation et congelez-les si besoin légèrement mouillées. Vous parfumerez les salades ou les plats de poissons pendant l'hiver.

Le maceron moutardier

Cet arbuste dépasse rarement 1,20 mètre de haut, il convient donc parfaitement aux bordures et aux massifs de jardin pour apporter un beau feuillage et des fleurs jaunes du plus bel effet. Ajoutées à d'autres fleurs séchées, elles formeront de très beaux bouquets. Le semis se fait au printemps ou en septembre pour une récolte continue. Il aime les situations ensoleillées mais les sols humides. Les racines se consomment comme les carottes et ont un goût très prononcé de céleri.

Le lamier blanc

Cette plante vivace aime le voisinage de l'ortie, c'est pourquoi elle s'appelle aussi ortie planche. Elle pousse dans les haies, les broussailles et parfois au milieu des prairies. Elle présente de belles feuilles vertes et de jolies fleurs blanches regroupées sur les feuilles supérieures. Au goût moins prononcé que l'ortie, les feuilles se consomment crues en salade et peuvent se mélanger avec les légumes. Cette plante est aussi utilisée pour tapisser les sols vierges.

Les larmes de Job

Cette plante médicinale est aussi une très belle plante ornementale. Elle est présente dans tous les jardins asiatiques pour ses vertus apaisantes contre les rhumatismes ou pour soigner les verrues. Semez en avril pour récolter en septembre. Les fleurs deviendront des graines comestibles très dures mais naturellement percées vous permettant de confectionner des colliers ou des bracelets. Les rameaux, une fois séchés, s'unissent aux herbes sèches pour créer des bouquets.

Des herbes à portée de la main

Évitez les allers et retours de la maison au jardin. Placez un vieil évier en céramique à la porte de la cuisine, pour y cultiver les herbes les plus courantes : menthe, sauge, coriandre, ciboulette, estragon, persil géant d'Italie, origan, thym. Placez au fond de l'évier des tessons de terre cuite puis une épaisseur de 4 à 5 cm de graviers. Remplissez de terreau jusqu'à 3 cm du bord. Après avoir semé les graines, répandez une fine couche de petits gravillons pour conserver l'humidité.

Multiplier par bouturage

Le bouturage consiste à favoriser l'enracinement du fragment d'une tige, d'une feuille ou de la racine d'une plante en le repiquant en terre. De nombreuses plantes se prêtent facilement à cela dès le printemps, comme la marjolaine, l'estragon, le romarin et la sauge. Coupez net et en biais une tige portant plusieurs feuilles. Laissez trois à quatre feuilles et trempez la plaie dans une poudre d'hormones de bouturage. Plantez dans un terreau, les feuilles à ras de la terre. Arrosez.

Cueillez les herbes fraîches

Fin juin, cresson, aneth, basilic, ciboule commune, ciboulette, coriandre, estragon, marjolaine, persil, sarriette, thym et sauge sont autant d'aromatiques à récolter.

Récoltez les aromates

Début juin, vous pouvez commencer la récolte des aromatiques. Faites sécher le thym et le romarin la tête en bas. Les feuilles de laurier seront stockées dans une boîte en fer. La ciboulette sera consommée fraîche ou congelée.

Semez le persil et la coriandre

Début mai, semez des aromatiques, comme du persil ou de la coriandre. Le persil est long à lever, il faudra compter une vingtaine de jours. Placez l'ensemble à la mi-ombre.

Créez votre carré d'aromatiques

Courant janvier, plantez des vivaces comme le thym, le romarin, la sarriette et le laurier-sauce. Ajoutez de la verveine pour les infusions du soir !

La gentiane

Commune dans le centre de l'Europe, la gentiane se plaît dans les bois d'altitude, la montagne au-dessus de 800 mètres et les terrains calcaires. Vous la trouverez le plus souvent dans les Alpes et les Pyrénées. La gentiane possède un port haut dressé et de belles fleurs situées sur la partie supérieure de la tige. Au goût amer, la racine de la gentiane entre dans la composition du vermouth, apéritif apprécié autrefois pour calmer les indigestions.

Le chardon béni

Il affectionne tout particulièrement les sols secs et sablonneux, les terrains incultes et délaissés par la culture. Le jardinier peut en planter quelques pieds au potager pour utiliser les feuilles, en usage externe, afin de favoriser la cicatrisation des plaies. Les fleurs jaunes apparaissent dès le mois d'avril et persistent jusqu'en juillet apportant une note joyeuse dans le jardinet. Le fruit (non comestible) est cylindrique, muni de cottes fines, surmonté de poils soyeux.

Les plantes du soleil

De nombreuses plantes s'associent parfaitement avec les plantes aromatiques, car leur besoin en eau est identique. Ces mariages seront du plus bel effet tout au long de l'année. Pour le plein soleil, associez le laurier-sauce avec les iris et thym ; le buis, le genêt et la lavande ; l'eucalyptus, l'aneth et la sauge ; l'hélianthème avec la tanaisie et la bourrache ; l'hysope, le romarin et le persil frisé. Placez un morceau de tuyau du pied de la plante vers la surface et arrosez peu le soir.

Une liane à la réglisse

Originaire d'Inde, cette liane pousse dans les haies et les buissons. Présente dans tous les jardins en friche très ensoleillés, elle a une floraison exubérante teintée de rose. Ces grappes de fleurs donnent des fruits qui contiennent des graines rouges et noires. Pour que ces graines, très dures, puissent germer rapidement, vous les ferez tremper dans de l'eau pendant 48 heures avant de les semer. Vous obtiendrez au bout de quelques années un bel arbuste pouvant atteindre 4 mètres.

Récoltez la ciboule et le persil

Si vous avez semé de la ciboule en février, vous pouvez la récolter dès la mi-juin. Cueillez également les premières feuilles de menthe et de persil, ainsi que la verveine si elle est bien développée pour vos tisanes hivernales.

La sarriette

Elle se confond parfois avec le thym, mais on la distingue par ses tiges plus rouges. Il se dit que cette plante aurait des effets aphrodisiaques mais en infusion, elle remédie aux problèmes de digestion. Les tiges sont utilisées entières dans un plat de fèves, une soupe de pommes de terre et avec de la viande de porc.

Au barbecue, vous jetterez quelques branches de sarriette dans le feu pour parfumer vos grillades.

La pimprenelle

Plante vivace du nord de l'Europe, la pimprenelle possède de petites feuilles dentelées à l'odeur de concombre. Elle accompagne agréablement les salades de crudités et la soupe de potiron. Vous pouvez aussi ajouter ses feuilles finement hachées sur des œufs au plat ou des tomates poêlées. Ses fleurs rose rougeâtre ont un pouvoir calmant et sont appréciées pour décorer les nappes lors de repas de famille. Elle n'est pas sensible au froid.

La marjolaine et l'origan

Il est facile de différencier ces deux plantes cousines qui possèdent des feuilles ovales. La marjolaine pousse au jardin et l'origan sur les talus, au bord des chemins. La marjolaine a une saveur forte, piquante et s'utilise surtout pour aromatiser la cuisson des pommes de terre, des tomates farcies et des ragoûts de mouton. La fleur de la marjolaine est un porte-bonheur qui s'offre aux jeunes mariés. L'origan a une odeur plus prononcée en amertume que la marjolaine. Il entre dans la composition de la plupart des plats méditerranéens, comme les pizzas et les viandes rôties, ainsi que dans le méchoui au Maghreb.

Le basilic

Cette plante se sème en mai ou se repique suivant votre disponibilité pour en faire la culture sous abri. Attendez que la terre soit réchauffée et choisissez un emplacement au soleil. Il existe plusieurs variétés de basilic aux goûts divers : au citron, à l'anis, à la cannelle ; celui à petites feuilles se conserve au jardin plusieurs années alors que le géant doit être replanté tous les ans. Récoltez les feuilles au fur et à mesure de vos besoins et coupez les fleurs dès qu'elles apparaissent.

Le raifort

Il s'agit d'une plante vivace de 80 cm de haut, qui peut devenir très envahissante. Sa racine ressemble beaucoup au radis noir, mais elle est plutôt grise, légèrement jaunâtre parfois, alors que sa pulpe est blanche et légèrement piquante. Cette racine est récoltée en automne ou en hiver et elle sert de condiment au goût très puissant. On peut par exemple en faire une sauce à l'huile d'olive pour remplacer la moutarde. Elle a l'avantage de rester en place plusieurs années.

Le persil

Commun, géant ou frisé, le persil est une herbacée indispensable au jardin potager. Ayez de nombreux pieds car il est souvent mis à contribution en cuisine. Il aime les sols frais et la mi-ombre. Le persil frisé possède à sa levée des feuilles ovales qui vont se friper puis friser. Il conviendra aux plats de poissons. Le persil plat commun et le géant ont un goût plus fort, plus prononcé. Ajoutez-le dans les plats cuits, attendez le dernier moment afin qu'il conserve son arôme.

L'oseille

Voici un légume feuille qui résiste mieux au froid que les autres aromatiques. Néanmoins, il disparaît aux premiers gels pour mieux renaître au printemps. L'oseille aime les sols riches, frais et ombragés et vous cueillerez ses feuilles au fur et à mesure de vos besoins. Elles accompagneront vos omelettes en donnant une petite acidité agréable mais l'oseille se déguste aussi en soupe avec quelques pommes de terre réduites en purée. L'oseille reste en place plusieurs années.

La menthe

Comme la mélisse dont elle est une proche cousine, la menthe est une vivace qui perd ses feuilles en hiver. Suivant vos besoins, vous disposez d'un très large éventail de variétés qui apprécient toutes les terres légères et ombragées, et un sol frais. Attention ses racines ont tendance à s'étaler rapidement et elle repoussera là où vous ne l'attendiez pas. Ses feuilles parfumeront les sauces, les salades et les grillades. La menthe poivrée est plutôt réservée à la cuisine orientale.

La mélisse

Cette vivace possède un joli feuillage qui disparaît malheureusement en hiver. Elle aime les sols frais, bien drainés, à mi-ombre et la compagnie de la ciboulette. Vous n'oublierez surtout pas de l'arroser en début de culture, elle ne supporte pas la sécheresse. Son feuillage possède une odeur citronnée qui accompagnera les potages et les marinades. Attention toutefois à ne pas en mettre de trop, le parfum est puissant. Vous pouvez aussi vous faire des infusions très… toniques !

L'estragon

Cette herbe aromatique est une vivace qui aime les sol frais, légers et mi-ombragés. Dès les chaleurs de l'été, arrosez-le copieusement, le matin de bonne heure. En période de végétation, récoltez les feuilles et hachez-les pour accompagner les crudités. Pour bénéficier d'estragon toute l'année, mettez les feuilles fraîches dans du vinaigre jusqu'à la prochaine récolte. Protéger les pieds par un épais paillage et l'estragon repartira de plus belle au printemps.

La ciboulette

Plante aromatique par excellence, elle est indispensable au jardin. C'est une plante vivace qui doit être cultivée dans un sol frais ; coupez souvent pour favoriser la repousse de nouvelles tiges tendres. Pour ne jamais manquer de ciboulette, vous planterez deux pieds, ainsi dès que l'un sera épuisé, le second vous offrira ses tiges nouvelles, le temps que le premier reprenne toute sa végétation. La ciboulette accommode les omelettes, les fromages blancs et les salades.

L'absinthe

Petit sous-arbrisseau aromatique d'Europe méridionale, l'absinthe est une vivace qui aime le soleil, les terrains secs et rocailleux. Ses tiges sont cannelées et duveteuses et les feuilles sont vertes dessus et blanches dessous. Elle tolère très bien le gel grâce à son rhizome souterrain qui redémarrera seul au printemps. L'absinthe s'utilise aussi pour combattre les pucerons, en plaçant quelques branches autour des arbres fruitiers ou des rosiers.

L'échalote

D'un goût plus subtil que celui de l'oignon, l'échalote est tolérée par les personnes qui ont un estomac délicat. Elle est indispensable dans certains plats comme la béarnaise ou l'onglet et bien entendu la vinaigrette pour déguster les huîtres. Pour une bonne culture, vous choisirez un terrain qui ne retient pas l'eau, vous ferez une tranchée et vous ameublirez le fond avant de déposer un peu de sable. Déposez vos plants, couchés sur le côté, puis ramenez la terre dessus.

Le thym

En montagne, le thym change de nom pour devenir le serpolet, mais il est certainement, avec le persil, l'une des plantes aromatiques les plus courantes en cuisine. Il fait partie du fameux « bouquet garni » et ses feuilles

accompagnent les plats de viande, ainsi que toutes les cuissons aux herbes de Provence. Le thym facilite la digestion et s'utilise également en infusion pour des bains de bouche. Si vous êtes sujet à de gros rhumes ou que vous avez le nez bouché, faites bouillir de l'eau dans une casserole, mettez à infuser quelques branches de thym. Placez la casserole dans la chambre ou sous le lit pendant la nuit.

Le romarin

Petit arbuste persistant, le romarin attire les abeilles au début du printemps. Il est de fait un excellent pollinisateur, qui permet de démarrer la culture des premiers plants précoces, comme les petits pois et les haricots. Il possède une saveur amère qui accompagne la plupart des plats méditerranéens et les grillades. Incontournable pour toutes les viandes cuites au barbecue, jetez quelques branches dans les braises. Une infusion de romarin a un effet tonique, il est donc à déconseiller le soir, sauf si vous envisagez de faire une nuit blanche ! Il est le symbole de l'amour et de l'amitié et guérit les blessures…

Le persil

Cette plante aux effets thérapeutiques est le condiment le plus utilisé par les cuisinières. Il en existe diverses variétés, dont celui à larges feuilles (persil géant d'Italie) ou en feuilles frisées. Ce dernier n'a guère de saveur et sert davantage de décoration aux plats de poisson. Le persil est destiné à être consommé cru et sa cuisson n'apporte rien aux plats cuisinés. Au printemps suivant sa plantation, il fleurit et porte des graines. Ressemez-les, elles vous donneront de nouveaux pieds. Si vous avez le mal des transports, fabriquez un petit sachet avec de la gaze et placez à l'intérieur des feuilles de persil hachées. Collez ce sachet sur votre poitrine avec du sparadrap.

Créer, entretenir des massifs de fleurs

Beaucoup de soin mais des résultats généreux

La pratique quotidienne du jardinage réclame de nombreux savoir-faire. En ce qui concerne les massifs, les plantes du jardin d'ornement demandent le plus souvent des soins intensifs, mais les résultats sont généreux en couleurs et savent récompenser les efforts du jardinier par la diffusion de senteurs extraordinaires. Le temps qui passe est un bien précieux et le jardinier, qui vit au rythme des saisons, doit s'organiser pour être en accord parfait avec les saisons. Ces quelques astuces faciliteront les efforts de chacun et, lorsque le moment sera venu, la cueillette pour tous.

Une allée blanche

Pour réaliser une allée qui soit bien visible aux beaux jours, utilisez des plantes à fleurs blanches : achillée musquée, anémone à fleurs de narcisse, arabette à feuilles de serpolet, berce du Jura, gaillet à feuilles inégales, mélinot blanc, orpin blanc, pied de chat des Carpates, vesce hérissée.

Allées de conifères

En hiver, étalez entre les rangs de vos plantes des branches de pins qui éloigneront à coup sûr les chats qui détestent leurs piquants. L'acidité des branches de pin et de sapin est aussi un excellent désherbant. À ramasser et à porter à la déchetterie à la fin de l'hiver.

Aller au charbon

Pour éviter la fonte des semis en terrine, épandez à la surface de la terre du charbon de bois réduit en poudre. Il s'agit d'un antiseptique efficace à utiliser dans toutes circonstances similaires.

Amplifier le rosier grimpant

Pour obtenir la floraison abondante d'un rosier grimpant, vous courberez les tiges vers le sol à l'aide de cordelettes pour que les têtes soient tournées vers le bas. De nouvelles pousses, dirigées vers le haut et couvertes de boutons, apparaîtront rapidement sur toute la longueur des hampes.

Des anémones précoces

Afin d'accélérer l'entrée en végétation des tubercules de l'anémone, des fleuristes d'antan les mettaient à tremper dans une bassine d'eau pendant 24 heures, avant de les planter. Pour éviter d'abîmer les tubercules mis en place avant l'hiver, on plaçait des petits piquets de 15 cm de hauteur en les reliant par une cordelette pour délimiter l'endroit à protéger. Si vous voulez arracher les tubercules après la floraison, attendez que le feuillage soit devenu jaune et replantez-les à l'automne.

Des arbres aux subtils parfums

Certains arbres parfumaient le jardin de nos grands-mères et leurs couleurs magnifiaient le regard. Ces arbustes se mélangent entre eux ou avec des plantes odorantes comme le lilas et le seringat à fleur simple ; l'oranger du Mexique et le chèvrefeuille ; le genêt d'Espagne et la lavande ; l'osmanthe et les azalées.

Un arbuste en sol argileux

L'amélanchier lamarckii est un arbre d'ornement qui supporte très bien les sols argileux. Il se couvre au printemps de fleurs blanches, puis de baies en été et flamboie de cuivre dès l'automne. De plus il supporte très bien les rafales de vent, le gel et même les pollutions.

Un arbuste sans soleil

Il est tout à fait possible de planter un arbuste qui ne nécessite pas beaucoup de soleil, dont les persistants et caducs suivants : alisier sur tige, astrantie, aucuba, buis de Corée, camélia, cotonéaster, cyprès de Sibérie, fusain, houx, kalmia, mahonia, millepertuis, pruche du Canada, viorne.

Des arbustes et des oiseaux

Comme pour les papillons, de nombreux arbres ou arbustes attirent certains oiseaux pour leurs fleurs ou le refuge qu'ils proposent. Voici les plus fréquentés au jardin de grand-mère : amélanchier du Canada, aralie de Chine, aubépine, chèvrefeuille, épinette bleue, lilas, micocoulier occidental, olivier de Bohême, sorbier.

Des arbustes pour l'ombre

Voici des arbres et des arbustes qui se plaisent à l'ombre. Alisier sur tige, buis de Corée, cyprès de Sibérie, kalmia à larges feuilles, orme de Chine sur tige, sordaria à feuilles de sorbier, sureau du Canada, symphonie, viorne, viburnum, weigela hybride.

Arracher le gui

Lorsque vos arbres sont parasités par le gui, il est indispensable d'arracher les suçoirs. Vous soignerez ensuite les plaies avec du goudron de Norvège. S'il s'agit d'un arbre fruitier et qu'il est gravement atteint, faite une taille sévère en coupant définitivement les branches malades.

Attention au bouton-d'or

Le bouton-d'or est bien joli dans les prairies et il est tentant d'en mettre au milieu des massifs. Il existe plusieurs variétés : or dans les prés, blanches à la montagne et bleues dans les forêts. Mais vous devrez vous méfier de cette renoncule traîtresse qui est très toxique. Lavez-vous les mains après chaque manipulation.

Au chaud les dahlias

Lorsque la floraison des dahlias est terminée et que les bulbes ont été déterrés et mis à sécher, placez-les dans une cassette pleine de sciure de bois non traité. Ils attendront patiemment le printemps pour retourner dans la terre.

Bain chaud pour le saintpaulia

Quelques plantes d'intérieur, comme le saintpaulia, ont besoin de chaleur et d'une hygrométrie importante. Une fois par semaine, offrez à votre saintpaulia un bain chaud dans une cuvette : surélevez votre pot sur un second pot retourné dans la cuvette ; versez de l'eau bouillante et laissez faire l'évaporation. Il adore ! Attention néanmoins à son entretien car ses racines supportent très mal l'humidité constante.

Bain froid pour les lis

Quand les lis sont en fleur, il est tentant de faire des bouquets, mais ceci épuise rapidement la plante. Pour prolonger la vie de vos pieds, ne prélevez qu'une fleur sur trois. Au matin, lorsqu'elle est à demi ouverte et avant que le soleil ne la couvre de ses rayons, coupez la fleur au tiers supérieur et ôtez les feuilles à la base de la tige. Mettez-la dans l'eau froide pendant 12 heures et vous prolongerez ainsi sa durée.

Un beau gazon anglais

En Angleterre, il est coutume de dire que pour obtenir un beau gazon, il faut l'arroser, le tondre et le rouler souvent. Peut-être bien d'ailleurs que l'astuce est là : il faut le rouler régulièrement et au bon moment. La meilleure période est au début du printemps lorsque la terre est encore un peu molle. Sinon, arrosez abondamment le soir une fois par semaine et roulez le matin de bonne heure. Ce roulage favorise la fortification des brins d'herbe qui s'enracinent plus fortement, plus profondément et se redressent plus facilement quand on marche dessus.

Diversité en mars

Au mois de mars, de nombreuses annuelles sont particulièrement esthétiques et il devient alors intéressant d'ajouter un second semis pour obtenir des contrastes. En semant des pavots d'Islande, ajoutez aussi quelques graines ornementales afin d'obtenir un massif agréable et diversifié. Au moment de les couper, vous obtiendrez un superbe bouquet qui trônera en évidence sur la table de la salle à manger. Un peu de bicarbonate dans l'eau du vase prolongera leur vie.

Le blanc des rosiers

L'oïdium des rosiers (maladie appelée aussi « blanc du meunier ») présente une sorte de duvet blanc et poudreux sur les tiges. Quelques jours plus tard, les bourgeons et les feuilles finissent par tomber. En toutes saisons, pour lutter rapidement contre cette maladie, vous mélangerez dans un arrosoir 100 g de savon noir, 1 litre d'huile de colza et 45 cl de pétrole. Pulvérisez les rosiers en fin de journée dès l'apparition de la maladie. Si les températures sont entre 15 et 20°C, vous pouvez également pulvériser une décoction de prêle. En automne, préférez la bouillie bordelaise.

Bouturage du laurier-rose

En juillet, coupez en biais une nouvelle pousse de laurier-rose sur 20 cm. Ôtez les feuilles du bas et placez la tige dans un bocal en verre rempli d'eau avec un morceau de charbon de bois. Des radicelles apparaîtront au bout de 30 jours. Plantez sous serre et mettez en place au printemps.

Bouturer les chrysanthèmes

En février, réalisez des boutures de chrysanthèmes en prélevant des bouts de tiges de 10 cm. Replantez-les après avoir trempé l'extrémité dans une hormone de bouturage.

Le chrysanthème aime la nuit

Les chrysanthèmes aiment le noir. Plus exactement, ils poussent mieux quand le jour est plus court que la nuit. Pour qu'ils fournissent une floraison plus importante, enfermez-les 12 à 15 heures par jour dans une pièce obscure ou sous un plastique noir. Ensuite, au jardin, évitez-leur toute source de lumière directe en les plaçant à l'ombre.

Un coin dans l'ombre

Pour obtenir de belles jardinières de fleurs, vous devrez définir quels sont les endroits où seront placées ces potées, les fleurs n'ayant pas les mêmes besoins en eau et en soleil. À l'ombre, vous planterez des fuchsias, des myosotis, des jacinthes et des fougères pour leur port haut et des bégonias au port retombant.

La dame peinte à pointe rouge

L'*Echeveria derenbergii* est une plante de plein soleil qui fleurit abondamment au printemps. Elle porte sur une courte tige plusieurs rosettes bleu vert en forme de petit coussin avec une pointe rouge. Les fleurs vermillon naissent à la fin de l'hiver jusqu'à l'automne. L'hiver, elle supporte des températures basses de + 13 °C.

De la suie pour les rosiers

Pour améliorer et fortifier vos rosiers, récupérez la suie d'une cheminée à bois et placez-la dans un sac de toile. Détrempez ce sac dans l'eau jusqu'à ce que le liquide prenne la couleur et la consistance d'un vin épais, noir. Arrosez le pied de vos rosiers avec cette potion, à la base de la végétation, vers la fin du mois de mars ou début avril. Vos rosiers vous diront merci.

De l'aluminium contre les rongeurs

Lorsque vous planterez de nouveaux arbustes dans vos massifs, vous envelopperez la base des jeunes arbres avec du papier d'aluminium, pas trop serré pour qu'ils respirent. Cette brillance inhabituelle et le bruit de leurs pattes frottant sur l'aluminium éloigneront les rongeurs divers.

Décoction et purin de prêle

Le purin de prêle provient de la fermentation de 1,5 kg de prêle fraîche dans 10 litres d'eau pendant 15 jours. Il sera ensuite additionné à 10 fois son volume d'eau et pulvérisé comme un fongicide naturel contre les maladies cryptogamiques telles que le mildiou, la rouille ou la cloque. La décoction est le résultat de l'ébullition de feuilles de prêle pendant 30 minutes dans l'eau. Si ces éléments actifs ont des propriétés supérieures à celle du purin, la préparation ne pourra être conservée plus de 48 heures, 72 heures dans l'obscurité.

Coup de chaud pour fleurs coupées

Lorsque les fleurs coupées du jardin commencent à piquer du nez dans leur vase, il est temps de leur donner un petit coup de fouet. Plus exactement un petit coup de chaud ! Plongez une partie de la queue dans de l'eau bouillante, coupez et placez immédiatement dans un vase d'eau fraîche.

Détruire la mousse sur les pelouses

Sachant que les méthodes les plus simples sont souvent les plus efficaces, pour faire disparaître la mousse des pelouses, saupoudrez-la avec de la cendre de bois ou arrosez-la régulièrement avec de l'eau bouillante. Au bout de quelques jours, vous en viendrez totalement à bout.

Deux floraisons pour l'orchidée

Les massifs d'extérieur sont attendus avec impatience, mais il vous faudra attendre jusqu'aux beaux jours. Pourquoi ne pas fleurir votre maison en attendant ? Si vous possédez une orchidée phalaenopsis et que malgré vos soins, la fleur se fane au bout de quelques semaines, il vous faudra attendre environ deux mois pour lui offrir une seconde vie. Pour cela, coupez au-dessus du deuxième œil la tige dont les fleurs sont maintenant fanées.

Pour conserver toutes les chances de voir d'autres fleurs au fil du temps, vous devrez toujours couper court la tige ayant porté une fleur.

Division des iris

La division des iris se fait quand la terre n'est pas humide, sinon ils pourrissent. Pour les replanter, ils doivent effleurer le sol. Pour ce faire, creusez très légèrement et faites un crochet en « U » avec un fil de fer ou une épingle à cheveux pour les maintenir jusqu'à l'enracinement. Simple, rapide et efficace !

Donner du volume à ses potées

Des fleurs qui montent, qui s'étalent... Donnez encore plus de volume à vos potées en installant des variétés et des plantes à feuillage retombant que vous installerez en bordure des potées. Vous avez le choix : armoise, lierre « golden ester », sauge, fenouil *Foeniculum vulgare*, fétuque *Festuca glauca*, cheveux d'ange, etc.

Doucher les persistants

Une bonne douche, voilà ce qu'il faut faire pour ôter le sel qui recouvre les conifères qui poussent en bord de mer ou lorsque votre jardin est proche d'un chantier en construction et que le vent transporte la poussière. C'est en fin de journée que vous doucherez les conifères pour éliminer cette poussière ou le sel des embruns.

Un drain pour les tulipes

Il arrive (trop) souvent que vos oignons pourrissent avant même que les tiges porteuses des fleurs ne sortent de terre. C'est le cas des oignons plantés dans une terre mal drainée. Pour y remédier, placez au fond du trou une bonne poignée de sable, l'eau s'écoulera plus facilement sans abîmer les oignons. De plus, ce sable calera l'oignon qui ne bougera plus sous les effets des divers tassements et mouvements du terrain.

En attendant le printemps

Ce sont les marguerites d'automne (chrysanthèmes) qui, par leurs couleurs extravagantes, donneront une seconde vie à votre balcon lorsque les fleurs d'été auront disparu. Les pensées blanches et les violas fleurissent encore en hiver et jusqu'au printemps lorsque les primevères montreront à leur tour leurs boutons floraux.

Engrais et fumures organiques

Il est déconseillé d'apporter des engrais au jardin si vous ne nourrissez pas également le sol avec de bonnes fumures organiques. Un engrais complet est composé d'azote qui fait pousser les plants : le plus facile à utiliser est le sang desséché. Mais il est aussi composé de potasse, qui forme les graines et les fruits : la cendre de bois est la plus simple à se procurer. Et enfin d'acide phosphorique, qui est présent dans le fumier de cheval et qui fortifie les racines, favorise la résistance aux maladies et le développement des légumes et des fruits.

Arrosez à l'eau de pluie

À la mi-septembre, récupérez votre eau de pluie pour arroser votre jardin le soir quand les températures baissent. Paillez vos massifs et jeunes arbres pour limiter l'évaporation et les arrosages.

Fleurir le devant d'une terrasse

Vous possédez un espace au pied de votre terrasse qui mériterait quelques couleurs, voici quelques fleurs qui fleurissent d'avril à juin : près du muret, plantez des azalées jaunes, vers la cassure des marches, des iris mauve, sur le devant de votre composition, de la corbeille d'argent et ajoutez des touffes de myosotis. Peu d'eau pour cette composition de couleurs complémentaires.

Fleurir un coin à l'ombre

Un petit lopin de terre est dénudé, à l'abri du soleil, et vous aimeriez quelques plantes réclamant peu d'entretien : à l'arrière du massif, vous planterez de la fougère et de l'astilbe. Au centre, de l'hosta, sur les bordures, des primevères et des pieds de peltoboykinias.

Des fleurs à papillons

Si les papillons de votre région ne sont pas tous décimés par les insecticides, voici des fleurs et des arbustes haies qui les attirent irrésistiblement : hibiscus, héliotrope du Pérou, arbuste aux papillons, camomille des teinturiers, gloire du matin, liatride à épis, pétunia, pied d'alouette, rudbeckie, véronique et digitale pourpre.

Fleurs d'automne du cornouiller

Le cornouiller possède un bois très dur qui sert notamment à fabriquer des manches d'outils, car ce bois solide résiste aussi à l'humidité. Son aspect est malgré tout assez rustique, sauf lorsqu'il est en fleur, car elles sont très odorantes. À l'automne, pour donner plus de relief aux fleurs, arrosez le pied du cornouiller avec un arrosoir d'eau dans lequel vous aurez ajouté du sulfate de potassium (1 cuillère à soupe pour 11 litres d'eau).

Floraison d'une cactée

De nombreuses plantes exotiques fleurissent au jardin exceptionnellement lorsque le soleil est très chaud. Pour favoriser l'épanouissement des fleurs, déposez au pied de votre cactée des morceaux de pommes et chapeautez l'ensemble d'un grand sac plastique transparent. L'éthylène des pommes et la mini-serre provisoire faciliteront l'apparition des fleurs. Faites respirer la plante au moins une fois par jour ou percez 2 ou 3 petits trous en haut du sachet.

Fortifiant : une eau à la rouille

Pour donner un coup de « punch » à vos massifs, placez quelques vis et écrous dans une grande bassine pour qu'ils rouillent. Après quelque temps, lorsque des halos brunâtres apparaissent autour des métaux, vous utiliserez cette eau pour arroser les pieds des plantes qui ont besoin d'un « léger fortifiant ».

Un gazon sans mousse

Votre gazon est constellé de mousse ? C'est le signe d'un sol mal aéré, d'une exposition peut-être trop ombragée ou d'un excès d'humidité. Pour les éliminer, il est recommandé de scarifier plus souvent, mais aussi de chauler la pelouse au printemps avec du sulfate de fer neige qui est relativement bon marché. Pour aérer la pelouse régulièrement, vous pouvez utiliser des brodequins à gros clous que vous chausserez lorsque vous effectuerez les travaux au jardin. C'est un peu lourd à la fin de la journée, mais très efficace à la longue. Pour la ligne également

Un gazon tout neuf

Des plaques de gazon sont en mauvais état et vous voulez remplacer ces petites surfaces promptement. Malheureusement, les oiseaux vous voient faire et attendent patiemment que vous ayez terminé pour « la régalade ». Pour protéger ces semis, une fois la terre roulée, placez des feuilles de papier journal tenues par des cailloux aux coins et arrosez en pluie. Les oiseaux ne pourront manger les graines et votre gazon lèvera plus rapidement, stimulé par l'humidité constante réalisée ainsi.

Le ginkgo sent mauvais

Si vous devez planter un ginkgo dans le jardin, préférez un mâle. Les fruits du ginkgo femelle sont malodorants. Son nom « arbre aux 40 écus » viendrait de la couleur de ses feuilles qui deviennent jaune doré à l'automne et qui forment comme un tapis d'or à son pied. Il se dit aussi que son inventeur français l'aurait acheté 40 écus d'or à un botaniste anglais. Allez savoir...

Arrosage du soir, espoir

Les petits arrosages dérèglent le fonctionnement des végétaux et il vaut mieux arroser longtemps que souvent ! Au printemps, arrosez de préférence le matin pour éviter le refroidissement nocturne. Aux jours les plus chauds, arrosez de préférence le soir pour que l'humidité relative de la nuit évite une évaporation trop rapide.

Graines de saison

La terre est prête pour recevoir vos premières fleurs, mais comment se souvenir du moment où il faut planter ces graines ? Pour toutes les « frileuses », vous attendrez que les pommiers soient en fleur, mais pour celles qui aiment la chaleur, vous sèmerez quand les lilas s'épanouiront.

Une haie aux oiseaux

Un grand nombre d'arbustes destinés à réaliser des haies sont des lieux enchanteurs pour accueillir les oiseaux. Ceux-ci sont les amis du jardinier qui se doit de les protéger car, en plus de leurs chants mélodieux, ils éliminent bon nombre de parasites du jardin, et ceci, de jour comme de nuit. Pensez à planter quelques arbustes pour qu'ils nichent et pourquoi pas, quelques pieds de tournesols... ils raffolent des graines.

Les arbustes préférés des oiseaux : pyracantha, cotonéaster, prunellier, genévrier, berbéris, troène, laurier feuilles, sorbier, houx, aubépine, mahonia, skimmia, nandina ou bambou sacré et sureau.

Une haie pour briser le vent de la mer

Pour protéger vos massifs de fleurs des vents marins, si le climat est doux et que vous habitez le bord de mer, plantez une haie d'arbousiers. L'arbousier ne craint pas les embruns et vous obtiendrez avec cet arbuste à feuillage persistant une superbe haie protectrice. Espacez vos plants de 1,50 m et si l'hiver est froid, attendez le printemps pour les planter.

Haro sur la taupe

L'entretien d'un jardin demande de la patience et à chaque jour suffit sa peine. Que faire lorsque, au petit matin, des monticules de terre ont poussé entre vos massifs et votre pelouse et que les taupes ont décidé de s'approprier une partie de votre jardin ? Offrez-leur des fleurs ! Plantez des répulsives comme l'euphorbe épurge, l'herbe-au-sorcier et les œillets d'Inde qui ont des racines à l'odeur puissante et désagréable pour ces petites bêtes, certes aveugles mais pas insensibles.

Impénétrables pollinisateurs

Afin de profiter de chaque pouce de terrain, plantez des fruitiers rustiques dans vos haies d'arbustes à fleurs. Se pollinisant entre eux, le cassissier noir de Bourgogne et le groseillier à maquereaux Winham's Industry se marient très bien avec un arbre aux papillons aux fleurs pourpres tirant sur le violet ou avec une potentille Goldfinger à la floraison jaune. En mélangeant le groseillier à maquereaux, l'aubépine et le pyracantha, vous créerez une haie florale et fruitière infranchissable par les importuns.

Inventer son massif de fleurs

Grâce aux semences vous pourrez, à peu de frais, obtenir des fleurs toute l'année et modifier l'apparence du massif suivant vos humeurs. Godétia monarche, alysse odorante « tapis de neige », capucine impératrice des Indes, œillet de Chine impérial double, lavatère à grande fleurs, cosmos sensation, belle de jour, pivoine et ipomée.

Un jardin aquatique

Certaines plantes supportent d'avoir « les pieds dans l'eau » : les bambous et la plupart des saules. Mais ne vous arrêtez pas à ces classiques. Jouez la surprise avec un aulne, un Salix exigua, un ou deux pieds de Rheum palmatum et des couleurs vives avec des Primula pulverulenta mélangés aux iris.

Le jardin s'invite à la maison

Vos gerberas sont en fleur et il serait dommage de ne pas en profiter aussi à l'intérieur de la maison. Prenez un grand verre, haut et étroit comme une chope, remplissez-le d'eau au 3/4 et placez vos fleurs dedans avec des pailles à sodas de différentes couleurs : orange, rose, jaune, bleu. L'effet est remarquable et améliore la présentation de ces premières fleurs d'été. Dans le sud de la France, vous pouvez aussi ajouter quelques épis de blé précoces et une branche de laurier-rose.

Le jardinet accéléré et transitoire

Pour créer une belle transition avec la terrasse, disposez des potées fleuries dans des contenants en pierre travaillée ou en bois, de telle manière qu'ils tranchent avec le revêtement du sol sans dégrader l'harmonie des lieux. Les vivaces comme les agastaches possèdent des formes et des couleurs que vous marierez judicieusement le moment venu.

Un jardinet d'ombre

Devant un muret à la campagne ou un petit jardinet en ville, voici quelques plantes pour créer un feuillage dense et animé de fleurs claires. Actée rouge, Mahonia japonica, Tiarella cordifolia, sceau de Salomon, Viburnum davidii, weigela, Pieris formosa, balsamine, muguet, clicia et hosta.

Jeu de fleurs

Pour obtenir une floraison de tulipes qui ne soit pas trop ordonnancée, jetez à la volée les oignons et plantez-les aux endroits où ils sont tombés. Vous obtiendrez un résultat très imaginatif et naturel.

Un arbre adapté aux sols

Suivant votre terrain, vous devrez choisir vos arbres. En sol sec : ailante, aulne et arbre de Judée. En terrain frais et humide : aulne et chicot du Canada. En terrain sableux : châtaignier et érable negundo. En terrain calcaire : bouleau blanc et cytisus. En sol argileux : charme, févier et hêtre.

Laiteron rude

Cette plante parasite (appelée aussi chardon blanc) colonise rapidement les jardins et les potagers trop riches en azote. Elle ressemble à un pissenlit, mais quand on la coupe en deux, un suc laiteux s'écoule de la tige. Pour vous en débarrasser, semez entre deux cultures de la luzerne ou du trèfle blanc.

Des lignes droites

Lors de vos semis, si vous êtes un maniaque de la ligne parfaite, après avoir ameubli et aplani la planche de culture, posez votre râteau à terre, les dents vers le ciel. Appuyez fermement avec votre pied sur le manche et dans un sol léger, il formera un petit sillon suffisamment profond pour accueillir les graines. Avant de planter les pois ou autres semences, creusez un sillon dans la terre fraîche et meuble avec la roue de la brouette. Plus elle sera chargée, plus le sillon sera profond !

Des lignes harmonieuses

Pour créer des courbes et casser la monotonie des lignes droites, utilisez des outils et des matériaux que vous avez au jardin. Pour faire un cercle, piquez un plantoir à poireaux au milieu de l'espace choisi et à l'aide d'un cordeau, tracez un cercle parfait. Vous pourrez ensuite à la bêche rogner le pourtour de la surface ainsi parfaitement délimitée. Pour faire une courbe, utilisez le tuyau d'arrosage. Mobile et souple, il permet de faire des courbes à volonté jusqu'à parvenir à l'effet souhaité. Ensuite, comme pour le cercle, utilisez la bêche pour matérialiser définitivement l'allée et les bordures.

Des limites en lierre

Pour démarquer un chemin, cerner un coin ou une terrasse, installez facilement une guirlande de lierre qui sera du plus bel effet. Plantez des piquets et, suivant les longueurs à limiter, vous les relierez avec de la cordelette ou des chaînes. Derrière chaque piquet, plantez également une bouture de lierre que vous ferez courir ensuite le long de la chaîne…

L'Amaryllis refleurira

Pour que votre amaryllis refleurisse, vous arroserez le bulbe avec un engrais à tomate avant et après la floraison. Coupez uniquement le haut de la hampe fanée car sa tige est une réserve de chlorophylle importante qui favorisera une seconde floraison dans la même année.

Marier tulipe et muscari

Si vous ne déterrez pas les bulbes de vos tulipes, installez sur le pourtour des bulbes de muscari qui vous serviront de repères pour ne pas blesser les tulipes lors du nettoyage d'automne. Au soleil, les tulipes nénuphar, esperanto et kaufmanniana. À l'ombre, les tulipes canova, frangée et gavota.

Un massif au soleil

Une terre difficile et sèche peut très facilement accueillir des espèces qui se plaisent au soleil comme l'iris *babata*, la capucine, le genêt (*Genista hispanica*), les hélianthèmes, l'*Allium christophii*, le *Convolvulus cneorum*, les verveines, et les cistus. Un peu de folie avec un pied de *Callistemon laevis* et dans une belle potée un Westringia fruticosa.

Un massif sous l'arbre

Lorsque vous avez placé, au milieu de la pelouse, un bel arbre ornemental pour vous procurer de l'ombre l'été, vous avez aussi tracé un cercle sans gazon pour permettre à l'arbre de se nourrir sans faire concurrence à la pelouse. Pourquoi ne pas créer un massif de fleurs près du banc où vous aimez vous reposer et écouter « pousser l'herbe ? ». Plantez des plantes de sous-bois comme les géraniums, les cyclamens, les anémones et les iris qui donneront une note de couleur à votre tableau.

Agrémenter un escalier

Pour habiller ou matérialiser un escalier extérieur, créez une cascade de fleurs en plaçant des pots, toutes les deux ou trois marches, à leurs extrémités. N'utilisez pas que des pots de terre cuite, panachez avec des seaux en métal (percés au fond) et des petites jardinières de bois. Pour les petites potées légères, reliez-les avec une cordelette à la rambarde.

Des massifs colorés

Au début du mois de juillet, vous pouvez cueillir les fleurs à bouquet, glaïeuls, zinnias, delphiniums, pois de senteur. Réservez chaque année un coin de jardin pour ces fleurs, afin de ne pas dégarnir vos massifs.

Mille-feuilles à l'os

Les plantes annuelles et les vivaces sont quelque peu goulues et le sol a besoin d'un « engrais retard ». Au fond des trous, déposez de la poudre d'os, une couche de terre et une autre couche de poudre. Ajoutez la terre et installez vos plantes ou vos oignons. À propos, sachez que la tulipe apprécie aussi fortement cette préparation en « mille-feuilles ».

Un mini-jardin dans la maison

Créez un mini-jardin à la maison en peignant une cagette et en installant sur le fond et les bords un plastique épais. Remplissez de terre et recouvrez d'un tapis gazonné de la même dimension que la cagette. Piquez quelques arums de couleurs et vous aurez votre mini-jardin d'intérieur.

La moutarde contre les vers

Il se peut que vos plantes d'appartement ou de terrasse soient infectées par les vers. Pour remédier à cela, vous procéderez à plusieurs arrosages avec une eau de pluie dans laquelle vous aurez dilué un peu de farine de moutarde. Les racines de plantes traitées ne souffrent pas de ce soin qui est souvent utilisé dans les jardineries et les arboretums du monde entier. Cette farine est disponible en pharmacie.

Multipliez les vivaces

À la mi-mars, divisez les touffes de vivaces trop denses dans vos massifs. Replantez immédiatement après les avoir séparées en deux à la bêche dans le jardin ou offrez-en !

Savon de cornouiller

En disposant un cornouiller dans votre haie (10 à 12 m de haut), vous bénéficierez d'un arbre remarquable qui vous offrira une merveilleuse floraison au printemps (avril à juin suivant les régions) et un feuillage doré du plus bel effet à l'automne. Résistant, il supporte des températures pouvant atteindre -20°C. Pour jouer sur les couleurs, choisissez un cornouiller cornus kousa satomi, qui se recouvre de fleurs roses. Et récupérez les fleurs pour faire un savon maison. Après vos travaux du jardin, cueillez les fleurs et frottez-vous les mains avec, en les passant sous l'eau. Non seulement vos mains seront propres, mais elles retrouveront aussi un peu de douceur.

Des myosotis durables

Prenez un récipient creux, une assiette par exemple, et cueillez des myosotis à peine en fleur. Mettez au fond du récipient de l'eau de pluie pour que les tiges, couchées, baignent correctement. Rajoutez régulièrement de l'eau, qui s'évapore. Au bout d'un mois, des racines blanches naîtront formant un filet qui portera de nouvelles fleurs. Les fleurs fanées seront très vite remplacées par ces nouvelles boutures.

Narcisses, floraison massive

Pour obtenir une belle floraison de narcisses dans un pot trop étroit à la fin de l'été : placez 5 cm de compost humide au fond d'un pot et placez trois bulbes. Recouvrez jusqu'au collet et plantez-en trois autres dans les espaces créés. Recouvrez alors de terre, humidifiez et attendez le printemps.

Une nouvelle violette

Inutile d'être un savant horticulteur pour faire une bouture de violette. Il vous suffit de récupérer une feuille et de l'enterrer à moitié dans un terreau frais. Ne laissez pas dessécher la motte et après trois à cinq semaines, vous aurez une nouvelle pousse.

Pas d'eau pour le dahlia

Contrairement aux conseils génériques de plantation, le dahlia est l'exception qui confirme la règle. Lorsque vous plantez un dahlia, placez les tubercules horizontalement dans un trou de 15 cm de profondeur autour d'un tuteur bien piqué dans la terre. Recouvrez avec le mélange similaire au sol où vous l'installez et tassez avec les doigts pour niveler le sol. Laissez faire : n'arrosez surtout pas !

Picotage de poulettes

Pour éliminer les graines de votre paillis de foin et d'herbes sèches, étendez-les sur le sol du poulailler. Les poules se chargeront d'éliminer les mauvaises graines. Un coup de râteau et vous pourrez pailler vos fleurs frileuses sans craindre de semer de mauvaises graines.

Des plantes à papillons

Quel plaisir que de voir des myriades de papillons au jardin. Voici les fleurs que grand-mère avait pour les attirer irrésistiblement : achillée, camomille des teinturiers, chardon bleu, dahlia, digitale pourpre, gloire du matin, impatience, liatride à épis, pétunia, pied-d'alouette, potentille frutescente, salicaire.

Des plantes annuelles pour les enfants

Il est important de faire participer les enfants à la conception des massifs de fleurs. Ils en prendront soin à l'avenir et attraperont peut-être aussi de cette manière le virus du jardinage. Choisissez des fleurs faciles à cultiver et à entretenir : bleuets, capucines, clarkias, cosmos, haricots d'Espagne, tournesols et zinnias.

Plantez les annuelles

Dès la mi-juin, semez en place des annuelles comme les pavots de Californie et des monnaies-du-pape. Optez pour des mélanges fleuris pour garnir un espace nu. Les auxiliaires en profiteront pour butiner cet ensemble floral.

Préparer les massifs printaniers

Fin septembre, plantez des bulbes de printemps. Groupez-les pour faire des massifs denses et colorés. Faites des potées de crocus, mélangez les narcisses jaunes et blancs, les tulipes perroquets ou doubles.

Prunelles aux premières gelées

Les prunelles pourraient se cueillir en septembre si leur âcreté n'était pas autant dissuasive. Pour bénéficier de prunelles avant l'heure, placez-les en bas du réfrigérateur une semaine avant de les faire cuire pour une tarte maison. Si vous voulez les déguster sur place, il vaut mieux attendre les premières gelées.

Puisque vous partez en vacances

Si vous devez vous absenter plusieurs jours, placez sous vos pots une belle épaisseur de papier journal que vous mouillerez jusqu'à saturation. Vous pouvez également faire un tapis de tourbe dans les mêmes conditions. Pour des pots plus grands, surélevez un seau rempli d'eau et enfoncez dans chaque pot, posé à terre, 3 cm de mèche de lampe à pétrole. Vos pots seront nourris pour plusieurs semaines.

Quand acheter les rosiers ?

Vous trouverez en jardineries des rosiers dont les racines sont enveloppées de tourbe dans un plastique de protection. Si vous devez acheter ces plants, faites-le en tout début de saison car cette exposition en milieu chaud et humide défavorise leur reprise, le rosier ayant déjà entamé sa germination.

Quand la glycine se met en veille

Si vous envisagez de planter une glycine, achetez-la lorsqu'elle est en fleur pour être assuré qu'elle refleurira en mai de l'année prochaine. Si la vôtre semble mal en point, desséchée, grattez l'écorce avec votre ongle : si le vert apparaît, elle somnole simplement. Sinon coupez tous les rameaux morts.

Quelle est la bonne taille des bulbes ?

Pour obtenir une floraison la première année de plantation, les bulbes doivent être calibrés de la manière suivante : 12 cm pour les narcisses, 18 cm pour les jacinthes et 11 cm pour les tulipes. Pour forcer la floraison, mettez-les trois semaines au réfrigérateur avant de les placer dans le terreau.

Fleurs séchées

Pour réussir vos tableaux séchés, il est important de cueillir vos fleurs au bon moment : l'immortelle se cueille lorsqu'elle est en bouton et dès que les couleurs apparaissent ; la lavande se cueille en pleine floraison ; les achillées lorsqu'elles sont totalement épanouies ; la nigelle et la massette juste avant l'ouverture des fruits.

Recomposez votre jardin

En janvier, faites votre choix de semences dans les catalogues de fournisseurs. Réfléchissez à la composition de vos massifs, en fonction des floraisons des bulbes, des annuelles et des vivaces.

Redonner de la vigueur

En août, divisez les pieds des vivaces comme les pivoines, les hellébores et les hémérocalles. Les pieds rajeunis reprendront de la vigueur au printemps.

Repères pour bouturage

Si vous êtes doués pour réaliser des boutures d'arbres fruitiers ou d'arbustes fleuris, au moment de les planter, vous avez quelques difficultés pour repérer le sommet et la base. Pour ne plus vous tromper à l'avenir, taillez le sommet en biseau et la base à angle droit. C'est simple et facile.

Retirez les fleurs fanées

Fin avril, retirez les fleurs fanées des narcisses, mais laissez les feuilles sécher sur place. Désherbez entre les vivaces, retirez les feuilles des tulipes.

Le rhododendron aime la bruyère

Il est souvent difficile de faire « repartir » le rhododendron. Bien entendu, il est important de supprimer toutes les fleurs fanées en avril-mai pour obtenir de nouveaux boutons en été. Mais s'il persiste à rester vert, il vous faudra l'aider un peu en lui apportant au pied de la terre de bruyère bien humide.
Ajoutez un peu de marc de café ou des sachets de thé déjà utilisés. Ce conseil astucieux est également valable pour l'hortensia et l'azalée.

Un rideau végétal contre le vent

Lorsque le vent souffle, il est difficile de faire pousser quoi que soit au jardin. La solution ? Créer un rideau d'arbustes. Pour cela, réalisez une haie avec un Betula utilis, un Cornus alba Sibirica, un ou deux lauriers cerise, un troène du Japon, un Rosa rugosa et plusieurs Geranium endressii pour égayer l'ensemble.

Une scène de conifères

Créez une scène vivante avec diverses espèces de conifères. Au fond, vous planterez un sapin d'Espagne, un faux cyprès de *Lawson « Stewartii »*, un thuya d'ornement « émeraude » ; au centre, plantez un genévrier « blue carpet », un pin nain « pumolio » et sur le devant une spirée du Japon « Goldflame », un fusain fortunei « emerald and gold » et un genévrier « blue star ».

Du sel pour désherber

Il est des plantes qui poussent naturellement au jardin au détriment de vos plantations. Pour supprimer ronces, chardons et pissenlits, vous couperez la plante au niveau du pied et vous verserez du sel sur la zone coupée. Ensuite, placez dessus une bouteille plastique sans cul et versez de l'eau salée pendant plusieurs jours.

La vigne se fixe ou pas

Suivant la variété de vigne que vous placerez au jardin, vous devrez peut-être poser une armature. La vigne vierge commune en a absolument besoin alors que celle du Japon possède des ventouses lui permettant de s'accrocher sur n'importe quel support. Au pied, grand-mère cultivait de l'hysope pour stimuler la récolte du raisin.

Soin particulier des iris

À la fin du mois de juillet, divisez les iris, après leur floraison printanière, tous les trois ans. Soulevez la plante à l'aide d'une fourche bêche. Retirez les rhizomes en périphérie. Replantez en laissant affleurer.

Supprimer les prêles

Lorsque votre jardin est envahi de prêles, ôtez-les après la pluie. Elles possèdent une tige pivotante qui permet de les déterrer facilement en tirant du bas vers le haut. Mettez-les dans une grande bassine d'eau pendant plusieurs jours, vous obtiendrez un excellent insecticide pour soigner vos légumes fruits.

La tanaisie camphrée

De petites fleurs jaunes terminent les longues tiges grêles de cette plante qui pousse naturellement dans les décombres ou sur le bord des talus. Puissant répulsif contre les insectes, la tanaisie camphrée vous fera profiter de son odeur en parfumant les armoires de linge. Pour cela, il suffit de froisser les feuilles dans un gant de toilette de coton ou une vieille chaussette.

Limiter l'expansion des couvre-sol

De nombreux bulbes ou plantes utilisés comme couvre-sol ne connaissent pas leurs limites ! Pour créer une frontière nette et précise ou les diriger vers une nouvelle parcelle, épandez sur le sol de la chaux sur les surfaces où vous ne voulez pas les voir croître.

Serre, balcon et terrasse

Jouer avec les volumes

Un balcon ou une terrasse est un lieu privilégié pour réaliser des jardinets et fleurir l'espace avec un choix pertinent de plantes adaptées. Prenez aussi en compte la forme et la matière des récipients, ils auront un rôle à jouer par leur diversité : pots, balconnières, jardinières en bois, en fibre, en zinc ou en Polystone. Un calendrier des travaux vous permettra de réaliser, aux bons moments de l'année, les travaux indispensables pour obtenir « un paradis miniature » personnalisé.

Allumettes contre pucerons

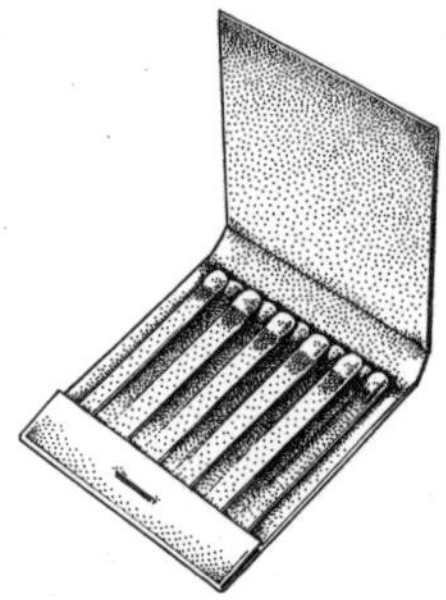

Pour éliminer les pucerons qui colonisent les pots et les balconnières, enfoncez une allumette, côté rouge dans la terre. En se décomposant au fil des arrosages, le soufre éliminera toutes ces petites bêtes.

Bambous d'intérieur en manque d'eau

La plupart des bambous de jardineries sont des pousses vendues en pot d'une hauteur de 1 à 3 mètres. Pour les conserver en bonne santé, ils doivent profiter d'une excellente luminosité et l'hygrométrie de l'air ambiant ne doit pas être inférieure à 70 %. Pour maintenir cette humidité permanente, utilisez une soucoupe à bords hauts (environ 5 cm) et tapissez le fond d'argile. Ajoutez 2 à 3 cm d'eau et laissez faire l'évaporation naturelle. Renouvelez chaque jour la quantité d'eau manquante.

Boutures de dipladénia

Pour réaliser des boutures de cette très belle plante, qui peut atteindre 3 m et fleurir de rouge votre véranda, coupez à la fin de l'hiver des tiges de 10 à 12 cm. Dans un pot en terre cuite de 15 cm de diamètre et rempli de terreau spécial semis, plantez 5 à 6 boutures recouvertes, au préalable, de poudre de bouturage (ou de liquide d'hormones fait maison) sur 2 cm de hauteur. Tassez du bout des doigts et humidifiez légèrement. Posez une cloche en verre sur l'ensemble et maintenez à une température de 18 °C.

Bouturage liquide fait maison

La création d'une hormone de bouturage est simple à réaliser. Réduisez en miettes des branches de saule, placez les débris dans de l'eau (200 g pour 1 litre d'eau) et attendez 48 heures. Filtrez et mettez le liquide obtenu dans une bouteille, à l'abri de la lumière. Lorsque vous aurez des bouturages à réaliser, trempez la pointe du plant dans cette préparation.

Chassez les chats !

Ce n'est pas qu'ils ne soient pas mignons, mais les odeurs d'urine parfument longtemps et très désagréablement les poteries contre lesquelles les chats viennent marquer leur territoire. Pour les faire fuir, mettez à dissoudre dans une cruche, qui sera réservée ensuite à cet usage, une boule de naphtaline dans 1 l d'eau. Arrosez avec ce mélange les endroits stratégiques. Ils iront d'eux-même faire leurs besoins ailleurs et c'est très bien comme ça !

Coupez le terreau avec du sable

Lors de vos plantations de printemps, utilisez un terreau mélangé avec 30 % de sable, pour améliorer le drainage. Sur le fond, posez des morceaux de pots en terre cuite, des gravillons ou des éclats de coquilles d'huîtres et ajoutez une petite épaisseur à la surface, pour éviter que la terre ne se dessèche trop vite.

De l'air pur dans la maison

Aérer quotidiennement les pièces de votre appartement ne suffit pas pour dépolluer efficacement votre intérieur. En hiver, cette aération est réduite parfois à sa plus simple expression. Ce n'est pas suffisant. Il est donc conseillé de placer des plantes dépolluantes qui contribuent à l'amélioration de la qualité de notre air à l'intérieur. Il en existe de nombreuses sortes et la plupart des jardineries y consacrent maintenant tout un rayon spécialisé.

De l'air sous les bacs

Pour éviter que vos bacs en bois prennent l'humidité pendant l'hiver, installez sous les pieds des petites cales ou des briquettes pour surélever vos jardinières. L'air qui circule entre le fond de bois et le sol évite les moisissures. Plus tard, au printemps, lavez à grande eau.

De l'eau minérale pour les fleurs

Récupérez l'eau qui sert à laver les légumes, elle est truffée de sels minéraux qui feront le plus grand bien à vos plates-bandes fleuries. Arrosez tard le soir ou de bonne heure le matin.

Des hortensias tout bleus

Si les hortensias sont naturellement roses, le jardinier aimerait beaucoup qu'ils deviennent bleus pour davantage attirer l'œil … Ceci dépend uniquement de l'acidité de votre sol car plus il est neutre, plus l'hortensia est pâle. Pour que votre plante prenne de belles teintes bleutées, ajoutez 1 cuillerée à soupe de sel d'alun pour 10 l d'arrosage. Pour maintenir ces couleurs, pilez de l'ardoise que vous enfouirez au moment de la coupe d'entretien automnale.

Feuilles toujours brillantes

Pour faire briller vos plantes d'intérieur, utilisez une décoction de 50 % d'eau et de 50 % de bière. Lustrez légèrement les feuilles de vos plantes comme le caoutchouc, qui retrouveront rapidement un éclat sans pareil. Il faut un peu de patience et beaucoup de douceur.

Fleurs de lilas durables

Pour conserver plus longtemps les fleurs coupées du lilas, écrasez à l'aide d'une pince la base des tiges, si elle est inférieure au diamètre d'un crayon à papier. Dans le cas contraire, martelez avec un galet rond et bien poli que vous aurez récupéré au fond du lit d'une rivière ou sur une plage. Pour ralentir davantage la floraison, placez une vieille pièce de monnaie jaune (ancien franc) au fond du vase.

Forcer les jacinthes

Pour obtenir des jacinthes avant la saison, vous pouvez les « forcer » de la manière suivante. Remplissez, avec 2/3 de terreau et 1/3 de sable et de terre, un pot en terre cuite de 10 cm de diamètre. Enfouissez le bulbe et arrosez jusqu'à plus soif. Laissez s'écouler le trop-plein sur un tamis et enfermez le pot dans un carton. Placez le carton dans un endroit totalement sombre pendant 5 à 6 semaines et vous verrez apparaître un bourgeon.

Harmonie dans la véranda

À l'ombre de vos plantes vertes, plantez des narcisses ou des tulipes. Ces fleurs égayeront par leurs couleurs votre véranda. Suivant l'orientation de celle-ci (ou de votre serre), la chaleur excessive peut nuire à la bonne santé de vos plantes. Ouvrez largement les baies vitrées et placez un ou deux seaux d'eau pour maintenir une hygrométrie satisfaisante. L'hiver, faites le contraire en réduisant au maximum les quantités d'eau.

Le bicarbonate pour nettoyer le rotin

Pour nettoyer les meubles en rotin ou en paille, brossez avec une solution composée de 2 cuillères à soupe de bicarbonate de soude et de 1 l d'eau. Si les taches persistent, ajoutez ½ citron. Rincez et laissez sécher à l'abri du soleil.

Les bons mélanges pour rempoter

Pour favoriser l'enracinement des boutures de jeunes plants, voici deux méthodes pour créer un bon terreau. Méthode sans terreau : 3 brouettes de tourbe tamisée + ½ brouette de sable (grains de 1 à 3 mm), 20 l d'engrais compostés (prêles, orties…), 1 l de calcaire broyé ou d'huîtres concassées. Méthode avec le terreau du jardin : 3 brouettes de tourbe tamisée + 1 brouette de sable (grains de 1 à 3 mm) + 1 brouette de terreau stérile, 20 l d'engrais compostés (prêles, orties…), 1 l de calcaire broyé ou d'huîtres concassées.

Maintenir la beauté des fleurs coupées

Quel dommage de voir les fleurs se faner dans le vase placé au milieu de votre salon. Pour conserver plus longtemps vos fleurs en beauté, taillez la tige en biseau, en ôtant 1 cm à chaque fois que vous changez l'eau (au minimum tous les deux jours), sans pour autant remplir le vase jusqu'au col. Préférez l'eau du robinet (car légèrement chlorée) à l'eau de pluie. Pour maintenir les fleurs, vous pouvez également, une fois par semaine, ajouter un cachet d'aspirine ou 2 cuillères à café de sucre.

Nettoyer les pots avant le printemps

Les œufs des parasites profitent des restes de terre au fond des pots, en attendant les nouvelles plantations. Les engrais maculent également la terre cuite et ces traces blanches ne sont pas toujours les bienvenues. Il faut les nettoyer et les désinfecter avant leur prochaine utilisation. Mettez-les à tremper dans une bassine d'eau légèrement chlorée et frottez avec une brosse, rincez à l'eau claire et faites sécher. S'il reste des traces, frottez-les avec une pomme de terre coupée en deux ou un chiffon trempé dans du vinaigre.

Prévenir les algues du bassin

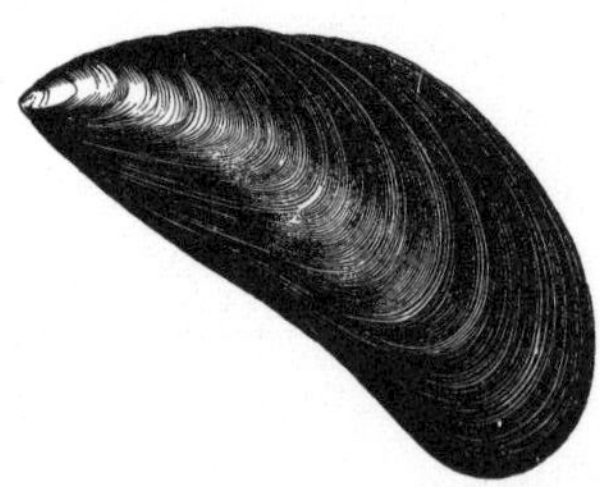

Un petit bassin au jardin est un lieu accueillant qui permet d'installer quelques plantes sur les bordures. Mais l'eau qui dort attire les moustiques. Pour éviter les algues sur lesquelles les adultes pondent, vous placerez une dizaine de moules d'eau douce (en aquariophilie), ou vous mettrez dans un bas lesté de la paille d'orge (à changer tous les 3 mois). Enfin, la solution la plus simple est de mettre un ou deux poissons rouges (carassins) qui mangeront les œufs, les larves et les insectes !

Renforcez la pelouse et le gazon

Mélangez des cendres de bois naturels (pas d'aggloméré) et du marc de café dans un seau large, pour bien brasser le tout. Au printemps, tamisez et vous saupoudrerez les parties épuisées. Vous redonnerez ainsi un bon coup de fouet à votre pelouse, plus forte et encore plus verte !

Un air bon et sain

Il se trouve que de nos jours, chacun retrouve les vertus des plantes d'appartement pour purifier l'air ! Dans le salon, certes, dans la salle à manger aussi, mais dans la chambre pourquoi pas, la fougère vous aidera à dormir du sommeil du juste. Le philodendron est tout aussi efficace et si vous aimez les fleurs, sélectionnez la phalaenopsis ou le gerbera.

Une éponge au fond du pot

Ne jetez plus les vieilles éponges, elles vous serviront lorsque vous rempoterez vos jardinières. Placez un morceau d'éponge au fond du pot et recouvrez de 50 % de tourbe et de 50 % de sable, avant de mettre vos plants. Vous aurez ainsi une réserve d'humidité si vous vous absentez 2 ou 3 jours, ou si le temps est vraiment sec… Vous pouvez également remplacer ce morceau d'éponge par des billes d'argile ou des sachets de thé… usagés.

Un insecticide d'intérieur

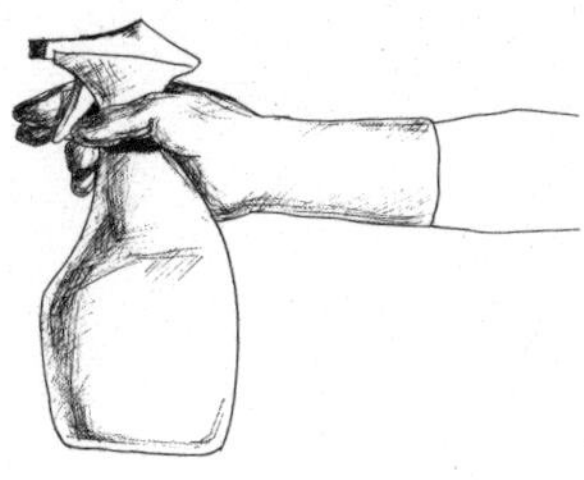

Préparez la décoction suivante que vous vaporiserez dans la maison pour repousser les insectes : portez à ébullition pendant 20 min 1 l d'eau avec 1 bouquet de menthe, 20 g de feuilles et fleurs de tanaisie fraîche, 20 g de feuilles de thym. Filtrez et ajoutez 10 gouttes d'huile essentielle de citronnelle.

Vieillir les pots de terre

Le rouge brique des pots de terre neufs n'est pas toujours du plus bel effet dans une serre ou sur le bord de la terrasse. Pour les vieillir plus rapidement, hachez du persil que vous mélangerez avec du purin de cheval. Faites une mixture légèrement humide pour enduire les pots. L'effet est radical au bout de 15 à 20 jours. Une autre astuce consiste à les badigeonner à l'éponge avec du yaourt…

Semer au bon moment

Sous une serre, semez les laitues dans du compost dès le mois d'août pour pouvoir les replanter en novembre et récolter en avril.
Semez le cerfeuil vers la fin du mois de mars pour une récolte fin mai.
Semez, en godets, dans un mélange de 50 % de tourbe et de 50 % de terreau, les graines de piments, d'aubergines et celles de tomates autour du 15 mars. Lorsque les plants atteignent 30 cm, les premiers jours de mai d'ordinaire, vous pouvez les replanter en extérieur.

La serre au printemps

Vous intensifierez sensiblement la ventilation, en privilégiant les aérations hautes le matin et basses l'après-midi. Soyez vigilant aux premières gelées nocturnes. Si votre serre est en verre, vous passerez une couche de blanc d'Espagne (poudre de carbonate de calcium) pour protéger vos semis des premières brûlures du soleil. Tous les légumes gélifs (souffrant du froid) seront plantés sous serre chauffée, puis sous serre froide en mai, après les saints de glace. En hiver, isolez et ventilez.

La serre en été

Dès les premières grosses chaleurs, aérez jour et nuit en ouvrant largement portes et fenêtres. Renforcez l'opacité des panneaux et du toit vitré en ajoutant une ou deux couches de blanc d'Espagne avec un peu de bleu de méthylène ou du jus de betterave. Semez les premiers légumes d'hiver pour les repiquer lorsque l'automne sera venu. À l'automne, réduisez l'arrosage, laissez une aération seulement la journée et brûlez les plantes malades.

Des fleurs séchées pour décorer

Vous pouvez conserver les « achillées », plantes vivaces par excellence, qui ne craignent ni la canicule ni la sécheresse. Ces plantes aux fleurs jaunes variant jusqu'à l'orangé pour quelques variétés, ou des tons de blanc, rose et rouge foncé pour les autres, ont de quoi créer de merveilleux bouquets de fleurs séchées qui égailleront votre habitation. Coupez-les en juillet, faites sécher deux bons mois la tête en bas avant de les exposer.

Bulbes : pas d'eau et pas d'engrais

Inutile de mettre une soucoupe dans les pots qui accueillent les bulbes, ils détestent cela et pourrissent rapidement. Un lit de graviers est même recommandé. N'ajoutez pas d'engrais car ils ont pour propriété de favoriser le développement des feuilles au détriment des fleurs…

Des poteries bien pensées

Sachez choisir vos pots en fonction des besoins de la plante et de la terre qui s'y installeront. Les pots en terre sont conseillés pour les bulbes qui aiment les substrats drainés, car ils sèchent plus rapidement. En revanche, les pots en plastique sont parfaits pour les espèces appréciant l'humidité, qu'ils retiennent mieux. Ces derniers ont l'avantage d'être plus légers que les pots en terre cuite. Un bon jardinier ne peut pas négliger cet avantage !

L'hivernage des géraniums

Les géraniums sont suffisamment résistants pour vivre dans le noir pendant toute la saison hivernale. Une des conditions de survie du géranium est de ne pas le laisser sécher totalement dans un lieu surchauffé ou pourrir dans un lieu trop humide. Juste avant le premier gel, ôtez toutes les feuilles et coupez les tiges à 10 cm de la base. Cessez tout arrosage et placez les pots dans un endroit frais et hors gel. Lorsque les beaux jours reviendront, vous n'aurez plus qu'à les ressortir.

Un fortifiant à base de salade

À la sortie de l'hiver, vos plantes d'appartement ont quelques difficultés à reprendre des couleurs ? Donnez-leur un petit coup de pouce. Sortez-les sous un ciel couvert pour éviter les brûlures du soleil et confectionnez-leur, à l'aide d'un mixeur, un petit fortifiant avec des feuilles de salade et de l'eau de pluie. Passez le tout, tel quel, au tamis à mailles fines et récupérez le jus. Pulvérisez ensuite cette mixture sur vos plantes d'intérieur.

Un herbier correctement arrosé

Pour maîtriser l'arrosage d'une jardinière d'herbes aromatiques dans un grand pot, placez au fond du pot des tessons de terre cuite et un tuyau en plastique percé au centre rempli également au tiers de tessons. Comblez de terreau, placez vos plants et versez l'eau dans le tuyau.

Des plantes dans l'armoire

Transformez une vieille armoire en minijardin d'intérieur. Vous laisserez les portes ouvertes pour accueillir les suspensions alors que les étagères recevront les plantes qui ne réclament que peu de soleil. Jouez sur les contrastes de couleurs avec un asparagus, un lierre et des plantes grasses.

Des herbes pour l'hiver

Après la culture des herbes, suspendez-les la tête en bas, avec une cordelette, au grenier ou dans la serre, bien au sec. Plus tard, vous récupérerez les feuilles séchées dans un bocal bien fermé et à l'abri de la lumière ! Attention, vérifiez auparavant que les herbes n'aient pas de parasites.

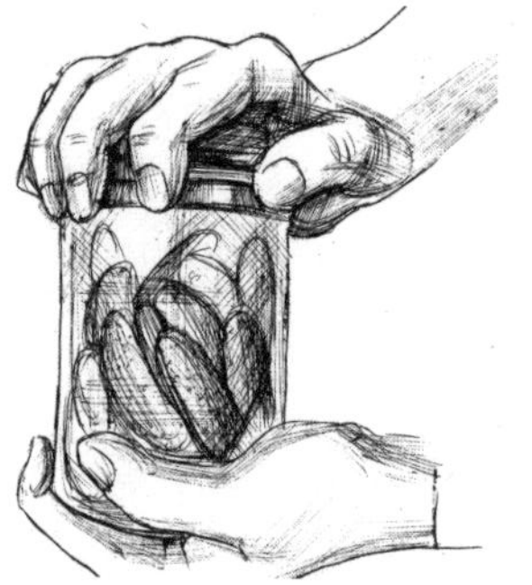

Conservation longue durée

Si vous désirez réaliser des bouquets ou des paniers de fleurs séchées, il est préférable de leur faire absorber auparavant de la glycérine. Versez dans un vase trois quarts d'eau chaude et trois quarts d'une tasse à café de glycérine. Baignez vos fleurs 4 à 5 jours et faites-les sécher la tête en bas dans l'obscurité.

Un panier fleuri à la maison

Pour obtenir un joli bouquet floral dans la maison, placez au fond d'un panier en osier un pavé de mousse synthétique. Coupez des petites tiges de hêtre ou de laurier et faites un fond. Piquez des pieds d'alouette de 15 cm de long et des inflorescences de bruyère et terminez avec des roses séchées.

Des pots de tabacs…

Faciles d'entretien, exubérants et colorés, d'une beauté exceptionnelle et d'un parfum très agréable, les tabacs décoratifs vont embellir votre terrasse. Mettez les graines à germer dans des pots de 18 cm remplis d'un tiers de terre, d'un tiers de terreau et d'un tiers de sable. Coupez à ras à l'automne.

Récoltes des plantes médicinales

Les bourgeons se récoltent au début du printemps et les fleurs dès leur épanouissement. Les feuilles avant la fermeture des boutons, les graines et les fruits à pleine maturité. Les racines, rhizomes, tubercules et bulbes se récoltent à l'automne pour les plantes annuelles.

Plantes faciles pour tête de linotte

Vous ne savez rien du jardinage, vous n'avez pas la main verte, vous oubliez d'arroser vos plantes ? Choisissez celles qui, peu capricieuses, s'adapteront le mieux à votre intérieur comme le dragonnier, le ficus et tous les cactus. Sur une grande terrasse, installez des bacs de plantes fourragères.

Créer vos propres semences

Si les sachets de semences sont hors de prix, récoltez vos propres graines. Vous récupérerez les fleurs séchées des œillets d'Inde, des soucis, des capucines que vous placerez sur une assiette posée sur le radiateur. Bien séchées, mettez-les dans un bocal et semez dès le printemps.

Les pélargoniums odorants se mangent

Les pélargoniums ont des fleurs qui parfument les desserts et leurs feuilles sont hachées pour les pâtés. Suivant la variété le goût est différent. Grey Lady Plymouth : la rose ; Torento Ginger : citron et gingembre ; Prince of Orange : mandarine ; Pelargonium tomentosum : menthe…

Prolonger la vie des bouquets de fleurs

Les fleuristes vous offrent souvent le « produit spécial » qui doit prolonger la vie de vos bouquets de fleurs. Si vous êtes en rupture de ce produit miracle, vous ajouterez un comprimé d'aspirine pour 1 litre d'eau. Une solution de 20 feuilles de digitales pour un quart de litre d'eau est aussi très efficace.

Aider une plante d'intérieur à fleurir

Aidez vos plantes à faire des bourgeons en leur fournissant de l'éthylène ! Remplissez d'eau le cœur de la plante et ajoutez une pincée de carbure de calcium. Le lendemain, rincez abondamment. Vous pouvez aussi envelopper la plante d'un plastique transparent avec un ananas bien mûr pendant 1 ou 2 jours.

Dépoter et déplacer un cactus

Attention, ça pique ! Pour dépoter un cactus, vous éviterez de l'arroser la veille, puis vous introduirez un crayon dans le trou du drainage du pot. Si vous avez bien observé ces consignes, le cactus se dépotera très facilement. Pour le déplacer ailleurs, utilisez une pince à viande du barbecue.

Bouturer les cactées

Pour réaliser des boutures de cactus hauts, découpez au cutter des tronçons. Vous tremperez les plaies dans de la poudre de charbon de bois. Laissez sécher 24 heures. Ensuite disposez les tronçons dans des caissettes de sable à peine humide. Vous obtiendrez plus de 80 % de réussite.

Une miniserre facile à vivre

Après avoir fabriqué un châssis en bois traité, vous y clouerez des attaches Velcro sur lesquelles vous fixerez une toile légère. Vous pourrez ainsi préserver vos plants de la pluie (et des chats) tout en conservant un bien-être calorifique aux plantes que vous aurez installées, comme les salades d'hiver.

Des hortensias aux couleurs vives

Les hortensias offrent un large choix de couleurs de fleurs allant du rose au bleu. Plantez-les avant avril et pour aviver leurs couleurs, vous arroserez les pieds avec 10 l d'eau dans lesquels vous aurez dilué 30 g de sang séché. Vous attendrez 30 jours pour renouveler cette opération.

Faire le plein d'économies

Les pétunias et les géraniums font les plus grosses ventes en magasins spécialisés. Le coût de trois plantes représente le prix d'un sachet de graines permettant de réaliser plus de 50 godets ! Faites le compte vous-même… Mariez les doubles et les simples pour une floraison originale et durable.

Coup de chaud

Si l'une de vos plantes d'intérieur a pris un coup de chaud, vous l'immergerez dans une bassine de 10 litres d'eau additionnée d'une cuillère à soupe de vinaigre blanc. Lorsque la motte est bien imbibée, enveloppez-la dans du papier journal pendant deux à trois heures au frais, à la cave par exemple.

Trop de soleil nuit

Suivant l'orientation de vos murs, et celle du soleil ainsi que la couleur des revêtements, la terrasse peut devenir une fournaise ou un « congélateur ». Si les murs blancs réfléchissent la lumière violemment il sera prudent d'atténuer ces rayons en plaçant des stores et des arbustes en pots.

Le surfaçage

Lorsqu'une plante est trop lourde à bouger, vous changerez la terre en enlevant le maximum de terre se trouvant au-dessus des racines pour ajouter un mélange riche en engrais à décomposition lente comme la corne broyée. Il est évident qu'il faut faire cette opération sans abîmer les racines.

Un chou pour les poules

Si vous avez le bonheur d'avoir un poulailler, vous savez pertinemment que ceci représente des contraintes régulières comme celle de nettoyer le sol pour éviter les mauvaises odeurs. Si vos poules n'ont pas suffisamment de verdure, attachez un chou à une cordelette pour qu'il ne traîne pas sur le sol et pourrisse dès la première pluie. Les poules en manque de verdure viendront le picorer régulièrement.

Une serre d'hivernage

Pour conserver vos plantes et petits arbres d'extérieur qui craignent le gel, vous installerez une petite serre en voile d'hivernage. Elle laissera passer l'air mais évitera que le gel ne se dépose sur les branches et les feuilles des persistants. Les formes sont nombreuses, variez les géométries.

La multiplication des jacinthes

Pour avoir une belle floraison dans votre véranda à Noël, plantez vos jacinthes à forcer immédiatement dès leur acquisition, début octobre. Contrairement à la croyance populaire, les vieux bulbes de jacinthes forcées peuvent encore fleurir dans le jardin. Vous attendrez une saison pour avoir de petites clochettes mais les hampes épaissiront les années suivantes.

Les jacinthes blessées

Si vous avez abîmé superficiellement une jacinthe avec votre bêche, enrobez-la de sable fin et de cendre dans un endroit sec, elle se régénérera en quelques jours. Si le bulbe est trop blessé, coupez-le en deux et placez-le en bas d'un réfrigérateur, les faces coupées vers le haut, vous verrez apparaître de nouveaux petits bulbes que vous planterez dans une jardinière dès le printemps.

Un mur de fleurs

Si vous disposez d'un mur bien ensoleillé sur un coin de votre balcon ou de votre terrasse, créez un rideau fleuri avec des capucines. Réalisez d'abord un treillage (fil galvanisé ou lamelles de bois) suffisamment solide. À la mi-avril, semez au pied de celui-ci quelques graines de capucines et de volubilis… En quelques semaines, vous obtiendrez un mur fleuri du bel effet.

Un cache-misère fleuri

Pour masquer un vilain mur, il est tentant d'utiliser du chèvrefeuille. Mais suivant les variétés, vous n'obtiendrez pas de fleurs (et de parfums) à la saison souhaitée. Le « chèvrefeuille des jardins » fleurit en mai et juin ; le Lonicera heckrottii fleurit de juin à septembre ; le « chèvrefeuille de Virginie » fleurit de mai à septembre et le Lonicera brownii de juin à août. Faites votre choix ou mariez-les !

Aux premières capucines…

Pour obtenir des capucines de bonne heure sous la terrasse, semez des graines en février ou en mars dans des godets de tourbe, bien à l'abri du gel. Utilisez pour cela un châssis bien exposé ou l'appui intérieur d'une fenêtre, et attendez les premiers signes de végétation. Au mois de mai, sortez vos plants et égayez balcons et terrasses…

Un verger dans le salon

Vous trouverez chez votre pépiniériste des « pommiers sans branches ». Ils ont une silhouette étroite et verticale et les fruits poussent quasiment sur le tronc, de quoi épater vos amis ! Un bac de 50 cm de profondeur suffit. Adultes, ils mesureront près de 3 m et il sera alors temps de les déménager sur le balcon ou la terrasse extérieure.

Un potager à la cave

De nombreux légumes racines (navets, céleris raves, carottes) se conservent mieux dans le sable et dans… le noir ! Après avoir fabriqué des caisses et les avoir nettoyées à l'eau de Javel, utilisez une gouttière qui servira de toboggan à votre sable, une extrémité à la fenêtre de la cave et l'autre extrémité dans le fruitier. Il est connu que les faibles sont souvent plus malins que les Hercule !

Conserver un terreau humide

Si vous possédez de grandes jardinières ou de grands pots qui abritent des arbustes d'ornement, vous planterez sur la périphérie des fuchsias, des anthémis, de la verveine ou des impatiens qui feront un excellent couvre-sol et vous éviterez ainsi le dessèchement rapide de votre terreau.

Une azalée très rustique

À ne pas confondre avec l'azalée des fleuristes, l'azalée japonaise (Rhododendron obtusum) est une azalée très rustique qui fleurit l'hiver et supporte le gel. Au printemps, replantez-la dans de la terre de bruyère, sur votre terrasse. À l'abri du vent, elle vous donnera d'autres fleurs un peu plus tard.

Comment éviter les abeilles

Il n'y a pas de beaux jardins ou de terrasses sans fleurs. Malheureusement, vous craignez les piqûres ! Pour que les abeilles vous laissent en paix, offrez-leur de quoi butiner ailleurs en les obligeant à voler plus haut. Pour cela, plantez des plantes à fleurs (mellifères) qui grimpent à plus de 2 m de haut comme la bignone ou la cobée.

Fleurir un coin à l'ombre

Un petit lopin de terre est dénudé, à l'abri du soleil et vous aimeriez quelques plantes réclamant peu d'entretien : à l'arrière du massif, vous planterez de la fougère et de l'astilbe. Au centre, de l'hosta, sur les bordures, des primevères et des pieds de Peltoboykinias.

Un balcon en plein soleil

De nombreuses fleurs adorent le soleil, comme les marguerites qui feront une haie de couleurs, des alysses pour un couvre-sol bon marché, des aubriètes qui fleurissent au début du printemps, des dahlias et des pavots pour donner de belles teintes à vos bouquets et la plante crevette qui fleurit toute l'année. Demandez conseil dans votre jardinerie la plus proche.

Les plantes d'intérieur de plein soleil

Une maison sans plantes serait bien triste. Les variétés suivantes sont des permanentes qui adorent le soleil : la Beloperone guttata ou « plante-crevette » possède une floraison qui dure presque toute l'année et qui supporte uniquement un arrosage une fois par semaine… même en plein été.

Les noyaux font des fleurs

Certains fruits comme la pêche ou la datte acceptent facilement d'enrichir votre collection de plantes d'intérieur. Les noyaux seront mis à germer dans des pots en terre cuite de 8 cm recouverts d'un plastique noir et pour une température ambiante de 16 à 18 °C. Vous pourrez les transplanter dans des pots plus grands après huit semaines.

Faire germer un avocat

Pour faire germer un noyau d'avocat, piquez dans celui-ci trois allumettes pour le maintenir sur les bords d'un verre à eau. La base du noyau doit tremper dans l'eau pour faire apparaître des racines blanches. Placez le noyau au trois quarts de sa hauteur dans un terreau sableux. Rempotez-le tous les ans dans un pot plus grand pour obtenir de belles feuilles vertes et brillantes.

Un mini jardin

Introduisez du terreau dans un bocal à poissons rouges ; avec une longue fourchette à barbecue, faites des trous de plantation ; déposez vos plantes avec un crochet métallique (Cocos weddelliana, Calathea makoyana, Peperomia caperata) ; tassez le compost, arrosez et fermez.

La multiplication par bouturage

Dans une serre, bouturez des plantes d'intérieur dans des pots de terre cuite. Prélevez sous une feuille un fragment sans fleurs ni boutons avec un couteau. Ôtez les feuilles de la base et trempez le pied dans une poudre de bouturage ; piquez la bouture dans du terreau humide et recouvrez avec un grand verre en plastique (fast-food) pour créer une mini serre.

Les plantes à la floraison continue

Dans une serre, quelques plantes possèdent une floraison « presque » permanente : Beloperone guttata (fleurs roses) ; Crossandra infundibuliformis (fleurs rouges) ; Pelargonium (large gamme de couleurs) ; Saintpaulia ionantha (fleurs violettes) ; Sinningia (toute l'année par semis continus).

Les premières plantations de l'année

Fin janvier, semez des légumes-racines, comme la carotte, le navet ou encore la scorsonère, sous châssis. Plantez des oignons et de l'ail, restés en pépinière depuis septembre.

Repiquez et couvrez les aubergines

Fin avril, si le temps est doux, vous pouvez repiquer aubergines et poivrons, sinon attendez la mi-mai avant de les installer au jardin. Recouvrez d'un voile d'hivernage. Arrosez et paillez.

Des voiles pour les jeunes plants

Pendant les nuits d'avril, il faudra commencer à protéger vos jeunes plants, surtout en période de lune rousse. Relevez les voiles, les châssis et les cloches en journée si la température monte.

Des cloches pour les céleris

C'est à la fin du mois d'août qu'il faut faire blanchir les chicorées et les céleris en liant les branches. Ensuite, placez-les sous des cloches opaques pour qu'ils soient moins amers à la consommation.

Radis et carottes sous châssis

Au début du mois de décembre, les seuls semis de la saison seront ceux de radis de « tous les mois » et les carottes courtes, placez le tout sous châssis. Choisissez un mélange de terre et de sable bien drainé.

L'équipement d'hiver

Dès la mi-décembre, préparez l'hiver, vérifiez vos protections, cloches et tunnels. Fixez ces derniers si le vent souffle. Placez des paillassons sur les châssis.

Semez pour le futur potager

En décembre, semez en pépinière quelques oignons rouges de Florence pour une récolte l'année suivante, puis des carottes grelots.

Semez en pépinière

Commencez dès janvier les semis de fleurs annuelles au chaud et en pépinière. Bégonias, géraniums, lobelias sont les premiers concernés. Utilisez des godets en tourbe pour les repiquer plus tard.

Gardez au chaud avant de planter

Début février, semez des fleurs au chaud, vous avez l'embarras du choix : œillets d'Inde, cosmos, belles-de-jour, pourpiers, zinnias, soleils. Toutes seront replantées en mai ou en juin selon les températures de saison.

Une palissade fleurie

Début mars, plantez des grimpantes comme la bignone, la clématite ou la glycine. Palissez-les sur un mur. Protégez les pieds avec de la paille pour prévenir des journées froides. Arrosez. Plantez également des rhododendrons.

Fleurissez vos balcons

La fin du mois de mai est un moment favorable pour réaliser vos jardinières de bord de fenêtre. Garnissez le fond de billes d'argile ou de graviers pour maintenir un bon drainage. Faites tremper les godets avant plantation.

Semez les bisannuelles

Fin mai, vous pouvez commencer les semis des bisannuelles en pépinière que vous planterez en place à l'automne. Vous en profiterez au printemps prochain.

Une nursery de fleurettes

Au mois de juillet, semez en pépinière des bisannuelles, des pâquerettes, des pensées, des ancolies et du myosotis que vous repiquerez à l'automne.

Faites grimper les rosiers

À la mi-août, palissez les rosiers grimpants sur des treillages en laissant un espace entre eux et le mur pour une bonne ventilation. Supprimez les fleurs fanées des remontants.

Mettez vos plantes à l'abri

Début octobre, il est temps de rentrer vos plantes d'orangerie, comme les agrumes, les lauriers-roses, les bougainvilliers ou les ibiscus. Ils passeront l'hiver au chaud avant de ressortir au printemps.

Entretenir une serre

Arrosez et humidifiez régulièrement la serre, même si elle est vide, pour éviter que des parasites indésirables viennent y trouver le gîte et le couvert. Désinfectez souvent avec une décoction de feuilles de rhubarbe : 500 grammes de feuilles à faire macérer dans 5 litres d'eau pendant 24 heures. Ensuite, faites bouillir 30 minutes, laissez refroidir, filtrez et aspergez le sol, le plafond et les murs.

Des coquilles d'huître dans l'arrosoir

Pour supprimer l'acidité de l'eau destinée à arroser vos plantes d'intérieur, déposez six coquilles d'huîtres dans 11 litres d'eau pendant 24 heures. Grâce à cette mixture, vos plantes vertes vont vite retrouver une seconde jeunesse.

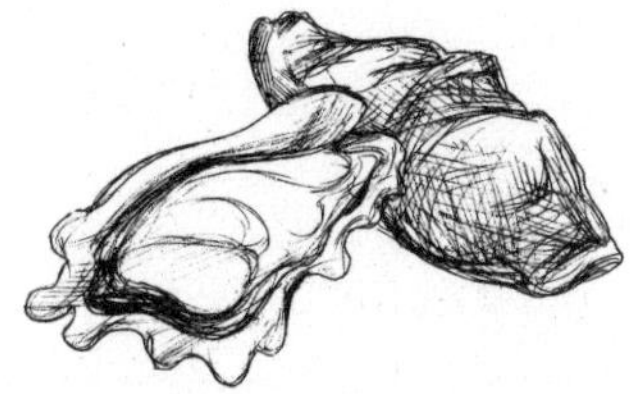

Grand-mère et le géranium

Ma grand-mère avait une astuce contre le gel du géranium. Elle couvrait d'une feuille de papier journal le pot de terre cuite et ligotait son « paquet cadeau » d'un brin de raphia pour protéger ses géraniums des frimas.

Une rotation dans la floraison

Pour obtenir des floraisons étalées dans le temps et ne jamais avoir de pot vide, mettez au fond du pot les gros bulbes de narcisses, puis une couche de terre et les petits bulbes de tulipes par-dessus, une couche de terre et enfin, les muscaris (ou des semis de pensées). Cette plantation en étages vous permettra d'avoir des potées bien fleuries avant l'été et les bulbes seront mis au sec en juin/juillet, dans de la sciure, avant une nouvelle transplantation en octobre.

Réaliser des bouquets de fleurs séchées

Pourquoi ne pas profiter de vos fleurs préférées toute l'année plutôt que sur une courte période de floraison ? Décorez-en votre maison en faisant des bouquets de fleurs séchées. Coupez les tiges de quelques belles fleurs en fin de soirée, au début de la floraison et liez les bouquets. Placez-les la tête en bas, dans un local bien aéré et le plus sombre possible. Dès l'automne, ces bouquets prendront place dans la maison jusqu'à la prochaine saison.

Repiquez les légumes primeurs

C'est le moment de semer les haricots et les petits pois et de repiquer les premiers légumes primeurs. Une fois que les sols et les températures seront plus clémentes, vous pourrez les découvrir.

Du lierre pour purifier l'air

Pour purifier l'air ambiant de votre foyer, faites appel au lierre. Parmi ceux que vous pouvez très bien faire pousser en intérieur, préférez l'espèce Chamaedorea et le Rhapis, ou la vigne d'appartement comme la Cissus. Sachez que, de manière générale, et ceci est particulièrement intéressant en hiver, quasiment toutes les plantes d'intérieur peuvent purifier à leur manière l'air ambiant. De bonnes alliées avant de pouvoir ouvrir largement nos fenêtres au prochain printemps !

Bien planter les aubergines

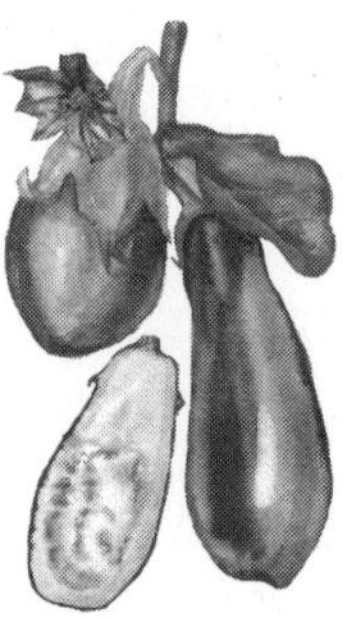

Bien au chaud sous une serre, semez des aubergines en pots de 20 à 22 cm de hauteur entre janvier et mars. Les plants sortiront de terre au bout d'un bon mois et demi. Lorsqu'ils atteindront 10 à 15 cm, vous pourrez les repiquer en pleine terre, en pinçant au-dessus de la première fleur. L'idéal est de planter en mai, une fois que les gelées sont bien terminées. Pour les rameaux, coupez après les deux feuilles placées au-dessus des deux premières fleurs.

Un bon adage pour le rempotage

La multiplication des plantes réclame beaucoup de soins pour qu'elle réussisse. Certes, il se dit que ceux qui ont la main verte font pousser n'importe quoi, dans n'importe quelles conditions, mais nos aïeux n'avaient pas le temps de perdre ce qu'ils avaient patiemment semé et cultivé pour améliorer leur quotidien. Un dicton cévenol dit : « Tout ce qui me coûte me dégoûte. » Comprenez : « Ce qui est vain et qui prend du temps doit être oublié. »

Découvrir les germes de jacinthe

6 semaines après avoir placé un bulbe de jacinthe dans un pot et l'avoir gardé dans l'obscurité, il germe. Dès lors que le bourgeon sortira de terre,

vous pourrez alors placer votre pot en pleine lumière. Attention, gardez-le toujours à l'intérieur à une température minimum de 10 °C. Cette floraison vous aidera à patienter en attendant que les jacinthes d'extérieur fleurissent à leur tour, dès le printemps.

Un répulsif à chiens et chats

Voici une astuce pour éloigner les chiens de vos potées. Elle consiste à imbiber des morceaux ouatés avec de la citronnelle et à déposer ces flocons aux endroits où le brave toutou vient faire son pipi. Cette recette les en dissuadera à coup sûr ! Pour les chats, badigeonnez les pots avec de la pommade mentholée, la même qui est utilisée pour soigner les bronchites. Quelle horreur cette odeur ! Ils s'éloigneront vite et ne reviendront pas de sitôt.

Paniers suspendus pour l'été

Dès le mois de février, vous préparerez vos jardinières suspendues pour obtenir cet été des compositions florales de toute beauté. Choisissez bien l'endroit, car vous devrez les arroser.

1. Capucines grimpantes et lobélies se cultivent ensemble sans problème pour obtenir de belles compositions retombantes.
2. La misère, le fuchsia et le bégonia tubéreux retombent également et n'exigent que peu de soins.
3. Géranium–lierre et herbe aux écus retombent à la verticale de la jardinière.

Des jardinières suivant la région

Dans le Nord, plantez des capucines grimpantes et des pavots d'Islande pour obtenir de nombreuses couleurs dans l'ombre.

Dans le Sud, combinez un géranium-lierre et un géranium des jardins avec les campanules des Carpates.

Dans l'Est, réunissez un abutilon grimpant, une plante rampante Episcia, une plante trapue Aglaonema, des touffes de dieffenbachia et de caladium.

Dans l'Ouest, une plante verte Pachystachys sera imbriquée avec une plante du genre Aglaonema, un tradescantia panaché et une grimpante Syngonium.

Auteur : Laurent Vinet

EDITIONS ESI
60, rue Vitruve, 75020 Paris

Imprimé en République tchèque par FINIDR à Cesky Tesin

ISBN : 978-2-8226-0188-7
N° Sofédis : S508547